KB139090

# 민주주의자들의 교실

## 민주시민교육의 철학

100시간교육 포럼

# 민주주의자들의 교실

## 민주시민교육의 철학

인천광역시교육청 학교민주시민교육
교사아카데미 지음

마북

# 100시간의 여행에서 만난 민주시민들

**유범상** 한국방송통신대학교 사회복지학과 교수

## 자기 목소리와 민주시민

민주주의의 역사는 민(民)이 주인이 되는 과정을 담는다. '민주'는 첫째, 모든 사람이 자기 목소리를 갖는다는 의미이다. 즉, 내가 내 생각의 주인이라는 뜻이다.

나치시대의 고위공무원인 아이히만과 선전부장관 괴벨스의 속기비서였던 폼젤은 나치정권의 충실한 관료였다. 그들은 자신들은 정치에 중립적이었고, 맡은 일을 충실히 수행했을 뿐이라고 항변한다. 하워드 진은 『달리는 기차 위에 중립은 없다』라는 책에서, 달리는 기차인 히틀러호에 타고 있는 사람들은 중립적일 수가 없다고 말한다. 이 기차에서 일상의 일을 수행하는 자들은, 예를 들면 교육자, 공무원, 군인 등은 모두 히틀러의 폭주기관차를 전진시키는 일을 한다.

그렇다면 시민들은 어떤가? 한나 아렌트는 『예루살렘의 아이히만』이라는 책에서 평범한 사람들이 아무 생각이 없을 때 악이 만들어진다는 '악의 평범성'을 말한다. 이는 악은 히틀러가 아니라, 히틀러에 대해 침묵한 보통의 사람들에게서 나왔다는 비판이다. 히틀러가 지배한 독일의 상황과 오늘날 한국은 멀리 떨어져 있을까?

민주는 둘째, 자기 목소리를 가지는 것에 머물지 않고 공동체에 참여하여 공동체의 주인이 되는 것을 의미한다. '대한민국은 민주공화국이다. 모든 권력은 국민으로부터 나온다'라고 헌법 1조는 속삭인다. 사실 '공화국의 국민으로부터 나오는 권력'이라는 발상은 독일의 바이마르공화국 헌법에서 유래한다. 그렇다면 이 언명을 무조건적인 진리로 받아들여도 좋을까? 당시 브레히트는 이 언명에 대해 매우 불편해 했다. 그는 아이히만과 폼젤 같은 국민에게서 나온 권력이라면 나치에게로 갈 것을 예감했기 때문이다. 이 언명이 진리가 되려면 '어떤 국민인지'를 물어야 한다.

전쟁이 끝나고 독일은 보이텔스바흐 합의에 서명한다. 이 합의는 1976년 독일의 작은 도시 보이텔스바흐에서 독일의 교육자, 정치가, 시민사회단체들이 모여 논쟁 끝에 만든 정치교육원칙이다. 한마디로 '모두가 자기의 목소리를 갖는 정치적 인간으로 공동체에 참여할 수 있도록 한다'는 내용이다. 폼젤과 같은 독일 시민이 자기 목소리를 어떻게 찾을 수 있을까? 보이텔스바흐 합의는 논쟁성을 해법으로 제시한다. 모든 문제를 쟁점으로 다루어 시민들이 히틀러의 생각을 다른 생각들과 비교하면서 성찰할 수 있도록 했어야 한다는 것이다. 따라서 차이가 편안히 드러나는 광장이 필수적이다. 광장이 없으면 히틀러의 생각의 틀 속에서 여전히 갇힌 채 생각하는 데 불과하기 때문이다. 이 같은 인식을 기초로, 독일은 이후 도처에서 시민교육을 위한 광장을 열었다. 이 광장은 민주주의자들을 위한 교실이었다. 이 교실에서 자기 목소리를 내고, 타자의 목소리를 듣고, 자기 목소리를 성찰했다. 이 교실은 공동체 참여의 방법을 익히고 실천하는 요람이었다.

그렇다면 보이텔스바흐 합의처럼 자기 목소리를 갖도록 하면 모두 공동체에 참여할 수 있을까? 이것으로는 불충분하다. 자기 생각을 갖고 자유롭게 말할 권리가 보장되었다고 해도 그 시민이 당장 오늘 한 끼를 해결하지 못하고, 잘 집이 없다면 자기 목소리는 수그러들 것이고, 상대방에 대해 침묵할 수밖에 없다. 직장에서 바른말을 하면 해고되는 상황에서 자기 목소리로 공동체에 참여할 수 있을까? 비정규직인 내가 무슨 말을 자유롭게 할 수 있겠는가? 토마스 마셜은 시민의 권리로 자유권, 정치권을 넘어 사회권을 주장했다. 여기에서 사회권은 자기 목소리를 가질 조건, 자기 목소리를 내도 안전한 구조, 자기 목소리를 익힐 광장 등과 관련되어 있다.

사회권은 민주시민을 위한 필수적인 조건이고 권리일까? 사회권이 세금을 통한 소득이전으로 재산권을 침해한다고 보아 비판하는 견해가 존재한다. 반면 사회권의 보장 없이 자유권이 불가능하다는 입장도 존재한다. 민주주의자들의 교실은 이런 상이한 견해를 논쟁적으로 다루는 광장이다. 핵심은 사회권이 아니라, 우리가 '토론'을 한다는 사실 그 자체이다. 따라서 민주시민교육은 첫째, 차이가 편안히 드러나는 광장을 필요로 한다. 둘째, 이 과정을 통해 자기 목소리를 가진 시민을 마중한다. 셋째 자기 목소리를 가진 시민들이 공동체에 참여하도록 매개한다.

## 의미를 찾아 떠난 여행 100시간

교사 30여 명이 모였다. 낮에, 밤에, 방학에. 이렇게 100시간을 만났다. 초기에 어색했던 공간은 이내 열린 토론과 상상의 광장으로 변했다. 인천광역시교육청이 주최하고 사단법인 '시민교육과 사회정책을 위한 마중물'이 운영하는 '인천광역시교육청 학교민주시민교육 교사아카데미' 프로그램이다. 50시간은 강의, 발제, 토론으로 꽉꽉 채워진 민주시민의 의미를 찾는 여행이었다. 그리고 50시간은 함께 나눈 민주시민의 의미를 자신들의 강의안에 담아보는 시간이었다. 이것이 두 권의 책, 『민주주의자들의 교실』(민주시민교육의 철학, 민주시민교육의 실천)로 만들어졌다. 첫 번째 책이 민주시민교육의 철학과 방법을 중심으로 서술되었다면, 두 번째는 교사들의 민주시민교육 실천기이다.

　1권 민주시민교육의 철학은 '이상이 일상이 되도록 상상하라'라는 구호에 기반해서, 이상, 일상, 상상의 세 부분으로 이루어져 있다. 제1부 이상에서 민주시민교육의 철학, 목표, 한국적 현실을 담았다. 제2부 일상에서는 민주시민교육을 실현하는 방법론인 회복적 생활교육, 학생자치, 퍼실리테이션, 논쟁토론 수업을 수록했다. 제3부 상상에서는 교육현장의 이야기로 슬로리딩, 교육연극, 교실 속 마을활동, 사람책을 담고 있다. 1권의 에필로그는 두 권의 저자들인 25명 교사의 토론을 담아 진솔한 후일담과 포스트코로나시대 교육의 과제와 전망에 관해 이야기한다.

　2권 민주시민교육의 실천은 민주시민교육의 실천과정을 담고 있다. 제1부는 초등학교 교실에서 이루어진 민주시민교육 실천기로,

총 세 편이 실렸다. 제2부는 교과목별 민주시민교육 실천기로 역사, 사회, 국어, 과학, 수학, 도덕 교과에서 이루어진 민주시민교육 이야기를 다뤘다. 그리고 제3부는 다양한 교육현장에서의 기록으로 고3 교실, 학교도서관, 학부모자치회에서의 민주시민교육 실천을 담았다. 제2권에서는 성공담뿐만 아니라 실패담도 함께 넣어 좌충우돌의 민주시민교육 분투기를 풍부하게 담아냈다.

민주주의자들의 교실에서 피어난 두 권의 책은 또 다른 민주주의자들의 교실을 매개할 것이다. 어떻게 이것이 가능했을까? 100시간의 민주시민교육 교사연수를 구상한 인천광역시교육청의 발상은 놀랍다. 그런데 이 연수에 참여하여 끝까지 토론하고 책을 함께 집필한 교사들은 더욱 놀라운 존재이다. 이 지속된 만남을 '열정'이라는 단어만을 가지고 설명하기에는 부족함이 있다.

무엇을 향한 열정이었을까? 열정의 핵심엔 파울로 프레이리가 말한 '인식론적인 호기심'이 있다. 프레이리는 『망고나무 그늘 아래서』에서 노인과 젊은이의 구분이 달력이 아니라 세상읽기를 통해 본질에 도달하려는 호기심에 있다고 주장한다. 교사는 직업으로 볼 때 매우 안정적인 직장이다. 그래서 열정 없이 직장인으로 살아도 된다. 하지만 세상은 변하고, 지식도 변하고, 시민들도 변한다. 그래서 교육은 끊임없는 도전의 영역이다. 그저 가르치는 일만 하는 교사를 넘어 의미를 묻는 실천, 즉 프락시스(praxis)의 열정을 가진 교사를 만난 것은 행운 그 자체이다. 한 분도 아닌 너무 많은 분을!

인식론적 호기심은 배움으로 이어진다. 그런데 배움은 겸손함이 없이는 불가능하다. 교사는 가르치는 존재이다. 가르치는 존재가 배움의 장에 나오는 것은 겸손함이 없이는 불가능하다. 프레이리는

『페다고지』에서 교육을 '사랑의 대화'로 표현했다. 그에 따르면, '모든 것을 아는 사람은 아무도 없고, 아무것도 모르는 사람도 아무도 없다. 따라서 상대를 보고 놀랄 준비를 해야 한다.' 이런 태도는 타자에 대한 사랑, 즉 더불어 배우려는 사랑이 없이는 불가능하다. 100시간의 여행은 겸손함, 열정, 인식론적인 호기심이 있는 교사들이 있기에 가능했다.

책을 만드는 과정은 그 자체로 민주시민의 여정이었다. 50시간의 배움과 50시간의 교사 발표에 기초하여 자신의 경험, 개성, 고유성, 목소리를 글에 담아내려고 했다. 기적이었다. 함께 동일한 주제로 공부를 했을지라도 저자 3명만 되어도 일관성을 갖기 힘든데, 25명의 저자가 공통의 주제를 가지고 다르지만 하나의 목소리에 담는 것이 가능할까? 이 책은 민주시민으로 향하는 과정이 확보된다면 이것이 가능하다는 것을 보여준다. 즉, 이 과정 자체가 자기 목소리로 공동체에 참여하는 민주시민의 배움과 교육과정의 전형이었다.

## 시민교사와 민주주의자들의 교실

교사는 학교에 있다. 그런데 학생은 집에 있고, 마을에 있고, 국가에 있다. 학생들은 집, 마을, 학교 밖의 다양한 단체 등에서 학교로 온다. 교사는 학생들의 변화에 개입한다. 그들은 민주주의자들의 교실을 마중한다. 그런데 집, 마을, 국가에 있는 시민들의 변화 없이 학생이 변화할 수 있을까? 도처에 민주주의자들의 교실이 생겨나야 하는 이유이다.

한 아이를 키우는 데는 한 마을, 한 사회, 한 국가가 필요하다. 아이의 총체적인 성장은 이웃, 마을, 사회, 국가의 총체적인 관계 속에서 가능한 것이다. 교사는 마을주민이고, 이웃이고, 시민이고, 국민이다. 그래서 교사의 배움과 교육의 시선은 학교를 넘어서야 한다. 또한 교사는 학교를 넘어 지역사회의 시민교사로 나아가야 한다. 민주주의자들의 교실은 시민사회 속에 존재해야 한다. 이런 공감대 속에서 100시간의 여행은 봉건제부터 자본주의 탄생과 전개의 세상읽기였고, 이런 세상에서 민주시민의 정체성을 밝히는 시간이었으며, 교육에 민주의 옷을 입히는 상상의 시간이었다. 이 상상여행에 변하지 않은 진정성을 담뿍 담은 태도로 열정적으로 토론하고 또 토론하는 동료를 만난 것은 크나큰 행운이었다. 이 과정 자체가 비판, 토론, 나눔 그리고 낭만으로 가득한 민주주의자들의 교실이었다.

더 중요한 것은 시민교사를 향한 여행이 지속되고 있다는 점이다. 2020년 현재 2기 교사아카데미가 진행 중이다. 코로나19는 세상읽기에 대한 인식론적인 호기심과 새로운 실전에 대한 상상으로 우리를 이끌고 있다. 1기 교사아카데미가 이 책을 매개로 상상할 민주주의자들의 교실과 민주시민교육의 미래를 기대해본다. 이 책은 저자들이 자신의 공간에서 고민하고 실천한 내용을 담았다. 따라서 독자는 각 장에서 저자들의 고유한 경험과 입장을 풍부하게 만날 수 있을 것이다.

마지막으로 저자가 많아 글의 형식과 톤을 일관성 있게 만들기 힘들었을 이선희 편집자님, 공미경 디자이너님 그리고 마북 김민하 대표님에게 저자들을 대표해서 감사드린다.

# 차례

# 1부

# 이상

민주시민교육은 좌·우파 이념의 문제가 아니다.
사회 구성원들이 자기 목소리로 공동체에
참여하는 호모 폴리티쿠스가 될 수 있는가의
문제이다. 호모 폴리티쿠스는
민주주의자들의 교실에서 형성된다.

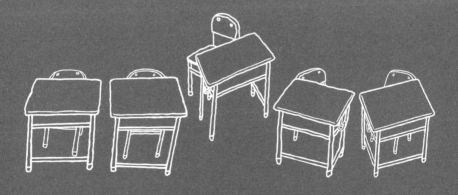

## 1. 민주시민교육은 누구의 편인가

### 호모 에코노미쿠스인가, 호모 폴리티쿠스인가

플라톤은 『국가』에서 생존을 위해 킁킁대는 동물이었던 사람이 공동체의 일원으로서 자신을 자각하고 공동체의 일에 대해 말하기 시작할 때 인간이 된다고 언급했다. 먹고 사는 문제에만 몰두해 있으면 보이지 않던 것들이 내가 권리를 가진 인간이라고 깨닫는 순간, 새롭게 보이기 시작한다.

플라톤의 제자 아리스토텔레스는 공동체에 나와 말하는 인간을 '호모 폴리티쿠스(Homo Politicus)'라고 규정했다. 호모 폴리티쿠스는 자신을 공동체의 삶 속에서 발견하고, 이 공동체에 적극적으로 참여하는 존재이다. 이 맥락에서 1장은 인간을 '자기 목소리로 공동체에 참여하는 존재'라고 규정한다. '자기 목소리'는 자신의 관점으로 세상읽기를 하고 세상에 대해 개입하는 힘을 의미한다. 자기 목소리는 공동체를 향해야 한다. 즉, 스스로 공동체에 참여하여 더 나은 세상을 지향해야 한다.

그렇다면 호모 폴리티쿠스는 어떤 특징을 갖고 있을까? 호모 폴리티쿠스는 '호모 에코노미쿠스(Homo Economicus)'와 비교된다. 중세의 인간은 하나님의 형상을 닮은 존재이어야 한다. 공식적으로 토지는 하나님 것이었기 때문에 인간은 점유권을 갖고 있었지, 소유권을 가질 수 없었다. 자본주의의 탄생과 함께한 근대의 인간은 재산권을 가지고 경제적 이윤을 추구하는 존재로 묘사되었다. 사적 소유가 생존에 필수적이기 때문에, 인간은 이성을 경제합리성에 기반해서 사용한다. 즉, 돈만 될 수 있다면 무엇이든지 할 수 있는 존재가 되었다. 직업, 결혼, 학문 등 모든 것이 돈과 연관되었다. 애덤 스미스는 『국부론』에서 이타성이 아니라 이기심에 기반해서 시장에 나가 자신의 이익을 추구하는 존재를 사회적으로도 유용하다고 찬양했다. 이처럼 자본주의의 근대 인간은 호모 에코노미쿠스가 되었고, 이것을 당연한 것으로 간주했다.

호모 폴리티쿠스는 공동체의 참여와 공공성의 차원에서 호모 에코노미쿠스와 구분된다. 호모 폴리티쿠스는 공동체 속에서 자신을 규정하고, 공동체의 삶의 과정에서 공공성을 지향하는 존재이다. 이때 공동체의 참여를 오늘날 제도정치에 참여하는 것으로만 축소해서는 안 된다. 우리는 흔히 정치라고 하면, 국회의원과 대통령을 떠올린다. 즉, 권력을 얻기 위한 제도정치 과정을 연상한다. 그런데 아리스토텔레스의 호모 폴리티쿠스는 공동체의 삶 자체를 의미한다. 자신이 사회와 동떨어진 존재가 아니기 때문에 공동체 속에서 자신을 규정하고, 이 공동체에 헌신하는 존재가 호모 폴리티쿠스이다. 이런 점에서 인간은 태어날 때부터 공동체와 깊이 연관되어 있기 때문에 정치적인 삶을 살 운명 속에 있는 것이다.

호모 폴리티쿠스는 말하는 존재이다. 호모 폴리티쿠스에게 필수적인 것은 말이다. 마르틴 하이데거의 통찰인 '언어는 존재의 집'은 인간존재가 언어를 통해 자신을 드러낸다는 선언이다. 이때 언어는 도구적인 것에 머물지 않고 실존적인 인간존재 그 자체를 반영한다. '밥 먹었니, 어디 사니, 이것 해라'와 같은 도구적 언어가 아니라, 자신의 고유성과 의미를 드러내고 타인의 의미 또한 묻는 실존적 언어를 의미한다.

언어에는 말과 글이 있다. 글은 논리적이고 깊은 성찰을 담을 수 있지만, 말에 비교하면 독백적이고 폐쇄적일 수 있다. 말은 글에 비해 장황하고 군더더기가 많을 수 있지만, 대화적이고 개개인의 경험을 담고 있다. 말과 글은 모두 인간존재가 사는 집이다. 하지만 말이 훨씬 더 적극적으로 상대에게 말을 걸고, 누구나 할 수 있고, 개개인의 개성을 훨씬 풍부하게 드러낸다는 점에서 존재의 집의 주인 중의 주인이다.

인간은 누구나 말로 실존적인 자기를 드러내야 한다. 자기 목소리를 낼 때 비로소 실존할 수 있다. 자기 목소리는 또 다른 자기 목소리들과 어울리는 과정에서, 즉 대화를 통해서 내 존재의 집이 변화하고 또 변화한다. 또 다른 자기 목소리들도 자신의 말을 통해 성찰하고 변화하고 또 변화한다. 이런 점에서 자기 목소리들의 광장은 공동성찰을 매개하고, 이 과정을 통해 끊임없이 나와 공동체는 실존한다.

공동체에 나가 말하는 존재인 호모 폴리티쿠스는 토론하는 동료의 존재를 전제한다. 이들은 광장에서 자신들이 인간이라는 것, 적어도 권리를 갖고 있고 그것을 통해 좀 더 인간다운 조건을 만들어가는 존재라는 것을 확인하고 실천한다. 호모 폴리티쿠스가 그런 세상을 만들어갈 때 꼭 필요한 것은 권력이다. 이 권력은 동료들과 토론하고 연대할 때 생긴다. 이처럼 호모 폴리티쿠스는 토론하는 동료들, 즉 시민들과 함께 자신들의 토론에 기반하여 정책이나 제도를 만드는 존재이다.

## 인간과 시민의 탄생

봉건제 사회는 신이 중심이 된 사회이다. 모든 인간은 신의 피조물로, 신민(臣民)으로 존재한다. 이런 사회에서는 신의 의지를 알아내는 성직자가 제1계급이었다. 근대는 신이 아닌 이성을 가진 인간이 세상의 중심이라는 것을 선언하는 것으로 시작된다.

'인간인 내가 생각한다, 그러므로 내가 존재한다!'

이 선언을 한 르네 데카르트는 신을 믿었을까? 그는 가톨릭 신자였다. 그렇다면 나와 신이 어떻게 공존을 할 수 있을까? '내가 생각해보니 신이 계신다'라는 데카르트의 말처럼, 신의 존재는 인간이성의 검열을 거쳐 존재할 수 있다. 이처럼 근대 이후 모든 것을 판단하는 주체는 '나'이다.

근대는 신으로부터 인간의 독립을 선언한다. 독립된 인간은 신으로부터 재산도 빼앗아온다. 중세의 재산은 모두 신의 것이다. 인간은 신의 재산을 점유하고 있을 뿐이다. 즉, 소유권이 아니라 점유권을 가지는 데 그쳤던 인간이 이제는 재산을 자신의 것으로 선언한다. 이 계기가 프랑스대혁명이다. 혁명은 인간이 언론, 출판, 집회, 종교, 양심 등의 자유를 갖고 있다고 선언한다. 투표권이 이것을 대변한다. 주목할 점이 있다. 투표권은 재산에 비례해서 부여한다. 혁명에서 공표된 「인간과 시민에 관한 선언」 17조는 소유권을 신성불가침권으로 규정한다. 이제 재산을 가진 사람만 말할 권리가 있다. 1차 선거법이 개정될 당시, 투표권을 가진 자는 전 인구의 5% 미만이었다.

프랑스대혁명은 자기 목소리를 가진 인간의 선언이었다. 그 인간은 재산권을 가진 존재로, '시민'으로 표현되었다. 이 시민들이 정치의 장에 나가려면 재산을 가지고 있어야 했다. 이들은 정치를 통해 재산권과 자신의 재산을 보장받았다. 정치는 호모 에코노미쿠스를 정당화했다. 그렇다면 나머지 인간은 시민이 아닌가? 시민이 아니었다. 이에 따라 비시민, 즉 노동자, 여성, 외국인 등은 시민임을 인정받기 위한 투쟁을 시작했다. 선거권을 갖기 위한 차티즘운동이 대표적이다. "인간이라면, 재산이 없어도 자유권을 가질 수 있다. 투표권을 달라." 오랜 투쟁 끝에 대부분의 민주주의 국가에서 일정한 연령에 도달한 성인이라면 1인 1표를 가질 수 있게 되었다. 자유권은 보편적인 권리가 된 것이다.

자유권을 가진 시민들은 이제 자기 목소리로 공동체에 참여할 수 있을까? 이에 대해 비판적인 견해가 존재한다. 생존을 위해 일에 과도하게 몰두하는 시민들은 생각할 기회를 가질 수 없다. 일을 하다 보면 투표권을 행사할 수 없는 경우도 있다. 결국 투표에 자기 목소리를 담지 못한다. 정치는 소수의 '그들만의 잔치'가 되곤 한다. 이렇게 된다면, 자유권은 일부 특권계층과 계급의 이익을 반영할 뿐이다. 이 현상이 형식적 민주주의로 규정된다. 즉, 형식적으로만 권리를 갖고 정치에 참여할 수 있다.

실질적 민주주의는 어떻게 가능할까? 모든 시민이 실질적으로 정치에 참여하려면 어떤 상황에서든 누구도 배고프지 않은 사회가 되어야 한다. 먹고, 자고, 생활하는 데 최소한의 조건이 보장되어야 한다. 「베버리지 보고서」는 1942년에 소득, 교육, 의료, 주택, 고용 등의 영역에서 이 기준선을 제시했다. 많은 유럽의 국가들은 이것을 사회권이라는 권리로 표명하고 실현했다. 민주주의는 사회권이라는 조건을 확보할 때 실질적인 제도가 될 수 있다. 사회권은 시민들이 자본과 권력 앞에서 당당하게 말하고, 일상적으로 토론할 수 있는 근거가 되었다.

사회권은 모든 사람들을 자유롭게 만들까? 이에 대해 비판론자들은 사회권이 인간을 게으르게 하고 의존적으로 만든다고 본다. 특히 복지국가를 만드는 과정에서 과도한 세금으로 재산권과 자유권이 침해당한다고 주장한다. 이들은 실질적인 민주주의가 사회주의 또는 파시즘으로 귀결될 수 있다고 말한다.

**어떤 민주주의, 어떤 시민교육인가**

자본주의가 등장하고 나서 가장 큰 문제는 불평등이다. 생산수단을 사적으로 소유한 사람들이 과도하게 이윤을 가져가기 때문이다. 토마 피케티의 『21세기 자본』에 따르면, 자본이 돈을 버는 속도가 노동을 통해 돈을 버는 속도보다 너무 빠르게 진행되고 있다. 자본주의는 20:80 사회에서 1:99 사회로 급격하게 변해가고, 이 불평등은 가속화되고 있다. 재산의 불평등은 권력과 권리의 불평등으로 이어진다. 더 이상 시민들은 자기 목소리를 가질 수 없다. 자기 목소리를 가질 수 있는 시간과 공간이 부족하고, 설령 자기 목소리를 가지고 있다고 하더라도 말을 할 수가 없다. 자기 목소리는 자본과 권력을 불편하게 하고, 스스로를 위험에 빠뜨릴 수 있기 때문이다. 프레이리는 『페다고지』에서 이 현상을 '침묵의 문화'와 '자유에 대한 공포'로 표현했다. 자유를 부여받는 것이 오히려 공포가 되고, 침묵은 이제 문화가 되었다. 이런 상황에서 민주시민교육은 무엇을 해야 하는가?

민주시민교육은 민주주의를 시민들에게 교육하는 것이다. 민주주의는 무엇인가? 자유권에 초점을 두는 입장에서는 시장의 자유로운 경쟁과 제도정치에서의 투표권에 대한 적극적 행사를 강조한다. 자유권 중심의 이 민주주의를 '자유민주주의'로 명명해보자 자유민주주의는 불평등을 경쟁에 따른 불가피한 것으로 인식한다. 불평등은 자신의 노력 성적표이기 때문에 개인의 노력, 의지력, 창의성 등을 통해 극복해야 할 것으로 가르친다. 소위 앵글로색슨모델로 불리는 국가군, 특히 미국을 대표적인 국가로 꼽을 수 있다.

사회권을 통해 실질적 민주주의를 추구하는 민주주의도 존재한다. 이것은 사회민주주의로, 서유럽과 북유럽의 보편적 복지국가를 의미한다. 사회민주주의에 따르면 공공의료, 의무교육, 공공주택, 완전고용, 기본소득보장 등을 내용으로 하는 사회정책을 통해 누구도 배부를 권리는 없지만, 최소한 배고프지 않을 권리가 있다. 불평등은 개인의 잘못이라기보다는 저임금과 자본의 구조와 정책에 따른 것으로 본다. 따라서 자본주의 수정을 통해 민주주의를 실질적으로 실현해야 한다고 주장한다.

　자유민주주의에서는 사회권을 부정적으로 보는 경향이 있다. 소득정책과 조세정책을 통해 소득을 이전하기 때문에 재산권을 침해한다고 보기 때문이다. 자유민주주의 입장에서 사회권은 인권침해의 요소이다. 반면 사회민주주의에서는 사회권을 보장하지 않고서는 자유권이 보장되지 않는다고 본다. 생존을 걱정하는 시민들이 일상적으로 정치에 참여하는 것은 불가능하다고 보기 때문이다. 따라서 자유권만을 보장하는 국가에서 자기 목소리를 갖기 힘들고, 갖는다고 하더라도 말하기 힘들다고 본다. 즉, 민주주의는 조건을 갖출 때 가능하다고 주장한다.

　사회주의자들은 인민민주주의를 주장한다. 인민민주주의가 이뤄지자면 우선 생산수단을 공적으로 소유해야 한다. 공적 소유는 자본가들의 심한 저항에 직면하게 되고, 자본주의 철폐로 이어진다. 그 과정에서 폭력혁명이 수반된다.

　다시 정리하자면, 민주주의는 자유민주, 사회민주, 인민민주 등의 갈래길이 있다. 이들은 자본주의에 대한 상이한 시선을 갖는다. 인민민주주의는 사회주의로 혁명의 길이고, 사회민주주의는 자본주의를 그대로 유지하되, 수정하는 개혁의 길이다. 자유민주주의는 자본주의를 그대로 유지하되, 이때 발생하는 불평등과 과도한 경쟁을 선별적 복지나 자선을 통해 해소하는 현상유지의 길이다.

　민주시민교육은 과연 어떤 민주주의를 가르치는 것인가. 여기서 다음과 같은 질문이 제기된다.

　"민주시민교육은 누구의 편인가, 민주시민교육은 어떤 민주주의를 지지하는가?"

본 장은 민주시민교육이 '자기 목소리로 공동체에 참여하는 시민을 위한 광장을 형성하는 것'이라고 주장한다. 즉, 자유민주, 사회민주, 혹은 인민민주를 논쟁적으로 다루는 광장으로 시민을 마중하여 각자가 자기 목소리를 갖게 하는 행위를 민주시민교육이라고 규정한다. 따라서 민주시민교육은 이 광장과 이 속에서의 토론을 지원하고 매개한다. 이에 대해 구체적으로 설명해보자.

## 2. 민주시민교육과 세상읽기

### 통과 권리

통이 있다. 통 속에 잘 적응하는 사람이 있는 반면, 견디기 힘들어 튀어나온 사람 그리고 쓰러진 사람이 있다.

　정의로운 사회는 튀어나온 사람과 쓰러진 사람을 적응시키는 세상일 것이다. 그런데 이것이 정의라고 전제하려면, 통이 정의로워야 한다. 만약 통이 정의롭지 못하다면 통을 넓히거나 통을 없애버려야 하지 않을까?

통 속에 잘 적응하는 사람, 견디기 힘들어 튀어나온 사람, 그리고 쓰러진 사람.
*유범상·유해숙, 『사회복지정의론』

통은 우리가 살고 있는 사회를 은유적으로 표현한다. 세 가지 가정이 가능하다. 통에 문제가 없는 경우가 첫 번째이다. 이 경우 통에 적응하면 된다. 문제가 발생한다면 그것은 개인과 가족에 원인이 있다. 이 사회에서는 두 가지 정책적인 선택을 한다. 누구나 말할 권리를 부여하고, 이 사회에 적응하도록 돕는 것이다. 이때 자유는 시장에서의 자유이다. 자유권이 핵심권리가 된다. 자유권은 기회의 평등과 연결된다. 신분이나 출신 등에 상관없이 누구에게나 기회를 공평하게 부여하는 평등이 필수적이다. 만약 적응하지 못하는 사람이 있다면 의무부양가족의 유무와 재산상태를 기준으로 최소한 도와야 한다. 이 정책이 선별적 복지이다.

통에 문제가 있는 경우에 두 번째로는 이 통을 고쳐 쓰는 것이다. 통을 수정하는 경우가 사회민주주의에 비유될 수 있다. 사회민주주의는 자유권에 더해 사회권까지 시민권으로 부여한 상태를 의미한다. 자유는 국가의 소득정책과 분배정책을 통해 달성된다. 사회복지는 누구나 말할 수 있는 조건을 만든다. 따라서 이 사회에서는 기회의 평등을 넘어 조건의 평등을 고민한다. 자유는 국가의 보장, 즉 사회권과 함께 실질적으로 누릴 수 있다.

통에 문제가 있는 경우에 세 번째로는 통을 없애는 것이다. 이것은 인민민주주의, 즉 사회주의와 연관된다. 핵심은 사적 소유의 철폐로, 노동자권력이 중심이 되어 계급을 없애는 것이다.

이상에서 보듯이 사회(통)가 상정하는 권리는 관점에 따라 다르다. 자유민주주의에서는 자유권이 핵심이다. 시민교육은 자유권을 권리라 가르치고, 인성교육이나 시민적 덕성을 강조하는 등 개인의 윤리와 태도에 초점을 맞춘다. 사회민주주의의 시민교육은 의료, 교육, 소득, 주택 등의 지원을 통해 안전할 수 있도록 사회적 책임을 강화하는 방향을 담는다. 이 경우 시민교육은 통을 넓히는 것을 그들의 권리(사회권)로 시민들에게 인식시키고, 이것을 가능하게 하는 집합적 힘을 시민들에게 갖도록 하는 데 초점을 둔다. 개인의 힘을 강화하는 인성교육이나 덕성교육과는 다른 시민교육이다. 한편 인민민주주의는 자본주의 자체를 비판한다. 따라서 자본주의적 생산관계와 정치관계를 문제 삼아 이를 극복하려고 노력한다.

이상에서 보듯이 시민교육은 통을 문제 삼는다. 즉, 민주시민은 자신을 둘러싼 공동체를 이해해야 한다. 이런 세상읽기를 통해 공동체와 시민의 관계, 공동체의 변화 방향, 공동체와 시민의 권리에 대한 자신의 목소리를 가져야 하고 발언해야 한다.

## 달달놈과 시민권력

히틀러는 독일시민들의 열광적인 지지를 통해 집권했고, 전쟁을 감행했다. 어떻게 파시즘이 지지를 받아 유태인 600만 명을 살해하는 홀로코스트를 감행할 수 있었을까? 전후 독일은 이 질문을 심각하게 제기했다. 문제는 '달달놈'이었다. 달달놈은 '달을 가리키면서 달을 보라고 하는 놈'의 축약어이다. 히틀러는 선전부장관 괴벨스를 통해 언론과 교육에 깊이 개입했다. 그는 사회진화론에 근거해서 민족공동체를 가리키면서 인종청소를 정당화했다. 독일시민은 그가 보라는 달을 보았다. 만약 이런 질문을 했다면 어땠을까?

"왜 달을 보라고 하지? 달을 보면 누구에게 유리하지? 이것을 통해서 저 달달놈이 얻고자 하는 것은 무엇이지?"

달달놈과 달은 무엇을 봐야 하는가에 관한 물음을 제기한다.
*유범상, 〈사회복지역사〉 15강 자료

독일시민들은 달만 보고 달달놈을 보지 않았다. 프리모 레비는 『이것이 인간인가』에서 이것을 '고의적인 태만함'이라고 표현했다. 즉, 독일시민들은 알고 싶지 않아서 알지 못했다는 것이다. 히틀러와 괴벨스를 보지 않으려 했고, 보았다 하더라도 침묵했으며, 질문을 받더라도 대답하지 않으려 한 침묵의 문화가 있었다.

전후 독일의 반성과 성찰은 근본적이었다. 전후 이들은 달달놈을 보는 시각과 능력을 키워야 한다는 데 합의했다. 이것이 보이텔스바흐 합의이다. 이 합의는 새로운 민주시민 교육안으로 구체화되었다. 세 가지 원칙은 다음과 같다.

첫째, 절대로 주입식 교육을 하지 않는다.
둘째, 모든 문제를 쟁점으로 다룬다.
셋째, 개개인이 자신의 정치적 견해를 갖도록 한다.

보이텔스바흐 합의는 누군가에 의해 생각당하는 방식의 교육, 즉 주입식 교육을 거부했다. 생각당하지 않으려면 모든 문제를 논쟁성의 원칙 하에 다루어야 한다. 즉, 달도 보여주지만 달을 보여주는 권력의 의도도 보여야 한다. 자유민주주의도 이야기해야 하지만, 사회민주주의와 인민민주주의도 논쟁으로 다루어야 한다. 이 과정은 차이가 편안히 드러나는 논쟁과 토론의 광장에서 이루어져야 한다. 이 과정에서 자유민주주의자가 인민민주주의자로 바뀔 수 있고, 그대로 원래 입장을 고수할 수도 있다. 중요한 것은 논쟁성을 통해 자기 목소리를 가졌는지에 있다. 민주시민교육은 좌·우파 이념의 문제가 아니다. 사회 구성원들이 자기 목소리로 공동체에 참여하는 호모 폴리티쿠스가 될 수 있는가의 문제이다. 호모 폴리티쿠스는 논쟁과 토론이 숨 쉬는 민주주의자들의 교실에서 형성된다. 민주주의자들의 교실에서 우리는 논쟁을 통해 통을 보고, 토론을 통해 권력을 보는 세상읽기를 한다.

이처럼 보이텔스바흐 합의는 자기 목소리를 갖는 시민형성을 원칙으로 하고 있다. 쟁점으로 문제를 다루는 과정에서 자신의 정치적 견해를 갖게 하는 것이 교육의 목표이기 때문이다. 그렇다면 이 합의는 어떻게 고의적인 태만함을 극복하는 길을 여는 것일까?

홀로 선 똑똑한 개인만으로는 자유권을 자유롭게 행사할 수 없다. 불이익을 당하기 때문이다. 모두가 찬성하는데 혼자만 아니라고 하기는 쉽지 않다. 보이텔스바흐 합의는 아니라고 할 수 있는 사람을 혼자가 아닌 우리가 될 수 있도록 했다. 즉, 국가의 지원을 통해 자기 목소리를 갖고 비판하고 참여할 수 있는 정치시민을 형성하는 계획을 실천해갔다.

## 모든 권력이 국민으로부터 나오려면

'대한민국은 민주공화국이고 모든 권력은 국민으로부터 나온다.'

헌법 1조의 이야기다. 이것은 독일 바르마르공화국 헌법에서 기원했다. 1차세계대전의 전범국가인 독일에서는 전후에 공화국이 들어선다. 바이마르공화국(1919-1933)의 헌법은 다음과 같다. '독일제국은 공화국이다. 모든 권력은 국민으로부터 나온다.'

이런 언명은 천부인권설과 같이 당연한 것으로 인정된다. 그런데 독일의 진보적인 시인 베르톨트 브레히트는 이 조항을 근심스럽게 쳐다보았다. 왜 그랬을까? 그의 질문에서 유추할 수 있다.

"나와서 도대체 어디로 가는데?"

브레히트의 통찰은 불행히도 현실이 되었다. 시민들로부터 나온 권력은 히틀러에게 흘러 들어갔기 때문이다. 독일 시민들은 히틀러가 전후의 경제적·정치적 어려움으로부터 자신들을 구해줄 것이라고 믿었다. 그가 하는 말이라면 모두 믿었다.

모든 권력은 국민으로부터 나와야 한다. 그런데 그 국민이 누구인지도 함께 물어야 한다. 생각당하는 국민이라면, 국민으로부터 나온 권력은 부당한 권력을 정당화하는 데 이용당할 수 있다.

민주시민교육은 모든 권력이 국민으로부터 나와야 하는 주장의 전제가 되어야 한다. 민주시민은 통과 달달놈을 문제 삼을 수 있어야 한다. 이 통이 정당한지, 안전한지, 이대로 살아도 되는지를 묻는 시민이어야 한다. 특히 이 통을 만드는 주체가 달달놈이 아니라 시민권력이어야 한다는 것을 자각하고, 자기 목소리를 갖고 공동체에 참여하고 실천하는 시민이 존재해야 한다. 민주시민교육이 이런 일을 가능하게 한다.


## 3. 한국의 민주시민교육
### ─민족중흥, 인성교육 그리고 성공한 개인으로

### 민족중흥의 역사적 사명

한국의 교육은 교육 대상을 '공민'(1949년 제정된 구교육법 1조)이라
보던 것에서 '국민'이자 '민주시민'(1997년 제정된 교육기본법 2조)으
로 호명해왔다. 공민, 국민, 시민 등이 각각 뜻하는 사전적인 의미는
같지만, 시대와 정권에 따라 달리 규정되어왔다.

　1968년 국민교육헌장이 선포되고 이 해에 모든 교과서에 실린다.
학생들은 이것을 방과후 남아서라도 외워야 했다. 1972년 유신헌법
은 한국적 민주주의를 선언하고, 반공주의와 발전주의를 축으로 민
주주의교육을 강화한다. 국민교육헌장은 1994년에 폐지되기까지
한국 민주시민교육의 방향과 실천지표가 되어왔다. 국민교육헌장은
다음과 같이 시작된다.

　'우리는 민족중흥의 역사적 사명을 띠고 이 땅에 태어났다. 조상의
빛난 얼을 오늘에 되살려……'

　국민교육헌장은 '이 땅'에 주목한다. 이 땅은 개인주의, 외래의 민
주주의, 그리고 공산주의가 만연해 있다. 따라서 국민교육헌장은 한
국적 민주주의를 체현한 존재인 시민형성의 설계도면이다. 국민교
육헌장의 시민은 조상의 빛난 얼인 상부상조의 정신을 체현하고 한
국적 민주주의를 실천하는 존재이다. 이 관점에서 화랑과 이순신 장

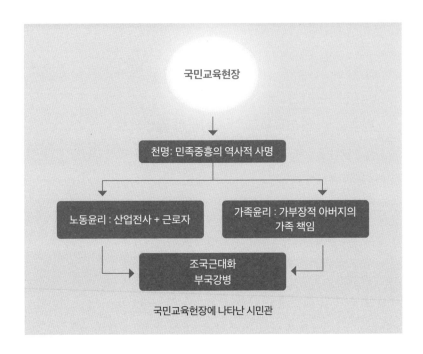

국민교육헌장에 나타난 시민관

군은 롤모델이다. 국민교육헌장의 주체가 민족중흥의 역사적 사명을 완수하는 가운데, 조국은 근대화되고 부국강병의 꿈이 실현된다.

국민교육헌장의 국민은 자유주의의 개인이라기보다는 국가주의 공동체의 일원이다. 즉, 이 땅에 민족의 일원으로 사는 천명을 타고 태어난 존재이다. 이 존재는 근면성실하게 일하는 노동윤리와 가족부양이라는 가족윤리의 의무를 다해야 한다.

'나는 자랑스러운 태극기 앞에 조국과 민족의 무궁한 영광을 위하여 몸과 마음을 바쳐 충성을 다할 것을 굳게 다짐합니다.'

이상의 국기에 대한 경례는 국민교육헌장의 민주시민이 가진 결의를 담고 있다. 내 삶은 조국과 민족을 위한 것으로 몸도 바치고 마음도 바쳐야 한다. 하지만 조국은 내게 무엇을 해줄지, 나는 어떤 권리를 가졌는지를 묻지는 않는다. 이것은 서유럽의 민주주의가 자유권과 사회권을 요구한 것과는 매우 대조된다.

## 인성교육과 민주시민교육

국민교육헌장의 민주시민은 1980년 광주민주화운동, 1987년 6·10 민주항쟁으로 해체되기 시작했다. '호헌철폐 독재타도'의 구호는 헌법개정을 통해 대통령직선제를 끌어내었다. 뒤이어 1987년 7~9월 노동자대투쟁과 노동조합 설립운동으로 작업장도 민주화되기 시작했다. 이 과정에서 전국교직원노동조합도 설립되었고 1990년대 군사훈련인 교련이 폐지되었으며 국민교육헌장도 교과서에서 사라졌다. 민주화는 1993년 문민정부로 이어지면서 인권, 복지, 환경 등의 새로운 사회적 의제가 등장했다.

학교현장도 민주시민교육과 관련하여 변화하기 시작했다. 1993년 발간된 교육부의 「민주시민 교육지도 자료」는 민주주의와 인간의 존엄성에 기반한 민주시민교육의 필요성을 제기했고, 1997년 교육기본법을 제정하면서 교육의 목표로 '공민'을 '민주시민'으로 변경했다. 다른 한편 이 시기에 세계화를 선언한 김영삼정부는 경쟁, 수요자중심, 수월성교육 등 신자유주의적인 요소를 도입하기 시작했다.

2010년에 들어서며 학교폭력 문제가 쟁점이 되기 시작했다. 이후 학교폭력에 대한 생활지도가 일회성 행사나 캠페인성에 그치고 있다는 비판이 제기되었다. 이런 맥락에서 2015년 인성교육진흥법이 제정되면서 인성교육이 민주시민교육을 대체한다. '인성교육'이란 자신의 내면을 바르고 건전하게 가꾸고, 타인·공동체·자연과 더불어 살아가는 데 필요한 인간다운 성품과 역량을 기르는 것을 목적으로 하는 교육을 말한다. 인성교육의 핵심가치는 예, 효, 정직, 책임, 존중, 배려, 소통, 협동 등의 마음가짐으로 말 그대로 시민적 덕성을 문제 삼는다. 이 교육의 구도에서는 경쟁과 돈을 중요한 가치로 삼는 사회가 문제이다. 하지만 여기엔 통을 바꾸는 상상도, 그 바꾸는 주체인 시민의 집합적 권력에 관한 구상도 들어 있지 않다. 시민들에게 경쟁과 돈을 중시하지 않는 착한 인성을 갖추라고 강조할 뿐이다. 따라서 학교폭력에서 가해자와 피해자를 구분하고, 개인과 학부모에게 그 책임을 묻고 학교생활기록부에 기록한다. 이처럼 인성교육은 학교폭력 문제의 원인을 개인의 인성에서 찾는다.

민주시민교육은 인성교육에 대한 비판적 입장에 있다. 민주시민교육에 대한 구상이 본격화된 계기는 2014년 세월호 참사이다. 세월호는 학생들에게 "가만히 있으라"라고 했고 250명의 단원고 학생들은 이 말에 순응했다. 우리 학생들은 자신도 그 상황이라면 가만히 있었을 것이라고 답한다. 이렇게 순응하는 이유는 학교, 가정, 사회의 도처에서 학생들에게 가만히 있으라고 했기 때문이다. 세월호라는 거울에 비춰보니, 우리 학교교육이 자기 목소리를 가지고 공동체에 참여하는 시민의 형성과 얼마나 거리가 먼지가 또렷이 보였다.

2015 개정 교육과정은 교육기본법의 교육이념인 민주시민 육성을 목표로 개발되었고, 광화문의 촛불항쟁을 통해 등장한 문재인정부는 민주시민교육을 실질적인 정책으로 삼았다. 학교민주시민교육을 활성화하기 위한 노력은 2018년 교육부가 '민주시민교육 활성화를 위한 종합계획'을 발표하고 2020년 관련 법안이 국회에서 발의되는 등 초기 단계를 지나고 있다.

민주시민교육의 목표는 자기 목소리로 공동체에 참여하는 시민의 형성에 있다. 민주시민은 세상읽기를 통해 우리가 살고 있는 사회와 권력관계를 문제 삼고 자기 목소리로 참여하고 변화시키기 위해 노력하는 존재이다.

오늘날 민주시민교육의 설계도는 민주시민 형성에 적합한 것인가? '2015 개정 교육과정'에서 초등학교는 '기본습관과 기초능력을 기르고 바른 인성 함양'을 목표로 삼고 있다. 중학교가 '기본능력을 기르고 바른 인성과 민주시민의 자질 함양'을 담고 있다면 고등학교는 '적성과 소질에 맞게 진로 개척, 세계와 소통하는 민주시민의 자질 함양'을 적시하고 있다. 이처럼 국가 교육과정에서 볼 때, 민주시민교육의 의미와 목표가 여전히 불분명하며, 인성교육에서 벗어나지 못하고 있다. 특히 민주시민교육을 사회과 교육과정에서 다뤄야 할 주제 중 하나로 보는 데 그치고 있다.

주목할 점은 민주시민교육의 일환으로 인식되고 있는 인문학 교육도 자유주의의 범주틀에 묶여 있다는 점이다. 각종 인문학과 정의론 교육이 그 예로, 인성교육보다 '세련된' 형태이다. 하지만 인문학의 주요 텍스트인 얼 쇼리스의 『희망의 인문학』과 마이클 샌델의 『정의란 무엇인가』는 모두 통을 문제 삼지 않는다. 희망의 인문학은 취약계층에게 시내 중심가 사람들의 정신적 삶을 가르치라고 이야기하면서 그것을 통해 자신을 설명할 수 있는 내면의 힘을 기르라고 요구한다. 이 논리는 문제의 원인이 자립, 근면, 자조하지 않는 개인의 삶의 태도에 있다고 보는 것이다. 반면 시내 중심가 사람, 즉 잘 적응하는 사람은 노력하고 인내심을 가진 사람이라고 전제한다.

샌델의 정의론도 공동체의 텔로스(Telos)를 시민들에게 가르치라고 주장한다. 텔로스는 그 공동체가 가진 목적과 지향으로, 그것을 가르쳐서 공동체를 잘 이해하고 적응할 때 정의가 실현된다고 본다. 그는 시장에서 이루어지는 비정상적인 형태, 즉 장기매매, 대리모 출산, 대신 줄 서서 티켓 끊어주기 등을 비판하지, 시장의 불평등을 비판하지 않는다. 또한 그는 사회복지가 의존성을 증가시킨다고 봐서 보편적 복지를 반대한다.

이상에서 보듯이 쇼리스와 샌델은 개인의 덕성을 함양하는 것을 민주시민교육으로 보았다. 이것은 통과 불평등, 더 나아가 달달놈을 극복할 집합적인 시민권력을 이야기하지 않는다. 노동조합이나 계급불평등 문제에 대해서는 매우 소극적이다. 이것은 미국식 민주시민교육을 담고 있다.

이처럼 한국의 민주시민교육은 한국적 민주주의와 자유민주주의의 틀 안에서 진행되었다. 사회민주주의나 인민민주주의는 논쟁 테이블 자체에 오르지 않았다는 사실은, 한국의 민주시민교육이 보이텔스바흐 합의의 논쟁성 원칙에서 벗어나 있음을 보여주는 것은 아닐까? 만약 그렇다면 시민들이 자기 목소리를 가졌다고 자신 있게 말할 수 있을까?


## 4. 민주시민교육의 방향과 상상

### 코로나19와 새로운 세상

한국의 민주시민교육에 취약한 것이 있다. 첫째, 시민교육은 불평등과 계급의 문제를 정면으로 다루는 것을 삼가왔다. 둘째, 시민권력에 대한 논의가 취약하다. 이것은 노동운동을 비롯한 시민의 조직화를 적극적으로 문제 삼지 않았다는 것을 의미한다. 셋째, 차이가 편안히 드러나는 광장의 필요성에 대한 인식과 실천이 취약했다. 학교현장과 시민사회는 토론을 배틀로 생각하고 경쟁으로 이해하는 경향이 있다. 즉, 차이를 인정함으로써 성찰에 이르는 토론으로 나아가지 못했다.

이러한 취약점이 여전한 가운데 새로운 상황이 더해지고 있다. 2020년 현재 코로나19가 수십만 명의 희생자를 내며 질주를 거듭하고 있다. 21세기 인류는 전염병에 볼모가 되어 불행한 일상을 살아가고 있다. 코로나19는 많은 것을 새롭게 비춰주고 있다.

첫째, 인간이 너무나 많은 것을 과도하게 착취해왔다는 점이다. 자연과 동물을 이윤의 대상으로 삼아 무자비하게 침범해갔다. 이에 대한 반발로 자연과 동물의 역습이 시작되었다. 자연의 파괴와 공장식 가축사육의 결과는 지구온난화에 따른 자연재해와 전염병으로 나타나고 있다.

둘째, 위험이 누구에게나 공평하게 영향을 미치는 것이 아니라는 점이다. 미국 시카고의 흑인은 30%에 불과하지만, 사망자의 60% 이상을 차지한다. 이 지역의 흑인은 평균수명이 백인보다 8.8년이나 짧다. 한국의 첫 번째 희생자들도 요양원 입원자였다. 그런데 이것은 시작에 불과하다. 코로나19에 따른 실업, 소득결핍, 건강 문제는 우리 사회의 취약지대에 집중됐다.

셋째, 사적인 대응으로 지구화된 문제를 해결할 수 없다는 점이다. 코로나19는 개인, 가족, 지역의 대응만으로 막을 수 없는 역습이다. 따라서 위험에 대응하기 위해서는 이제 세계시민의식을 가져야 하며, 세계시민들의 실천으로 이어져야 한다.

　이상에서 보듯이 코로나19는 시민교육의 새로운 쟁점을 제시했다. 울리히 벡이 『위험사회』에서 언급한 돌진적 근대화에 따른 성장을 비판적 시선으로 평가해야 한다. 동물권과 자연보전의 아젠다도 시민교육의 핵심주제로 다뤄야 한다. 이것은 민주주의를 생태, 노동, 동물권 등으로 확장해서 논쟁적으로 다루어야 한다는 것을 의미한다.

## 민주시민교육을 위한 점검

초기에 제기한 문제의식으로 다시 돌아가보자.

　"민주시민교육은 누구의 편인가?"

　이것은 민주시민교육이 보편적이면서도 보편적이지 않다는 의미이다. 보편적이라는 것은 누구나 다 자신들의 교육이 정의롭다고 주장하지만, 어떤 주장도 모두를 충족시키지 못한다는 것이다. 국민교육헌장, 인성교육, 인문학, 정의론 등은 관점에 따라 누군가에게 유리하고 누군가에게 불리하다.

　따라서 민주시민교육은 그 자체로 갈등적일 수 있다. 어떤 방향으로 갈지, 어떤 인간다운 조건을 권리로 규정할지, 그리고 그 조건을 가능하게 하는 힘이 어떻게 만들어질 수 있는지에 관해 갈등적일 수밖에 없다. 이처럼 민주시민교육은 정치적이다. 따라서 민주시민교육은 광장으로 이견을 불러내야 한다. 즉, 광장에 나온 자기 목소리를 가진 시민의 토론 그 자체가 민주시민교육이고, 이 토론의 과정에서 끊임없이 제기되고 합의되는 무언가가 민주시민교육의 성과이다.

　이상에서 보듯 민주시민교육이 무조건 다 좋은 것은 아니다. 어떤 민주시민교육인지, 어떤 민주주의인지, 누가 주체가 되는지를 꼼꼼히 따지는 토론과 논쟁의 과정이 민주시민교육의 출발점이다. 이때 민주시민교육은 다음의 쟁점을 반드시 다루어야 한다.

민주시민교육은 첫째 시민의 권리에 관한 논의를 놓쳐서는 안 된다. 인권은 자유권적 인권뿐만 아니라 사회권적 인권도 존재한다. 인간에 대한 상과 그 권리에 대한 논의는 민주시민교육의 방향과 깊은 연관이 있다.

둘째, 그 권리를 자각한 사람들의 시민력을 조직하는 논의도 진행해야 한다. 권리는 권력과 한 쌍으로 움직인다. 시민력을 위한 방법을 모색해야 한다. 이는 다양한 분야와 영역에서 실천으로 이어질 수 있도록 해야 한다.

셋째, 민주시민교육과 시민력을 지속가능하게 하는 체계가 필수적이다. 커뮤니티센터는 도처에 있다. 대학, 도서관, 복지관, 자원봉사센터, 평생학습관 등이 그것이다. 그런데 이 커뮤니티센터의 네트워크, 플랫폼 등은 취약하다. 커리큘럼, 시민교육, 조직화 등이 각자 따로 진행되고 있다. 따라서 각자가 열심히 하되, 손을 마주 잡을 수 있는 네트워크가 필요하다. 즉, 발까지는 맞추지 않아도 손은 마주 잡아야 한다.

넷째, 이상의 민주시민 형성을 위한 노력은 학교민주시민교육이라는 특정 영역의 일이 아니다. 한 아이를 키우는 데 한 마을이 필요하듯, 민주시민이 성장하기 위해서는 한 나라가 필요하다. 따라서 통합적인 사고와 체계가 필수적이다. 이것은 제도적으로 뒷받침되어야 한다. 지속가능한 제도는 사회적 합의라는 토양에서 가장 잘 자랄 수 있다.

넷째, 포스트코로나시대에 제기된 아젠다를 민주시민교육에 적극적으로 반영해야 한다. 생태와 동물권 같은 새로운 아젠다, 세계시민의식과 연대의 문제, 불평등에 대한 구조적·계급적 해결방안에 대한 모색 등이 민주시민교육의 목록에 첨가되어야 한다.

민주시민교육은 '퓨즈의 정치학'에 주목해야 한다. 과부하가 걸리면 가장 먼저 고장을 일으키는 것이 퓨즈이다. 그런데 이 퓨즈가 취약하다고 구리선으로 갈아서는 안 된다. 퓨즈는 가장 약한 곳으로부터 오는 신호이다. 지그문트 바우만은 퓨즈에 대한 민감성이 인권의 핵심이라고 주장한다.

민주시민교육은 늘 움직인다. 민주시민이라는 개념 자체가 확정된 개념이 아니다. 민주라는 말이 자유민주, 사회민주, 인민민주 등으로 상이하기 때문이다. 또한 시민의 범주도 입장에 따라 다르다. 초기에는 재산을 가진 남성이 시민이었다. 그러다가 도시 남성노동자, 모든 남성, 여성, 외국인, 성소수자 등으로 넓혀졌다. 즉, 시민 역시 열려 있는 개념이다. 특히 시민권도 자유권적 인권만을 인정하는 경우와 사회권도 인권으로 확장되어야 한다는 의견까지 다양하다.

민주시민교육은 논쟁을 정리하고 확정하는 것이 아니라, 갈등을 드러내고 광장에서 논의하는 것이다. 따라서 차이가 편안히 드러나는 광장의 문화와 토론의 과정이 민주시민교육의 핵심이 되어야 한다. 민주주의자들의 교실이 도처에 존재하기를 기대한다.

# ✏ 추천하는 책과 영화

■ 『어느 독일인의 삶』(브룬힐데 폼젤, 열린책들, 2018)
이 책은 괴벨스의 비서였던 폼젤에 관한 인터뷰를 기반으로 한다. 폼젤은
106살이 되어 사망할 때까지 나치에 협력했던 것을 반성하지 않는다. 그것은
시대의 문제이고, 히틀러 같은 지도자들이 책임져야 할 문제라고 생각했기
때문이다. 평범한 사람들이 아무 생각이 없을 때 악이 만들어진다는 악의
평범성과 고의적인 태만함의 전형을 보여준다.

■ 『페스트』(알베르 카뮈, 민음사, 2011)
카뮈의 소설이다. 도시에 전염병 페스트가 엄습하자 정부 당국과 종교인들은
문제를 축소하거나 신의 형벌로 이해한다. 이 상황에서 시민자원보건대가
만들어진다. 시민자원보건대의 참여자들은 우리라는 의식을 갖고 사회적
위험에 함께 맞선다. 시민자원보건대는 페스트가 물러갔을 때조차도 방심하지
말 것을 당부한다. 포스트코로나시대의 시민정치를 이해하는 데 유용하다.

■ 『세상에서 가장 약한 요괴』(김동식, 요다, 2017)
짧은 글들로 묶인 이 소설은 다양한 요괴를 통해 자본주의의 본성, 자본주의
속에서의 호모 에코노미쿠스, 생각당하는 시민들의 어리석음 등을 묘사하고
있다. 이 소설은 자본주의와 한국의 정치를 이해하는 데 유용하다.

■ 『필링의 인문학』(유범상, 논형, 2014)
두 인디언이 있다. 말을 타고 가다 멈춰서서 뒤를 돌아보는 인디언. 그는 너무
빨리 달려 자신의 영혼이 쫓아오지 못했을까봐 걱정한다. 또 다른 인디언은
말에 씌워진 눈가리개와 함성을 듣지 못하게 한 귀마개를 문제 삼고, 이를
벗겨버린다. 우리가 해야 할 일은 지친 내 영혼의 힐링(healing)일까, 우리를
지치게 만든 본질을 벗기는 필링(peeling)일까?

■ 〈조조 래빗〉(타이카 와이티티 감독, 2019)
제2차세계대전 당시 10살 독일 소년 조조는 히틀러유소년단에 가입한다. 당당한 히틀러의 군인이 되고자 했지만, 동료들로부터 '조조 래빗' 즉, 겁쟁이 토끼라 놀림만 당한다. 그는 자신의 집에 숨어 있는 유대인 소녀 엘사를 만나 갈등하면서 약자와 생명의 소중함에 관해서 배운다. 혐오와 차별의 형성과 극복에 대한 통찰을 제공하는 영화이다.

박대훈 인천신현고등학교 교사

## 1. 생각보다 불평등한 세상

### 메리토크라시 사회가 던지는 메시지

1997년에 닥친 외환위기를 극복한 이후, 한국사회는 다시 물질적 풍요를 이루어냈다. 하지만 신자유주의 체제가 확산하면서 비정규직, 빈곤율, 청년실업, 소득분배, 실질임금 등의 분야에서 OECD 평균을 넘어서는 불평등지수를 기록했다. "불평등이 왜 문제인가?"라는 질문에 대한 답을 구하기 위해서는 먼저 '자본주의 사회를 움직이는 동력은 생산과 경쟁이다'라는 명제에 아직도 동의하는지 분명히 해두고 논의를 시작해야 한다. 20세기 초 막스 베버는 『프로테스탄티즘 윤리와 자본주의 정신』에서 '생산-축적-생산'이라는 순환구조를 통해 자본주의는 계속 유지되고 발전될 것이라고 믿었다. 그는 직업이란 신에게 부여받은 일종의 의무이므로 노동자는 소명 의식을 가지고 천직을 충실히 수행해서 생산의 축적에 이바지해야 한다고 주장하였다. 또한 생산에서 발생한 이윤을 자신의 욕구 충족을 위해 무모하게 소비하지만 않는다면 자본가는 이를 생산에 재투자함으로써 자본의 증식을 이룰 수 있으며, 나아가 자본주의 체제는 금욕적 직업윤리를 기반으로 생산과 축적을 통해 멈추지 않고 이어질 것으로 전망하였다.

베버의 주장은 시간이 흐르면서 일부 퇴색되거나 마르크스주의자에게 비판받았지만, 자본주의 사회에서 생산의 중요성은 여전히 유효하게 작동하는 중이다. 여기에 신자유주의가 더해지면서 경쟁은 사회를 지탱하는 가장 정의로운 가치로 여겨졌다. 이처럼 소비나 분배보다 생산을 우위에 두고 경쟁을 강조하는 자본주의의 원리를 우리 사회에 충실하게 적용해보면, 경쟁에서 승리한 자에게 파이(pie)가 분배되는 것 역시 매우 상식적이고 정의로운 일이다.

이솝은 우화 「토끼와 거북이」에서, 부지런히 노력한다면 거북이도 토끼를 이길 수 있다는 교훈을 주었다. 하지만 전근대 신분제7 사회에서는 거북이가 아무리 노력해도 토끼를 이기는 건 불가능한 일이었다. 또한 느린 거북이가 빠른 토끼와 경주하는 것은 태생적으로 불공정한 경쟁이다. 근대 국가로 넘어오면서 인류는 신분제 사회의 불공정을 해결하기 위해서 게임의 법칙을 바꾸고, 능력주의와 실력주의를 사회정의로 채택하였다. 제도와 절차를 통해 능력이나 실력을 검증하고 이 과정을 통과한 사람들이 부와 명예를 가지는 것은 당연하다는 '메리토크라시(meritocracy)'의 사회를 구축하는 데 동의

한 것이다.

메리토크라시는 능력 위주의 사회를 말하는 것으로, 영국의 사회학자 마이클 영이 『능력주의』에서 처음 사용하였다. 그는 메리토크라시를 개개인의 지능지수에 따라 지위가 결정되는 사회라고 보고, 지능이 뛰어난 엘리트들이 사회를 통치한다고 보았다.

> 유교적 조선 왕조의 정당화 이데올로기이기도 했던 이 메리토크라시 이념은 근대화 과정에서 사라지거나 퇴조하기보다는 오히려 신분제의 철폐라는 조건 위에서 더욱더 강력하게 사회적 주체들의 실천적 상상력을 사로잡으면서 우리의 근대 사회 형성에 구성적으로 작용한 것처럼 보인다. 그 이념은 무엇보다도 주체들의 '자기계발의 의지' 같은 것을 강력하게 불러일으키는 방식으로 우리 근대성의 문화적 중심축의 역할을 하였다고 할 수 있다.―장은주 외, 「왜 그리고 어떤 민주시민교육인가?」

메리토크라시의 이념에 동의한 이후, 우리 사회에서는 개천에서 용이 나는 시스템을 사회적 미덕으로 여겨왔다. 이 시기의 민주주의 교육은 국가의 성장을 최우선 과제로 선정하고, 학교는 선의의 경쟁을 강조하면서 등급을 매긴 후, 이를 바탕으로 국가가 요구하는 학력 수준을 갖춘 학생을 사회로 내보내는 일을 도맡았다. 개천이라는 환경을 바꿀 생각보다는 개인에게 처절한 노력을 더 하게 해 용이 되기를 요구한 것이다. 천재 소녀의 부정행위를 소재로 한 영화 〈배드 지니어스〉는 메리토크라시 사회의 단면을 재현하고 있다. 영화는 실제로 동아시아에서 발생했던 SAT 시험 부정행위 사건을 모티브로 만들었다. 능력과 실력을 상징하는 미국의 명문대에 진학하기 위해 부정행위도 주저하지 않는 비정상적인 경쟁교육의 폐해를 묘사하고 있다.

우리 사회의 청년들, 특히 MZ세대(밀레니얼세대와 Z세대를 합한 말)는 취업 경쟁에서 살아남기 위해서 통상적인 수준을 넘어서는 강도 높은 스펙 쌓기에 몰두하고 있다. 그런데도 늘 스펙이 부족하다는 강박 속에서 살고 있으며, 청년은 스펙이 모자라서, 장년층은 나이가 많아서 구직 경쟁에서 밀린다고 생각하며 사는 중이다. 그리고 모든 것이 개인의 노력이 부족하기 때문이라는 담론은 이들의 주류사회 진입을 막아서고 있다. 지금 우리는 메리토크라시가 극에 달한 시대에 사는 것이다.

"다 네가 부족해서야, 더 노력해야지!" 이런 생각이 사회의 담론을 지배하면, 불평등의 원인을 사회가 아니라 개인에서 찾는 현상이 벌어진다. 모두가 스펙 쌓기에 몰입하면서 자신의 정치적 권리를 포기하고 현실에 저항하거나 변화시키려는 의지가 약해진다. 사회 전체가 무기력에 빠지게 되는 것이다. 교육은 수업과 평가 등 다양한 활동 속에서 불확실성을 줄여 미래를 대비하는 것을 목표로 한다. 하지만 그동안 우리 사회의 교육은 평가 영역에 불확실성을 높여서 순위를 매긴 후 입시와 취업의 장벽을 세우고 그것을 통과한 사람에게 진입을 허락하는 형태로 발전해왔다.

마이클 영은 앞서 소개한 그의 책에서 엘리트들이 장벽을 치고 사회적 지위와 부를 독점하는 메리토크라시 사회가 지속하면, 결국 혁명이 일어날 것이라고 경고하고 있다. 경쟁에 따른 사회적 보상이 오히려 새로운 형태의 불평등을 조장하고 사회불안으로 이어진다는 것이다. 불평등을 확산하고 불확실성을 조장하는 경쟁구도를 극복하기 위해서는 시민으로서의 권리를 찾고 공동선을 지향하면서 절차와 의사결정 과정에서는 민주주의 역량을 발휘하는 시민성을 갖춰야 한다. 이를 위해서 시민성 학습의 일상화, 즉 사회 구성원의 생애 전 과정에서 민주시민교육이 이뤄져야 한다. 특히 가족을 거쳐 사회로 나아가는 중간 과정인 학교에서 시민으로서 교육받고, 일상에서 누구나 시민으로 사는 삶을 누릴 수 있도록 준비할 필요가 있다.

## 벽을 세우는 사람 vs 선을 넘는 사람

마이클 샌델은 『정의란 무엇인가』에서 부모의 사회경제적 배경으로 인한 차이, 즉 개인이 넘을 수 없는 선이 경쟁의 출발선에서부터 확연하게 그어져 있음을 밝혔다. 봉준호 감독은 영화 〈기생충〉에서 '냄새'와 '계단'을 활용해서 우리 사회에 자리 잡은 계급과 그 차이에 관해 다뤘다. 격차사회에서 발생하는 고용과 주거 같은 사회 문제가 아주 오래전부터 우리 곁에 존재했다는 메시지를 능청스러운 '백수' 가족의 삶을 빌려 드러내고 있다. 기생충과 숙주의 공생관계를 연구하는 학자들도 있지만, 인류의 역사에서 기생충은 늘 혐오와 편견의 대상으로 선을 그어야 하는 존재였다. 현실 자본주의에서 가난한 수재는 경쟁이 치열해질수록 생존하기 어렵다. 주류사회에의 진입은 꿈일 뿐이고, 현실에서는 한낱 기생충으로 전락하고 마는 것이다.

오래전부터 수많은 지배자가 권력과 부를 유지하기 위해 선을 긋고 계급을 나눴다. 현대 자본주의와 민주주의 등장은 상당 부분 겹쳐 진행됐지만, 자본주의가 발달한다고 해서 모두에게 민주주의의 권리가 보장되는 것은 아니었다. 여전히 노동자와 여성은 민주주의의 벽 너머에서 살고 있었다. 모두에게 평등한 민주주의의 권리는 벽을 깨고 선을 넘으려는 사람들에 의해서 하나씩 관철되었다. 예를 들어 여성참정권은 프랑스대혁명 때 처음 주장되었지만, 실현된 곳은 프랑스가 아니라 당시 영국의 식민지였던 뉴질랜드(1893년)에서였다. 민주주의 기본권인 참정권이 자본주의를 세우고 발달한 영국이나 미국이 아닌 식민지에서 완성됐으며, 이는 불평등이라는 벽을 깨고 선을 넘어서려고 했던 여성활동가들의 오랜 투쟁의 결과였다.

경쟁을 통한 소득과 부의 배분은 이론적으로는 정의로울 수 있지만, 실제 현실에서는 예상하지 못한 불평등을 초래한다. "느그 아버지 뭐하시노?"라는 영화 속 대사가 우리에게 낯설지 않은 이유는, 우리가 몸담은 학교와 사회에서 이런 일이 일상적으로 일어나고 있기 때문이다. 그래서 자본주의 체제와 기득권을 지탱하기 위해 경쟁을 부추기는 교육제도와 목표는 수정되어야 하고, 사회적 합의에 따라 재조정되어야 한다.

2050년에는 세계 인구가 90억 명에 이를 것으로 예측한다. 전 지구적으로 보면 인류가 생명유지를 위해 나눌 수 있는 자원은 이미 한계에 이르고 있다. 계속된 인구증가와 산업화에 따른 무분별한 자원개발, 환경파괴와 지구온난화 문제는 미래의 삶을 불안하게 하고 있다. 지속가능한 인류의 생존을 위해 공정한 자원의 분배, 즉 개인에서부터 지역과 인종, 국가 간의 불평등 문제를 민주시민교육의 관점에서 심각하게 바라봐야 한다. 1980년대의 우리가 거리에서 최루탄을 마시며 민주주의를 외쳤다면, 지금의 우리는 민주시민교육의 공간과 영역을 확대하며 인류의 공존을 위협하는 다양한 불평등의 문제에 맞서야 한다.

## 시민이 없는 민주시민교육

우리는 항상 민주주의를 표방해왔다. 헌법에서부터 교과서에 이르기까지 모든 영역에서 민주주의를 서술하고 가르쳤다. 그러나 인민민주주의를 내세운 북한의 권력구조에 '인민'이 없던 것처럼, 한동안 한국사회 그 어디에도 민주주의의 권리를 누리는 '시민'은 보이지 않았고, 그 자리를 의무를 다하는 '국민'이 차지하였다. 우리에게 무슨 일이 있었던 것일까? 해방 이후 권위주의 정권에서 반공을 전면에 내세우면서 민주주의는 공산주의의 상대어로 의미를 부여받았다. 반공교육이 곧 민주주의의 보루를 지키는 일이며, 국가의 성장을 위해서라면 전체를 위해 개인을 희생하는 것이 한국적 민주주의라고 가르쳤다. 이 시기 한반도의 남북한에서는 시민 대신 인민과 국민이 국가를 유지하기 위한 도구로 사용되었을 뿐이다.

한국은 일제강점기의 식민지 교육에서 벗어나기 위한 새로운 틀로 미국식 제도를 받아들였다. 민주주의와 자본주의 이식에서부터 교육제도와 엘리트 양성 시스템, 대학의 서열화와 높은 등록금에 이르기까지 거의 모든 영역에서 미국의 영향을 받으면서 미국화를 추진해왔다. 그만큼 자본주의를 지향하는 국가에서 미국화는 선망의 대상이었으며, 이는 민주시민교육에서도 예외가 아니었다.

미국은 국가적으로 크고 작은 일이 일어날 때마다 구축해놓은 시스템 속에서 강한 애국심을 바탕으로 어려운 상황을 극복하는 모습을 보여주었다. 자유, 평등, 행복 추구 등 민주적 가치관을 바탕으로 한 미국의 시민교육은 주로 역사, 헌법, 정치 등 미국에 대한 애국심과 일체감을 고취하는 데 초점이 맞추어져 있다. 미국에 모여든 다양한 인종의 사람들은 다문화사회인 미국의 강력한 시스템을 통해 시민권을 획득할 수 있다. 그리고 이들은 교육의 사회화 과정과 애국심 마케팅을 겪으면서 사실상 민주시민보다는 애국적인 미국인이 되어간다. 한국사회 역시 오랜 기간 미국식 교육제도와 방식을 수용하는 가운데 시민성은 빠지고 애국심을 떠안았다. 권위주의시대가 저물고 민주주의시대를 맞이한 지금, 민주시민교육의 가치와 당위성을 부정하는 사람은 없다. 우리 사회는 그만큼 건강해져 있다. 사회에 곳곳에 자리한 과잉 미국화 또는 총체적 미국화를 덜어내고, 다양한 관점에서 시민을 주인공으로 삼아 민주시민교육의 척도를 다시 세워야 하는 이유이다.

## 2. 일상 속 민주주의와 시민성

### 아는 것과 사는 것의 일치

베른하르트 슐링크의 동명 소설을 영상으로 담은 영화 〈더 리더, 책 읽어주는 남자〉에서는 미하엘이 한나에게 책을 읽어준다. 영화 초반부에서 늘 미하엘은 책을 읽어주고 한나는 읽어주는 그대로를 듣고 있을 뿐이다. 두 인물 사이에 로맨스와 연민의 정서가 흐르고 있지만, 영화에서 주목해야 할 부분은 읽지 못하고 듣기만 하는 한나가 겪고 있는 문맹의 역사성이다. 영화 후반부에서 한나가 스스로 읽게 되었을 때, 그는 책을 통해 자신의 사회적 가치에 관한 근본적인 질문을 받고 고민에 빠져든다. 읽어주는 대로 듣던 과거의 한나는 국가가 자행한 폭력을 의심 없이 수용하고 실행하는 사람이었다. 스스로 읽게 된 한나는 문맹인 채로 국가가 지시하는 대로 살았던 과거의 자신을 마주하면서, 아는 것과 사는 것의 불일치를 경험했을 것이다. 과거의 자신을 부정하게 된 그의 마지막 선택은 그래서 지독하게 비극적이다.

사회가 원하는 내가 될 것인가, 내가 원하는 사회를 만들 것인가? 어느 쪽에 비중을 두는가에 따라 교육의 목표가 크게 달라진다. 우리의 교육은 한동안 사회화라는 이름으로 국가 방침에 순응하고 복종하는 학생을 만드는 데 이바지하였다. 개인은 국가나 민족을 떠나서는 존재의 의미가 없고, 국가와 민족에 봉사하는 것이 공동체정신이라고 강조해왔다. 그 가운데 침묵과 순응이 국가와 사회를 유지하는 데 유효한 결과를 만들어낸다는 사실에 주목하고, 지시에 순응하고 침묵하는 학생을 길러내는 일을 교육의 목표로 두는 것에 망설이지 않은 적도 있다.

민주시민교육의 목표는 기본적으로 정치 과정에 적극적으로 참여하는 시민을 기르는 데 있다. 따라서 민주시민교육은 민주적 시민성을 구축하는 것에 동력을 집중할 필요가 있다. 시민성 함양을 핵심가치로 내세운 민주시민교육을 통해 민주주의의 가치를 경험한 시민이 다시 국가와 사회의 민주적 변화를 끌어내는 상호작용을 하는 것이 좋다. 사회구조와 권력관계를 인식하고 이해관계와 가치를 따져보며, 개인이나 공동체의 구성원으로서 의견을 내고 이를 통해 국가와 사회를 변화시키는 능력을 키우는 것을 민주시민교육의 목표로 삼아야 한다.

현재 우리 아이들이 학교에서 겪는 심각한 문제 중 하나는, 학교에서 배운 내용과 학교 밖에서 겪는 현실이 불일치한다는 점이다. 그리고 노동과 인권의 부조화에 시달리면서 경제적·문화적 차별을 겪기도 한다. 이러한 불평등으로 인해 사회적 불만이 커지게 된다.

그렇다면 교육을 통해 배운 내용과 삶을 유지하면서 겪는 현실의 불일치를 어떻게 극복할 것인가? 불확실성 자체를 줄이는 것이 최선의 극복책이라고 본다. 불확실성이 줄어든 사회의 미래 전망은 당연히 긍정적일 수밖에 없다. 그러므로 민주시민교육 목표와 나가야 할 방향에는 아는 것과 사는 것의 불일치를 극복할 수 있는 대안이 함께 담겨야 한다.

## 논쟁성 유지하기

여기 한 명의 왕이 있다. 조선의 르네상스를 이끈 정조는 규장각을 설치하고 서얼을 등용해 신분의 벽을 허물면서 조선의 르네상스를 이끌었던 개혁군주였다. 그런데 1800년 정조가 사망한 이후, 조선은 급격하게 쇠락한다. 뛰어난 개혁군주가 나타나 르네상스시대를 열었는데, 왜 19세기의 조선은 그토록 순식간에 무너져갔을까? 정조는 뛰어난 개혁군주였지만 체제 유지에 관해서는 지극히 보수적인 정책을 펼친 봉건군주였다. 유교의 이상정치를 실현하기 위해 학문을 장려하고 신하들과 경연하기를 좋아했지만, '문체반정'을 통해 새로운 사상과 자유로운 문체의 확산을 엄격히 통제함으로써 문예부흥을 위축시키는 자기모순에 빠져 있었다.

조선에서 정조가 왕권 강화에 몰두하던 18세기는 서구사회에서 계몽주의 학자들이 살롱에 모여서 신권, 군주권, 시민권을 두고 활발하게 논쟁을 벌이고, 프랑스대혁명과 미국독립운동이 일어난 시기이다. 그래서 왕권 강화를 위해 문인들의 자유로운 논쟁을 막고 이데올로기를 탄압한 정조의 문체반정은 19세기로 가는 시대의 흐름을 가로막는 일이었다. 전제군주제에서는 뛰어난 역량을 가진 왕이 나타나야 국가를 유지하고 발전시킬 수 있다. 하지만 그런 왕이 계속 나올 가능성은 거의 없다. 새로운 시대정신을 받아들이지 않는다면, 국가의 몰락은 시간의 문제일 뿐이다. 그래서 이 시기에 정조의 사람이었던 정약용이 쓴 「탕론(湯論)」은 의미심장하다.

> 천자는 어떻게 해서 그 지위를 가진 것인가? 하늘에서 내려와 천자가 된 것인가, 땅에서 솟아나 천자가 된 것인가? 여러 현장이 함께 추대한 사람이 제후가 되었고, 여러 제후가 함께 추대한 사람이 천자가 되었다. 천자는 여러 사람이 추대하여 이뤄진 것이다. 여러 사람이 추대하여 천자가 이뤄진 것이라면, 그를 추대하지 않았다면 이뤄지지 않았을 것이다.

정약용은 「탕론」에서 정치권력은 백성들의 합의와 추대에서 비롯된다는 주장을 펼친다. 이처럼 권력의 발생 과정과 정당성에 관한 정약용의 담론은 실학적 인식이 반영된 것이지만, 세습권력의 기반이 공고한 당시로서는 역모에 해당할 정도로 혁명적인 발상이라고 할 수 있다. 물론 논쟁이 거부되었던 시기에 조선판 『사회계약론』이라고 할 수 있는 정약용의 「탕론」이 사회적으로 논의되었을 여지는 없어 보인다.

그리고 여기 또 한 명의 왕이 있다. 정조를 닮고 싶었던 그는 역사학계에서 개혁군주 혹은 무능한 군주라고 평가가 엇갈리는 고종이다. 이런 평가를 받는 이유는 대한제국에서 광무개혁을 추진했으나,

사실은 광무개혁이 왕실, 특히 고종 개인의 권력을 지키는 용도로 변질했기 때문이다. 고종은 대한제국 수립을 선포한 이후 제국의 수립에 이바지했던 만민공동회와 독립협회의 활동을 탄압하였다. 특히 1899년 공포한 '대한국국제(大韓國國制)'에서 '대한제국은 만세에 걸쳐 불변할 전제정치'라고 선언하고 새로운 국가에 관한 모든 사회적 논의를 막았다. 대한제국이 단명했던 이유는 명백하게 제국주의 침략 때문이다. 하지만 만민공동회와 독립협회를 탄압하면서 시대적 흐름을 역행하고, 복고와 반동의 길을 걸었던 고종에게도 일정 부분 책임을 물어야 할 것이다.

민주주의 사회에서 시민들은 서로 소통할 수 있어야 하고, 소통 역량은 대부분 유아기와 학교교육을 통해 준비된다. 그러므로 민주시민교육에서 반드시 다루어야 할 목표 중 하나는 '논쟁성 유지'일 것이다. 논쟁은 불안하지만 건강한 사회를 만드는 원동력이기도 하다. 쟁점에 관한 탐구는 비판적 사고력으로 이어지며, 나아가 건강한 인간관계와 강력한 참여민주주의를 유지하는 데 유용하다. 민주시민교육에서는 시민을 어떻게 논쟁에 적극적으로 참여시킬 수 있는지, 다양한 논쟁 쟁점에 관한 탐구가 학교와 사회를 어떻게 바꿀 수 있는지를 고민해야 한다. 종교, 젠더, 인종, 미디어, 빈곤, 정의, 평화, 통일 등의 다양한 사회적 쟁점 논의를 활성화하는 방법을 담아 구체적이고 체계적으로 제시해야 한다. 이를 바탕으로 민주시민교육은 주권의식을 키워 공동체의 의사결정에 실질적으로 참여할 수 있는 길을 학습할 수 있어야 한다. 민주시민이자 주권자로서 정치와 의사결정 과정에 참여하여 권리와 의무를 적극적으로 수행할 수 있도록 교육하는 것은 민주주의 국가에서 헌법정신을 지키는 일이기 때문이다.

1976년에 제시된 보이텔스바흐 합의를 한국의 민주시민교육에 적용할 때 어김없이 나오는 이야기가 교사의 정치적 성향에 따라 미성숙한 학생들에게 일방적 시각을 주입할 수 있으므로 교사는 중립을 지켜야 하고 이 때문에 교원의 정치적 참여를 막아야 한다는 것이다. 그런데 학생을 미성숙한 존재로 바라보는 시선에 대한 불편함과 함께 교원이 정치적 참여를 하면 교육의 중립성을 훼손할 것이라는 주장에 대해서 의문을 품지 않을 수 없다.

교육의 중립성이란 정권이 교체될 때마다 교육 내용과 방향이 달라지거나, 특정 정권의 이해를 대변하는 역할을 제도적으로 차단하기 위해 마련되었다. 이슈와 현실을 외면하고 지식만 가르치던 교육은 일제강점기와 권위주의시대의 산물이다. 교사라는 이유로 정치적 기본권을 제한하거나 학생을 미성숙한 존재로 보고 청소년의 참정권 확대를 반대하는 일은 민주시민교육의 측면에서 보면 민주주의의 근간을 부정하는 것으로, 그런 태도야말로 오히려 미성숙한 발상이다. 프랑스의 경우는 6·8운동의 영향으로 시민교육이 국가관을 일방적으로 강요한다는 비판을 받으면서 공교육 체계에서 사라졌다가, 1990년대에 다시 정치참여 분야를 공교육 교과과정에 반영하고 획일적인 주입식 교육에서 탈피하여 토론과 자발적 참여를 강조하고 있다.

21세기는 검열로 사람들의 입을 막고, 일방적인 삭제로 알 권리를 박탈하던 과거의 관행에서 벗어나야 한다. 누구나 교육을 받을 권리가 있는 것처럼, 교사와 학생이 누구나 사회적 이슈에 관해서 민주주의와 시민성을 기초로 활발한 논쟁성을 유지하며 서로에게 배우는 민주시민교육이 필요한 때다.

## 메리토크라시에서 배리어 프리로

배리어 프리(barrier free)는 '장벽(barrier)이 없다(free)'라는 의미로 장애물 없는 생활환경을 말한다. 유니버설 디자인(universal design)이란 특정 제품, 시설, 서비스 등을 이용하면서 성별, 나이, 장애, 언어 등으로 제약을 받지 않도록 설계된 모든 사람을 위한 디자인이다. 이를 통해 다양한 사람들이 사용할 수 있는 환경·정보·서비스를 구현하는 것을 목표로 삼는다. 유니버설 디자인은 1980년대 후반 한국에 소개된 이후, 사회 전반에 걸쳐 그 철학이 반영되었다. 일반 영화보다 상세한 해설과 자막을 삽입하고 사소한 장면까지 녹음 작업을 추가하여 청각, 시각 장애인들도 함께 즐길 수 있는 배리어 프리 영화가 만들어지고, 자전거와 휠체어, 휴대폰을 장애인과 비장애인이 모두 이용할 수 있도록 구급 급속충전기가 설치되었다. 캔 뚜껑에 새겨진 점자나, 높낮이가 다른 버스나 지하철의 손잡이도 배리어 프리와 유니버설 디자인이 적용된 사례이다. 배리어 프리나 유니버설 디자인의 핵심은 시설, 제품, 정보, 서비스 등 다양한 분야에 모두를 고려하는 인식이 깔려 있다는 점이다.

민주시민교육은 민주주의를 전제로 시민성을 강화하는 교육을 통해, 우리 사회 구성원들이 민주시민으로 다시 서는 것을 목표로 한다. 그러므로 민주시민교육은 민주주의의 유지와 발전을 주도하는 역량 있는 민주시민을 양성하려는 현재형이자 미래를 대비하는 교육이다. 이를 통해 공동체 구성원으로서의 가치, 태도, 자율성과 연대의식을 키운다면, 이는 곧 개인과 사회의 성장과 발전에 긍정적인 결과로 이어질 것이다. 민주시민은 처음부터 그 정체성과 자질을 가지고 태어나는 것이 아니라, 교육을 통해 형성된다. 그렇다면 성별, 나이, 장애, 언어, 지역, 인종 등으로 제약받거나 차별받지 않도록 제도적으로 뒷받침하고 이러한 가치를 민주시민교육 목표에 반영해야 할 필요가 있다.

오랜 민주주의의 역사가 있는 영국의 사례를 보자. 1980년대 후반 경제와 사회복지모델이 흔들리면서 사회결속력의 약화, 범죄율의 증가, 공중도덕의 파괴 등으로 표현되는 '영국병'이 발생하자, 영국은 국가 차원에서 시민교육의 필요성을 절감하였다. 또한 오랫동안 민주주의와 시민교육을 다져온 미국에서 2020년 플로이드 사건 같은 인종차별과 인권 문제가 여전히 발생하는 것을 보면, 시민교육은 일회성을 가진 교육정책이 아니라 민주주의라는 시대정신을 지탱하면서 시민의 생애 전반에 걸쳐 이뤄져야 한다는 것을 알 수 있다.

시민은 개인으로서는 한없이 자유롭되, 공동체의 구성원으로서 가지는 권리와 책임에도 충실해야 한다. 개인의 권리와 공동체의 이익을 조화시킴으로써 개인의 행복과 공동선 증진을 위해 노력하는 시민성을 가져야 한다. 정부 수립 이후 우리의 교육은 성장을 목표로 국가와 사회에 필요한 사회 구성원을 양성하는 사회화에 주력해 왔다. 이제 배리어 프리나 유니버설 디자인 이념처럼 더 나은 삶을 위한 사회적 상상력을 바탕으로 민주시민으로 다시 서야 할 때다. 배리어 프리처럼 장벽을 없애고, 유니버설 디자인의 정신처럼 모두를 배려하는 삶, 즉 일상 속에서 민주주의와 시민성을 추구하는 가치체계와 태도를 민주시민교육의 목표에 담아야 할 것이다.

## 3. 팬데믹 이후의 세상에서 살기

### 인간다움과 탐욕 사이에서

현대 사회에는 환경오염과 생태계 파괴, 전쟁으로 인한 난민 발생, 신자유주의 체제로 말미암은 이주노동자 증가와 경제적 불평등의 발생 등 다양한 차원에서 갈등과 분쟁이 발생하고 있다.

영화로도 만들어진 소설 『눈먼 자들의 도시』에서, 작가인 주제 사라마구는 인류가 수 세기 동안 쌓아놓은 규범과 문화가 집단실명으로 존재 가치를 상실한 세상을 묘사했다. 앞이 보이지 않는 세상에서 기존의 질서와 규범이 무너지고 대신 눈을 뜬 것은 본능적으로 살아남으려는 인간의 욕망이었다. 집단감염을 우려해서 국가가 눈먼 자들을 강제로 수용소에 격리하면서 인간다움은 더욱 사라지고 온통 탐욕이 지배할 뿐이다. 마침내 사람들이 다시 눈을 떴을 때, 그 이후의 삶은 어떻게 되었을까?

전 세계의 감염학자들과 환경전문가들은 코로나19가 팬데믹 (pandemic) 선언으로 이어진 원인이 무분별한 개발로 인한 생태계 교란과 기후위기에서 비롯된 것이라고 지적한다. 인간은 스스로 욕망을 충족시키기 위해서 끊임없이 자연을 개발하고 동식물을 착취하였다. 동식물 서식지는 심각하게 파괴되고, 지구 생태계가 빠르게 교란되고 있다. 그동안 우리는 이런 행위를 인간다운 삶을 살기 위한 어쩔 수 없는 선택이라고 포장하였다. 기술혁신과 대량생산은 인류를 풍요롭게 만들었지만, 체르노빌과 후쿠시마 원전 사고처럼 생존을 위협하는 심각한 문제로 되돌아왔다. 이제 지구의 환경과 생태

위기는 자연의 자정작용으로 해결할 수 있는 차원을 넘어섰다. 이는 곧 인류의 생존위기 문제이며, 21세기의 최대 과제이다.

이제는 자연과 인류의 공존을 위해 기후변화, 환경오염, 생태계 파괴, 자원위기, 보건과 위생 문제 등을 해결할 수 있는 지구촌 시민으로서 대안을 세워야 할 때다. 그러기 위해서는 자신이 속해 있는 지역을 넘어 지구촌 차원의 연대가 필수적이다. 그동안의 민주시민교육은 민주주의의 주권자, 또는 시민으로서 정치현상에 대해 바르게 이해하고 의사결정 과정에 참여하기 위해 필수적인 지식과 기능, 가치 등을 체계적으로 함양하는 것에 목표를 두었다.

앞으로의 민주시민교육은 인간의 거주 공간을 넘어서 환경과 생태 문제를 포함한 다양한 영역에서 의사결정에 참여할 수 있도록 필요한 자질을 키우는 것을 목표로 삼아야 한다.

## 자연과 연대하는 시민

2020년의 세계는 코로나19로 사회적 거리두기와 지역과 국가 간에 봉쇄조처가 내려졌으며, 마침내 감염병의 세계적 대유행, 즉 팬데믹 선언으로 이어졌다. 산업혁명 이후 대량생산과 소비를 바탕으로 성장하던 인류가 감염병의 확산으로 심각한 위기에 노출된 것이다. 코로나19의 확산은 인간사회를 '일시 멈춤' 상태로 만들어놓고, 삶의 방식을 바꿔놓았다. 마스크는 일상에서 필수품이 되었고, 재택근무를 하면서 화상회의를 하고 원격진료를 받는 것이 보편화하였다. 공교육 영역에서 온라인 수업이 확대되고, 교사의 역할은 지식의 전달에서 공유와 재창출로 바뀌고 있다. 기업들은 온라인 플랫폼을 활용한 비대면 마케팅을 통해 출구를 찾고 있다. 이처럼 인류는 과거에도 그랬던 것처럼 포스트코로나시대, 즉 팬데믹 이후의 세상에서 살아가는 방법을 찾는 중이다.

인류에게 역사의 시대가 열린 후 흑사병, 천연두, 스페인독감, 에이즈 등의 감염병은 시대와 지역을 불문하고 정치, 경제, 사회, 문화 등 모든 영역에 영향을 끼쳐왔다. 그때마다 인류는 제도와 문화를 변화시키거나, 백신을 개발하면서 대응해왔다. 14세기에 흑사병으로 유럽 인구의 3분의 1을 잃었을 때, 흑사병을 피해 하수구에 숨어들었다가 오히려 더욱 심각한 상황에 놓였던 유럽인들은 다른 지역에서 들어오는 배를 격리하거나 하수도를 정비하면서 전염병의 확산을 진정시켰다. 흑사병에 대한 공포는 19세기에 가서야 항생제를 개발하면서 벗어날 수 있었다.

그렇다면 포스트코로나시대, 우리의 삶은 어떻게 바뀔까? 팬데믹시대에 필요한 사회적 가치는 무엇이고, 민주시민교육은 어떤 역할을 할 수 있을까?

세계자원연구소의 환경민주주의 지표(EDI)를 적용해보면, 한국의 환경민주주의의 수준은 낮은 편이다. 환경민주주의란 환경 문제에 시민의 의사가 반영되도록 보장해야 한다는 것으로, 환경 정보에 자유롭게 접근하고 이용하며 의사결정에 참여할 수 있는 권리를 말한다. 인류에게 닥친 환경과 생태 문제를 해결하기 위해서는 생태계의 변화와 자원의 분배를 포함한 환경 정보를 공유하면서 자연과 연대하는 것이 바람직하다. 그러므로 인간다운 삶의 본질을 유지하되, 자연과 환경의 존재 가치를 긍정하는 시민으로서 자연과 연대하는 것을 민주시민교육의 목표로 설정할 필요가 있다. 무차별적 개발과

착취를 통해 지구를 장악한 인류에게 자연이 주는 경고음을 외면하지 말고 민주시민교육에 담아내야 한다.

민주시민교육을 통해 자연과 시민의 연대를 실현함으로써 팬데믹 시대 이후에도 이곳 지구촌에서 살아갈 우리의 미래를 담보하고, 자연과 환경을 생각하는 삶을 복원해야 할 때를 놓쳐서는 안 된다.

## ✎ 추천하는 책과 영화

■ 『하틀랜드: 세계에서 가장 부유한 나라에서 뼈 빠지게 일하고 쫄딱 망하는 삶에 관하여』(세라 스마시, 반비, 2020)
'아메리칸 드림'에 관한 진실을 개인의 가족사와 미국의 현대사를 교차시키며 담은 책이다. 가난과 불행을 개인의 문제로 다뤘던 가장 부유한 나라 안에 은폐된 경제적, 인종적, 환경적, 사회적 불평등 구조를 묘사하고 있다.

■ 『코로나 사피엔스』(최재천 외, 인플루엔셜, 2020)
코로나19는 성장과 경쟁을 바탕으로 자본주의 문명을 일군 인류에게 새로운 과제를 안겨주었다. 방송의 대담 내용을 엮은 책으로, 코로나19와 팬데믹 선언 이후 새로운 환경의 지구에서 살아갈 현재와 미래의 우리에게 건네는 지침서이다.

■ 〈스윙 보트〉(J. 마이클 스턴 감독, 2008)
정치와 현실에 불만족스럽고 관심 없던 개인이 시민으로서 투표 권리를 행사하기까지의 과정을 담아낸 영화이다. 부동층 집단의 인식과 행동 변화를 들여다보면서 민주주의에서 투표의 중요성과 한 표의 의미를 살펴보게 하는 작품이다.

■ 〈디 벨레〉(데니스 간젤 감독, 2008)
파시즘의 작동원리를 설명하기 위해 역사교사인 론 존스가 고안한 실험 '제3의 물결'을 바탕으로 만들어졌으며, 전쟁과 전체주의를 경험하지 못한 세대들과 함께 감상해야 할 영화이다. 토드 스트라써의 원작 소설 『파도』(서연비람), EBS 지식채널e 〈환상적인 실험〉과 함께 보기를 추천한다.

# 3장
# 자발적 복종을 넘어 비판적 성찰로

**김용진** 인천광역시교육청 장학사

## 1. 학습나침반을 가지고 떠나는 민주시민교육

2009년 한 방송에 소개된 남한산초등학교의 모습이다. 아이들과 선생님들은 하루를 숲속 아침산책으로 시작한다. 그리고 이어진 수업은 80분 수업, 30분 휴식으로 진행되는데 학생의 주도성을 보장하는 모둠학습과 토론으로 이루어진다. 학생과 학부모는 다모임의 일원으로 학교운영에 자연스럽게 참여하고 교사들은 교육과정을 재구성하여 학생들의 배움과 성장을 위해 노력한다.

남한산초등학교 이야기는 당시 입시경쟁교육으로 신음하던 우리 교육의 대안으로 주목받았고, 이후 혁신학교 모델로 전국적으로 확산됐다. 혁신학교는 교사중심의 강의식 수업을 탈피하고 학생주도의 모둠활동과 토론을 통해 학생이 스스로 배움의 주체로 성장할 수 있도록 돕는 학교이다. 그리고 교과서 지식에 머물지 않고 우리 주변의 삶과 연계한 다양한 체험중심 교육을 강조하며 교육 공간을 가정, 학교, 마을로 확장한다.

이런 교육의 흐름은 비단 한국만의 현상은 아니다. 미래교육과 관련한 「OECD 2030 Education」 보고서는 보다 나은 세상을 만들기 위해 책임감 있게 생각하고 행동할 수 있는 능력으로 학생주체성(student agency)을 강조한다. 학생은 학습나침반을 가지고 여행을 하며 교사, 학부모, 지역사회와의 협력을 통해 변혁적 역량을 익힌다. 결국 학생 자신과 사회의 웰빙을 통해 교육공동체 모두 포용적 성장을 하게 된다. 여기서 강조하는 학생주체성은 일방적인 주입식 교육으로는 실현할 수 없으며 교사, 학부모, 지역사회와의 협력적 주체성을 통해서만 가능하다.

학교에서 학생주체성을 강조하는 교육을 하기 위해서는 학생 한명 한 명을 우리 사회의 시민으로 보고 그 주체성을 인정하여야 한다. 그리고 주체적인 개인이 시민으로서 공론의 장에 모여 자신의 생각을 자유롭게 표현하며, 차이를 안전하고 편하게 드러낼 수 있어야 한다. 또한 주체적인 시민들이 상호작용하며 공동의 사회 문제를 해결하기 위한 집단지성을 끌어낼 수 있어야 한다. 산업화시대부터 진행된 주입식 입시경쟁교육을 뒤로하고, 주체적으로 생각하고 공공성을 갖추며 연대하는 민주시민교육을 강화해야 하는 이유이다.

민주시민교육은 자율적인 시민, 공공성을 갖춘 시민, 연대하는 시민을 필요로 한다. 이런 주체적인 시민들은 끊임없는 비판적 성찰을 통해 성장한다. 특히 학교는 학생이 민주시민으로 성장하는 장소로서, 삶의 공간인 세상을 만날 수 있는 시간을 충분히 보장해야 한다. 이런 역할수행을 통해 학교는 진정한 민주시민교육의 장이 될 수 있다.

## 2. 은행예금식 교육에서 문제제기식 교육으로

2020년 코로나19의 전국적 확산으로 학교는 문을 닫고 수업을 원격으로 전환했다. 하지만 5월이 되면서 제일 먼저 고3 학생들을 대상으로 등교 수업이 이루어졌고, 나머지 학년도 순차 등교를 통해 주 1회 또는 격주로 등교 수업을 시작하였다. 이렇게 등교 수업을 한 학교에서는 학생 간 접촉을 최소화하라는 방역기준에 따라 학생 간 전후좌우 공간을 유지하였고, 모둠학습이나 자신의 목소리를 낼 수 있는 토론 수업은 최소화됐다. 특히 고3의 경우, 입시와 대입이라는 현실적 요구에 따라 매일 등교 수업이 이루어지면서 안전보다 입시가 우선한다는 비판이 제기되기도 했다.

　우리나라 교육은 입시경쟁교육으로 '길들이기 교육', '은행예금식 교육'이라는 비판을 받는다. 이는 교사의 일방적 강의를 바탕으로 시험에 나오는 정답을 찾는 맹목적인 암기교육 때문이다. 이런 주입식 교육이 우리 사회에서 비판받는 또 다른 이유는 학생을 독립적이고 주체적인 존재로 보지 않고, 사회에서 필요한 지식·기능·가치와 태도를 기계적으로 습득하도록 요구하기 때문이다. 이는 개인의 성공에 맞춰진 입시제도와 맞물려 극단적인 경쟁교육으로 나타난다. 개인에 대한 존엄을 보장하고 연대하는 민주적 가치와는 상충하게 된다.

노암 촘스키는『실패한 교육과 거짓말』에서, 미국의 교육은 기존의 사회질서를 그대로 수용하고 순응하게 하는 교육이며 비판적 사고를 포기하고 사회의 이데올로기를 그대로 받아들이도록 하는 '길들이기 교육'이라고 비판하였다. 길들이기 교육은 개인의 사유나 성찰을 전제로 하지 않으며, 한 사회와 기업의 부품처럼 자신의 역할을 충실하게 수행하는 사람을 길러낸다. 결국 길들이기 교육은 사유하지 않는 사람을 길러내며 주변의 삶과 세상을 살피지 않고 개인의 성공을 위해 앞만 보고 걸어가게 한다.

　프레이리는『페다고지』에서 이를 '은행예금식 교육'이라고 불렀다. 은행예금식 교육은 교사에 의해 일방적으로 전달되는 지식을 은행에 저축하듯이 차곡차곡 쌓는 교육이다. 그는 탐구정신과 프락시스가 결여된 교육은 단편적인 현실관에 순응하게 하여 비인간화를 낳는다고 비판했다. 학생은 순응적이고 수동적인 존재가 되어 기존의 질서에 지배당하게 되며, 개인이 처한 문제상황을 개인의 무능력으로 인식하게 된다고 보았다. 이런 은행예금식 교육은 기존의 사회구조를 유지하고 재생산하는 억압의 도구로 인간소외를 낳게 된다.

　그는 대안으로 '문제제기식 교육'을 제시한다. 문제제기식 교육은 학생과 교사의 의사소통을 중요하게 보며 대화를 통해 의식의 본질

| | 은행예금식 교육 | 문제제기식 교육 |
|---|---|---|
| 목적 | 기존 사회구조의 유지 및 재생산 | 자기 세계를 창조, 재창조하는 주체 |
| 교육 방법 | 주입 | 대화 |
| 교육 결과 | 순응하는 사람 | 비판적 사고자 |
| 교사의 역할 | 지식의 전달 | 적극적 대화 |

*프레이리,『페다고지』참고

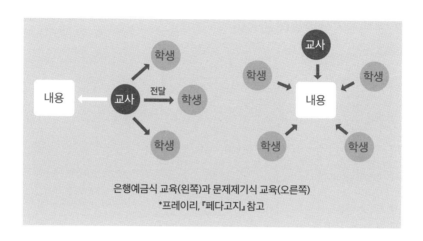

은행예금식 교육(왼쪽)과 문제제기식 교육(오른쪽)
*프레이리, 『페다고지』 참고

에 답하는 교육이다. 이 교육에서 학생은 수동적 존재가 아니다. 대화관계에서 교사와 학생은 서로 배우는 관계이자 비판적인 공동탐구자이다. 공동탐구를 통해 기존의 지식·가치·문화 등을 비판하고 탐구하면서 세상을 이해하고 자신의 지식·가치·문화를 재구성하게 된다. 그래서 대화와 이론과 실천을 의미하는 프락시스를 강조한다.

문제제기식 교육의 목적은 대화를 통해 현상이나 사안의 본질을 살펴볼 수 있게 하는 데 있다. 프레이리는 대화를 "사람들이 세계를 매개로 하여 세계를 이름짓기 위해 만나는 행위"라고 하였다. 여기서 이름짓기는 다양한 권력, 계층, 계급 등 세상을 자신의 언어로 읽어낼 수 있는 능력으로 일종의 '문해력'이다. 문해력은 단순히 문장부호나 글자를 읽고 쓰는 능력이 아니라 맥락을 이해하고 그 속에 숨겨진 권력관계와 사회적 관계 등을 해석할 수 있는 능력을 의미한다. 즉, 1장에서 등장한, 통을 보고 달달놈을 비판적으로 바라보게 하는 능력인 것이다.

## 3. 문제제기식 교육에 관하여

### 공론장과 토론

문제제기식 교육이 이루어지기 위해서는 관계의 민주성이 중요하다. 관계의 민주성을 위해서는, 주체적인 개인이 위계가 없는 상황에서 함께 논의할 수 있는 공론의 장과 자유롭게 생각과 관점의 차이를 표현할 수 있는 자유롭고 안전한 환경이 필요하다. 공론의 장은 물리적 공간으로서의 장소인 동시에 각자의 생각을 표현하고 말할 수 있는 환경이다. 학교에선 수업이 이루어지는 교실이기도 하고, 회의가 진행되는 교무실일 수도 있다. 또한, 마을 교육이 이루어지는 지역사회일 수도 있다. 공론의 장이 열린다는 것은 개인 영역의 이야기가 공공 영역으로 옮겨지는 과정이다. 숙의 과정을 거쳐 이루어진 합의된 결론은 집단지성의 산물로 공적인 성격을 갖는다.

그래서 문제제기식 교육을 지향하는 민주시민교육은 공론의 장과 토론이 중요하다. 혁신학교에서 이루어지는 배움의 공동체 수업은 그런 측면에서 상호 배움이 이루어지는 문제제기식 교육의 대표적인 모습이라고 할 수 있다.

한편 공론의 장에서 토론할 때 자신의 생각을 자유롭게 드러내지 못하는 학생들이 많다. 상대방에 의해 옳고 그름으로 평가받고 비난과 불이익을 당할 수도 있다는 우려 때문이다. 특히 사회현상을 정의의 관점으로만 보게 되면 선의 영역과 악의 영역이 존재하게 된다. 결국 나의 주장은 선의 영역이 되고 나와 다른 타인의 의견은 악의 영역에 남게 되는 것이다. 그래서 타인의 생각을 이해하고 공통점을 찾기보다는 옳고 그름으로 이해하면서 극단적인 갈등이 발생하게 된다. 특히 확증 편향에 빠져 무비판적이고 맹목적으로 수용하는 사람일수록 이런 현상은 더 강하게 나타난다.

이처럼 학교는 민주시민교육을 위해 교사, 학생, 학부모의 공공성을 끌어내는 공론의 장으로서 역할을 해야 하며, 이들 교육주체가 관계의 민주성을 바탕으로 위계 없이 자유롭게 말할 권리를 보장해야 한다. 또한, 안전한 환경에서 타자를 인정하고 존중하는 '회복적 생활교육', '비폭력 대화' 등 구체적인 방법도 함께 모색하는 노력이 필요하다.

## 비판적 사고와 성찰

영화 〈패치 아담스〉는 방황하는 주인공이 자신의 인생 방향을 찾아가는 과정을 그린다. 주인공인 헌터 아담스는 삶의 방향을 잃고 방황하다가 정신병원에 들어가는데, 여기서 만난 환자 아서와의 대화를 통해 자신만의 삶을 살아가기 위한 용기를 얻는다.

아서: (네 손가락을 치켜들며) 몇 개로 보이나?

헌터: 네 개.

아서: 문제에 초점을 맞추면 해결책을 볼 수 없어. 절대로 문제에 초점을 맞추지 마! 몇 개로 보여? 아니, 손가락을 지나서 봐! 몇 개로 보이나?

헌터: 여덟 개.

아서: 여덟 개는 좋은 답이야. 다른 이들이 못 보는 걸 봐! 모든 이들이 보기 원하지 않는 걸 봐.

이 장면은 어떤 사회적 문제를 해결하기 위해서는 문제에 초점을 두지 말고 문제 너머에 있는 문제를 둘러싼 여러 제도와 권력관계 등 숨겨진 이면을 살펴보라고 말한다. 바로 달달놈을 보라는 것이다. 하지만 대부분 달달놈을 보려 하지 않는다고 아서는 지적한다. 영화는 손가락으로 달을 가리키며 보라고 하는 사람이 있을 때, 달을 보거나 손가락을 보는 것이 아니라 그 말을 하고 있는 사람이 왜 달을 보라고 하는지 그 사람을 둘러싼 환경과 주장의 이면을 살필 것을 말하고 있다. 이것이 비판적 사고력이며, 세상에 대한 비판적 관점을 갖게 하는 민주시민교육이다. 이 과정을 통해 우리는 남의 시선이 아닌, 자신의 시선으로 세상을 보고 판단하는 주체적인 시민으로 성장하게 된다.

비판적 사고에서 중요한 점은 성찰이다. 이 성찰은 개인의 성찰인 동시에, 집단과 공동체의 성찰이다. 성찰은 사유를 전제로 한다. 아렌트는『예루살렘의 아이히만』에서 말과 사유를 허용하지 않는 '악의 평범성' 개념을 통해 생각이 결여된 무사유의 문제를 설명하였다.

유태인을 집단학살하는 홀로코스트를 기획하고 자행한 아이히만은 2차세계대전 당시 독일 반제에서 열린 회의에 참석하여 자기가 무엇을 하고 있는지 그 의미를 생각하지 않았고, 그저 지시에 의해 성실히 업무를 수행했다고 주장한다. 그는 자신이 계획하고 저지른 집단학살의 의미를 묻지 않았고, 어떤 결과를 낳았는지 그 행위에 대해서도 판단하지 않았다. 그저 주어진 일을 최선을 다해 성실하게 수행했을 뿐이라고 주장한다. 여기서 문제는 그 결정과 행동이 왜 필요한지, 어떤 결과를 가져올 것인지에 관해 자신에게 질문하지 않았다는 점이다.

악의 평범성은 자신이 무엇을 하는지 그 의미를 생각하지 않는 무사유의 상태를 말한다. 이는 자신에게 부여된 역할을 잘 감당하기만 하는 상태로 누구에게서나 나타날 수 있는데, 특히 분업과 전문화에 따라 전체를 보지 못하고 분절적인 일만 감당하도록 강요받는 현대 사회에서 쉽게 나타난다.

결국 생각이 결여되지 않고 사유하는 시민이 되기 위해서는 일상적인 생활에서 '비판적 성찰'이 필요하다. 강남순(2017)에 따르면, 비판적 성찰은 당연하다고 생각하던 것에 물음표를 붙이는 사유에서 시작한다. 또한 그 사유에 근거하여 판단하고, 개혁과 변화를 모색하는 행동으로 이어가는 과정까지 아우르는 개념이다.

'악마의 변호사(devil's advocate)'라는 용어가 있다. 이 용어는 원래는 특정 의견에 의도적으로 반대하는 역할을 맡은 사람으로, 논의를 더욱 깊게 만드는 역할을 맡은 사람을 말한다. 비판적 성찰은 아무리 옳다고 생각하는 결정에 대해서도 악마의 변호사처럼 반대의 관점에서 생각하는 과정을 필요로 한다. 이런 과정은 타인과의 대화와 토론을 통해 이루어지기도 하지만 개인 스스로 성찰하는 과정을 통해 이루어질 수 있다.

악은 악마의 모습이 아니라 우리 주변에 평범한 모습으로 함께 존재하고 있다. 이 악은 우리가 스스로 사유하지 않을 때 나타난다. 그래서 개인은 자신에 대한 악마의 변호사가 되어 끊임없는 질문을 통해 자신을 비판적으로 성찰하고 되돌아봐야 한다.

## 논쟁성 재현과 사회참여

문제제기식 교육은 교사와 학생 간의 의사소통인 대화를 통해 구현된다. 대화는 수동적 수용을 전제하지 않는다. 능동적 인식을 통해 비판적 사고와 성찰을 함으로써 자립적인 생각과 세상에 대한 관점을 갖게 한다. 또한 대화는 성찰과 행동을 요구하며 삶과의 연계를 끊임없이 모색한다. 우리 사회의 논쟁적인 현상이나 현안을 다루는 '논쟁성 재현'과 능동적 참여로 세상을 바꾸는 '사회참여'는 문제제기식 교육을 지향하는 민주시민교육에 있어 중요한 수업의 과정이자 방법이라 할 수 있다.

학교에서 논쟁성 재현이 중요한 이유는 사회적 현상과 현안을 논쟁적으로 재현함으로써 학교와 사회를 통합적으로 다룰 수 있기 때문이다. 특히 논쟁적 주제들은 관련 사안들이 복잡하고 종합적인 현상일 경우가 많다. 그래서 종합적인 탐구 과정을 통해 사회현상과 현안을 종합적으로 이해하고 자신의 관점을 갖게 한다.

학교민주시민교육 차원에서 논쟁성 재현을 강조하기 시작한 시기는 2017년 서울시교육청이 '독일 보이텔스바흐 합의와 민주시민교육' 국제심포지엄을 개최하면서부터라 할 수 있다. 그리고 현재 교육청 차원에서 '사회현안 수업'이라는 이름으로 논쟁성을 재현하고 있다. 하지만 여전히 우리 사회와 학교는 논쟁적인 사회적 현안과 현상을 교실에서 다루는 것에 대해 그다지 호의적이지 않다. 그 중심에는 헌법의 '교육의 정치적 중립성' 조항과 교육기본법의 '교육의 중립성'이 있다. 특히 초·중등 교원은 여러 판례를 바탕으로 근무 시간 내외를 불문하고 학생들에게 끼치는 영향을 고려하여 정치활동은 금지해야 한다는 것이 불문율에 가깝다. 이에 따라 일부에서는 정치적 중립성이 학교를 '정치적 진공상태'로 만들고 교사를 '정치적 금치산자'로 만든다고 비판한다. 현실과 동떨어진 교육은 학생들의 정치적 무관심을 낳는다며 정치적 중립성 폐지를 주장하기도 한다.

특히 2019년 12월, 18세부터 선거권을 보장하는 내용으로 공직선거법이 개정되면서, 학교교육에서 선거교육을 할 필요성이 제기되었다. 교원의 정치적 중립성 논쟁도 더욱 뜨거워졌다. 중앙선거관리위원회는 모의선거를 '선거에 영향을 끼치는 행위'로 보고, 교원의 학교 내 정치적 중립을 강조하며 이를 금지하였다. 하지만 코로나19로 인해 학생들의 등교가 미뤄지면서 선거교육 이슈가 묻혔고, 교사의 정치적 중립성 논쟁도 수면 아래로 내려갔다.

한편 논쟁성 재현과 관련하여 한국교육개발원은 연구보고서 (2019)를 통해, "민주시민교육을 담당하는 교사들은 자신에게 요구되는 정치적 중립성에 대한 높은 부담감을 느끼며, 그 결과 자신의 의견과 발언을 검열하고 자제하는 경향이 보이고 이로 인해 교사의 참여가 배제되고 역할이 제한되는 수업상황으로 민주시민교육이 활성화되지 못하는 요인으로 작용하고 있다"라고 밝혔다.

이처럼 교육의 정치적 중립성 문제는 교사들의 정치활동 일체를 금지하는 것으로 잘못 이해되는 경향을 보이며, 결과적으로 민주시민교육의 핵심인 논쟁성 재현이 현장에서 실현되는 데 걸림돌이 되고 있다. 특히, '시국선언', '국정교과서 비판', '세월호 참사 수업' 등과 관련하여 소송과 징계를 통해 개인에게 책임을 전가하는 기존의 해결 방식은 교사의 수업권을 제한하고 정치권력에 의한 교육지배를 낳을 우려가 있다. 결국 학생 학습권의 실질적 보장을 침해하는 결과를 낳을 수 있다는 조사도 있다. 그런 점에서 각 시도교육청이 제정한 「학교민주시민교육 진흥 조례」처럼, 논쟁성 재현 문제를 어떻게 바라볼지에 대한 최소한의 사회적 합의를 끌어내야 한다. 그래야 학생은 민주주의 사회의 시민으로 정치교육을 받을 권리를 보장받고, 교사는 전문성, 자주성, 정치적 중립성에 기반한 수업권을 보장받을 수 있다.

> **제4조(기본원칙)**
> 2. 우리 사회에서 논쟁적인 것은 학교에서도 논쟁적으로 다루어질 수 있어야 한다. 다만 사적인 이해관계나 특정한 정치적 의견을 주장하기 위한 방편으로 사용해서는 아니 된다.
> 3. 교화나 일방적인 주입이 아닌 자유로운 토론과 참여를 통한 교육방식으로 이루어져야 한다. —인천광역시교육청, 「학교민주시민교육 진흥 조례」

　논쟁수업은 비판적 성찰을 통해 세상을 인식하는 힘, 실천하는 힘을 키우게 한다. 하지만 논쟁만 강조할 경우 탁상공론에 머물 가능성이 크다. 그래서 민주시민교육은 사회참여 등 실천과 참여를 또한 중요하게 다룬다.

　3·1운동 100주년을 맞아 인천의 강화여고 유지경성 동아리는 '기억' 프로젝트로 독립운동가의 의열투쟁을 기억하고 평화를 이어가기 위해 클라우드 펀딩을 진행하고 한국사 바로 알리기를 진행하고 있다. 이처럼 사회참여는 자신이 속한 사회에 관심을 가지고 구체적인 영향력을 발휘하여 공동체의 발전을 추구하는 사회적 행위를 의

미한다. 시민의 적극적인 참여와 실천을 전제로 하며, 작게는 내 문제에서 시작하여 학교, 마을, 국가, 세계 차원으로 확대될 수 있다. 주제 또한 교육, 환경, 문화, 정치, 경제 등 다양하다. 그런 측면에서 민주시민교육에 있어 사회참여 수업은 실천성을 강조하는 모든 과목에서 사용할 수 있는 하나의 교육 플랫폼이라 할 수 있다.

사회참여 수업은 비판적 사고능력을 바탕으로 자신과 사회를 둘러싼 사회현상을 객관적으로 파악하고, 삶의 문제를 공공성의 입장에서 합리적으로 해결하는 문제해결능력을 강조한다.

이를 위해서는 학교와 지역사회 간 연계가 매우 중요하다. 학교교육은 학교를 넘어 마을교육으로 확대를 꾀한다. 학교와 마을이 협력하여 마을이 학생들의 배움터가 되고 학교와 지방자치단체, 그리고 시민사회가 연대하는 마을교육공동체로 나아가야 한다. 이를 구체적으로 실현하기 위해 학교는 마을의 인적·물적 자원을 연계하여 '마을연계 교육과정'을 운영하게 되는데 그 중심에 사회참여가 있다. 시민성 및 시민의식조사(ICCS) 조사 결과를 보더라도, 사회참여는 학교와 지역사회 연계를 통해 학생들에게 다양하고 적극적인 시민참여의 기회를 제공함으로써 청소년의 시민역량 개발에 기여함을 알 수 있다.

사회참여가 학교교육에서 수업으로 진행된 계기는 전국사회교사모임과 소속 교사들의 노력 덕분이다. 이전의 사회참여는 사실 정치참여로 이해하는 경향이 강해, 학교교육에서 잘 이루어지지 못했다. 그나마 삼성-허베이 스피릿호 원유유출 사고(태안 앞바다 기름 유출 사고)처럼, 사회적 재난을 수습하기 위해 참여하는 자원봉사가 대부분이었다. 하지만 이 교사들은 우리 사회의 문제점을 인식하고 개선하려는 적극적인 학교 시민교육을 위한 활동으로, 「아름다운 교육 실천 사회참여 체험교육」(2001), 「아름다운 참여」(2004)를 발간하고 민주시민으로서의 사회적 실천과 참여를 강조하기 시작했다. 이후 2009년 민주화운동기념사업회가 전국사회교사모임과 함께 첫 청소년사회참여 발표대회를 개최하였고 현재는 전국 시도교육청과 함께 전국 사업으로 진행하고 있으며, 각 시도교육청도 자체적인 사회참여 발표대회를 진행하고 있다.

사회참여의 핵심은 시민인 학생의 적극적인 참여에 있다. 이를 위해 학교는 가정에서 사회로 나가는 '중간 지대'로서 다양한 사회참여를 연습하는 공간이어야 한다. 또한, 학교의 필요에 따라 일회성 캠페인에 동원하거나 단순한 의견제시 위주의 소극적 참여를 넘어서야 한다. 학생들이 정책을 결정할 수 있는 적극적 수준의 참여가 이루어질 수 있도록 제도적 기반을 마련해야 한다.


## 4. 학교가 바뀌면 학생이 바뀐다

### 민주주의가 살아 숨 쉬는 학교자치

학교자치는 무엇이고 왜 필요할까?

학교자치는 학교가 민주주의 공간이 되고, 학교교육공동체가 민주주의 가치인 존엄을 바탕으로 타자를 인정하고 존중하는 생활 공간이 된다는 것을 의미한다. 학교는 잠재적 교육과정을 충분히 고려하는 가운데, 내부 교육공동체(학생, 학부모, 교직원)의 집단지성을 활용함으로써 민주시민교육의 장이 될 수 있다.

하지만 현실은 다른 듯하다. 학교자치와 관련된 여러 토론회를 보면 학교의 비민주성을 토로하는 경우가 대부분이다. 특히, 비판의 핵심 대상은 학교장 중심의 권위주의적인 학교문화와, 수직적 위계에 따라 이루어지는 지시와 복종의 행정 시스템이다. 학생들의 외부 복장과 행동 규제가 중심을 이루는 생활지도가 대표적인 예다. 한편 코로나19 확산 이후 일부 학교에서는 코로나19와 관련해 발생할 책임 문제를 이유로 수직적이고 일방적인 의사결정이 나타나 학교자치에 역행한다는 우려를 낳고 있다.

이런 권위주의적인 학교문화에서는 관계의 민주성을 강조하는 민주시민교육이 제대로 이루어지기 어렵다. 그래서 학교 구성원이 수평적 관계를 통해 공동의 학교 문제를 해결하기 위해 의사결정 과정에 참여하고 책임지는 민주적 학교문화가 필요하다. 이것이 학교민주주의이자 학교자치이다. 학교자치는 교육주체인 학생, 학부모, 교직원이 학교 시민으로 자기결정권과 책임감을 느끼고 함께 학교운영과 교육과정에 참여하여 민주적 의사결정을 통해 학교를 운영하는 학교민주주의다.

학교자치가 교육정책으로 실현되기 시작한 것은 교육부와 전국시도교육감협의회의 2017년 「학교민주주의 실현을 위한 학교자치 로드맵」 발표 시점부터이다. 여기서 학교자치의 목표를 '학교교육에서의 학교민주주의 달성'으로 제시하였고, 학교민주주의를 민주주의 원리에 따라 학교를 운영하는 것으로 보았다. 이는 학교가 불필요한 행정적 업무를 벗어나 교육과정 중심으로 학교운영을 할 수 있도록 하여 학생을 민주시민으로 성장할 수 있도록 함을 목적으로 한다. 요약하면, 학교자치는 학교를 민주주의 원리에 따라 운영함으로써

*교육부, 「학교민주주의 실현을 위한 학교자치 로드맵」(2017)

학생이 전인적 성장을 할 기회를 제공하고, 장기적으로 우리 사회의 시민 역할을 할 수 있도록 교육하는 것이다.

한편 학교자치를 정착시키기 위해서는 교육주체들이 함께 민주적 의사결정 과정에 참여할 수 있도록 제도적으로 뒷받침해야 하는데, 그 중심은 '학생회', '학부모회', '교사회', '직원회', '교직원회의' 등 다양한 학교자치기구이다. 각 교육주체가 학교운영에 직접 참여하는 학교자치기구를 통해 학교는 절차적 민주주의를 갖추게 된다. 집단지성을 통한 학교운영을 함으로써 공동의 책임감을 갖는 연대적 기구를 확보하게 된다. 그래서 각 자치기구를 제도적으로 뒷받침하고 이들이 함께 민주적 의사결정을 하는 것이 중요하다.

결국 학교자치는 학교교육공동체가 민주적 관계와 신뢰를 바탕으로 학교를 운영하는 잠재적 교육과정으로, 학생들의 민주시민성 함양을 위한 전제가 된다.

### 학생이 시민인 학생자치

학교자치에서 핵심은 학생이 시민으로 자치활동을 할 수 있는 학생자치이다. 여기서 학생을 보통 '교복 입은 시민'이라고 부른다. 하지만 '교복 입은 시민'이라는 용어 자체가 학생을 교육의 대상으로 한정하는 모순적 표현이라는 비판을 받기도 한다. 규율과 통제를 상징하는 교복과, 자율과 연대를 추구하는 시민의 특성이 충돌하기 때문이다. 그런 점에서 학생자치는 교복과 상관없이 학생 한 명 한 명을 우리 사회와 학교의 주체적인 시민으로 보는 것에서 시작해야 한다.

학생자치는 학생이 시민으로서 학교 교육과정에서 학생과 관련한 학교운영과 교육과정에 자기결정권을 갖고 민주적 의사결정에 참여하여 그 결정에 책임감을 갖는 것이다. 이를 위해서는 교육주체지만 지금까지 교육의 대상에 머물렀던 학생을 주체적인 민주시민으로 인식하는 것이 중요하며, 학생이 학교 내외에서 주체적으로 활동할 수 있도록 제도적으로 보장해야 한다. 이는 개별 교사나 학교장

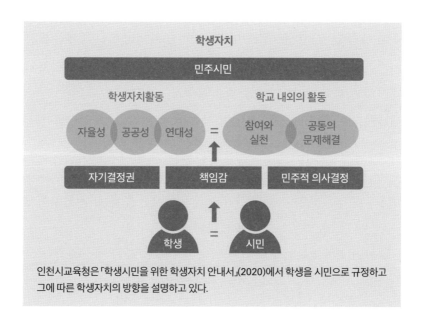

인천시교육청은 「학생시민을 위한 학생자치 안내서」(2020)에서 학생을 시민으로 규정하고 그에 따른 학생자치의 방향을 설명하고 있다.

의 시혜와 배려의 결과가 아닌, 인권으로서 당연히 보장받아야 하는 권리이다.

학년말이 되면, 학교는 체육대회와 축제로 들썩거린다. 매우 진취적이고 창의적이며 주도적인 것을 볼 수 있다. 이런 모습을 보고 교사와 학부모들은 학생자치가 잘 이루어진다고 말한다. 하지만 대부분의 학생은 특정 행사에서 사회를 보거나 단순히 관람 형태에 머문다. 그런 점에서 '학생참여행사'와 '학생자치활동'은 구분해야 한다. 전자는 단순한 소극적, 수동적인 행사 참여이며, 후자는 '기획-운영-평가'로 이어지는 순환구조에 임하는 적극적, 능동적인 참여다. 학생자치는 권한을 가지고 주체적인 활동으로 나타나야 한다는 점에서 후자에 가깝다. 그렇지 않으면 학생참여행사처럼 누군가 만들어놓은 행사에서 진행만 하거나 참여만 하는 객체가 될 수 있다.

또한, 학생자치를 학생회 임원들이 하는 방과후활동으로 보는 경향이 강하다. 그러다보니, 소수의 학생회 임원들의 학생 캠페인 활동이나 학생이 만드는 학교축제, 체육대회, 입학식과 졸업식 등 학생이 참여하는 행사를 학생자치로 축소해서 보는 시각이 있다. 여기서 주의해야 하는 것은 소수의 학생회 임원에 한정되는 엘리트주의이다. 학생자치를 학생회 임원으로 한정하는 기존의 시각에서 벗어나야 한다. 또한 학생자치활동 영역이 자율활동, 동아리활동 등 창의적 체험활동에 국한되던 관행을 넘어 교과 수업에서 모든 학생이 주도적으로 참여할 수 있도록 영역을 넓혀야 한다.

이처럼 학생자치활동은 모든 학생이 단순한 행사 참여에서 벗어나 학생이 주도성을 가지고 자신이 속한 공동체에 적극적으로 참여할 수 있도록 권한과 기회를 주는 것부터 시작해야 한다. 그 시작은 자기결정권의 보장으로 학생들이 다양한 회의를 통해 결정한 결과를 있는 그대로 최대한 존중하는 것이다.

> "학생자치활동은 모든 학생이 우리 사회의 시민이자 교육의 주체로서 당연한 자기결정권을 가지고, 그에 따른 책임감 속에서 민주적 의사결정을 통해 학교 내외의 교육활동에 참여하고 공동의 문제를 해결하는 활동이다."
> — 인천시교육청, 「학생시민을 위한 학생자치 안내서」(2019)

학교교육과 관련한 미래교육 담론은 변화하는 세상에 적응하고 창조하는 역량을 갖출 수 있도록 학생의 주체성을 키우는 데 있다. 그와 맞물려 학생자치도 공간적 범위가 학교를 넘어 마을, 국가 단위로 확장되고 있다. 창의적 체험학습에 머무르고 이제껏 학생회, 동아리활동에 국한되던 학생자치는 교과 수업과 마을교육으로 확산되고 있다. 또한 18세 선거권같이 국가 정책을 결정하는 과정에 참여할 수 있는 기회도 커지고 있다. 이런 과정에서 학생자치도 모든 학생이 개별 시민이자 공동체의 시민으로 학교 내외에서 자기결정권과 책임감을 가지고 참여할 수 있도록 교육과정을 학생주체성 중심으로 재구조화해야 한다. 그래야만 학생을 변화하는 세상을 창조하는 주체자이자 사회의 시민으로 키우는 민주시민교육이 될 수 있다.

## 5. 비판적 성찰과 연대의 세상으로

16세기 프랑스의 라 보에시는 그의 저서 『자발적 복종』에서 "인간은 단지 자유인으로 태어날 뿐 아니라 자유를 지키고자 하는 맹렬한 열망을 함께 가지고 태어난다"라고 주장했다. 하지만 그는 "자유로운 인간이 왜 전제군주에 자발적으로 복종하는가?"라고 질문하고, 그 이유를 '습관'과 자유에 대한 '망각' 때문이라고 보았다. 오랜 시간 자유를 누려보지 못한 사람들은 자유를 알지 못하고, 누려보지 못한 사람들은 복종이 어디서 시작되었는지 사유하지 않고 자발적으로 복종하게 된다고 본 것이다.

그럼 과연 복종하지 않는 방법은 무엇인가? 바로 자유인으로 태어난 인간이 자유에 대한 열망을 가진 존재라는 사실을 인식하는 것이다. 이 인식은 인간의 본성과 존재 이유를 사유하는 것에서 시작한다.

자유로운 인간은 비판적 성찰을 통해 세상에서 벌어지는 현상의 의미를 발견하고 부여함으로써 세상에 대한 관점을 갖게 되며 그 과정에서 배움을 이루게 된다. 이 배움은 많은 양의 정보를 그릇에 담아내는 것이 아니라, 자신을 발견하고 자립적인 인간으로 성장하는 과정에서 세상을 주체적으로 인식하고 판단하며 만나는 과정이다.

또한 주체적인 시민은 우리 사회의 공공성을 추구하는 공중(公衆)으로의 역할을 수행한다. 이때의 공중은 공론을 형성해가는 주체이다. 국가가 주도하는 공공성을 단순 실천하는 도구적 존재를 넘어 교육주체인 교사, 학생, 학부모가 함께 모여 적극적으로 공론을 형성하여 학교를 진정한 배움의 장으로 만든다.

학교가 공론의 장이 될 때 비로소 진정한 배움이 가능하다. 이를 실현하자면 각각의 교육주체가 적극적으로 참여하고 민주주의 원리에 따라 운영하는 학교자치가 필수조건이다. 학교자치를 바탕으로 한 공론의 장에서 문제제기식 교육이 이뤄지는 가운데, 학습자는 일상적으로 비판적 성찰을 하고 자기 목소리를 내며 시민과의 연대를 모색할 것이다. 우리가 바라고 꾸준히 노력해 이뤄야 할 민주시민교육의 모습이다.

# 🖊 추천하는 책과 영화

■『학교는 시장이 아니다』(마사 누스바움, 궁리, 2016)
미국의 법철학자이자 정치철학자인 마사 누스바움의 저서로, 경제성장
교육모델인 미국 교육을 비판하고 '생명·자유·행복추구' 기회의 증진에
헌신하는 민주주의를 위한 시민교육의 필요성을 설명하고 있다. 원제는『Not
for Profit』이며 2011년『공부를 넘어 교육으로』라는 제목으로 발간되었다가
현재 제목으로 개정판이 출간되었다.

■『이매진 빌리지에서 생긴 일』(유범상, 지식의날개, 2019)
어려운 정치철학을 무한한 상상력으로 누구나 쉽게 읽을 수 있게 지은
정치우화. 유범상 교수가 그려낸 상상마을인 '이매진 빌리지'를 통해 근대부터
현대까지 이어진 시민과 자본주의의 역사를 살펴볼 수 있다. 초중고 학생들도
함께 읽을 수 있을 만큼 재밌고 쉽다. 중간중간 아재개그를 통해 내용의
무거움을 쉽게 풀어준다.

■〈셀마〉(에바 두버네이 감독, 2014)
마틴 루터 킹이 1965년 앨라배마주 셀마에서 주도한 흑인투표권운동 과정을
그린 영화이다. 여기서 주인공인 마틴 루터 킹은 완벽한 인간이나 영웅으로
그려지지 않는다. 우리와 같이 여러 갈등과 고민을 안고 있는 사람으로, 혼자가
아닌 타인과 여러 공동체의 연대를 통해서 문제를 해결하는 과정을 그리고
있다.

**■ 〈배심원들〉(홍승완 감독, 2018)**

2007년 국민이 형사재판 배심원으로 참여하는 국민참여재판제도가
시행되었다. 〈배심원들〉은 이 제도에 의해 이루어진 첫 재판을 그리고
있다. 이 영화의 주인공은 8명의 배심원으로, 주권자인 국민들이 어떻게
사법권력의 행사 과정에 참여하는지 보여준다. 영화 중간에 판사의 결정을
따르자는 배심원에게 "아저씨는 그러니까 어떻게 생각하냐구요?"라는 장면이
인상적이다.

# 2부

# 일상

학생들이 자신이 살고 있는
사회의 한 시민으로서 생각하고 행동하는
민주적 역량을 키우도록 하는 것이
학교교육의 새로운 목표 중
하나가 되었다.

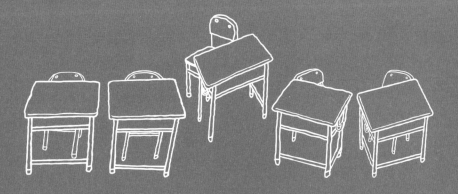

# 4장
# 회복적 생활교육으로 민주주의를 꿈꾸다

**조교금** 인천동수초등학교 교사

## 1. 2013년생 학생들과의 만남

### 학교는 어떤 의미를 지니는가

IMF를 지나 1999년도에 발령받은 학교는 시장 근처에 있었다. 주5일제 시행 전으로, 토요일 근무와 수업이 당연했던 시절. 네이스가 아닌 대면결재시스템이어서 지면결재를 받던 시절. 컴퓨터, 대형 텔레비전이 아직 설치되지 않은 교실환경. 매번 단원평가가 있어 초등 2학년도 학급별 평균점수를 내던 20년 전이다. 미술 수업을 할라치면 한 반에 절반 정도가 붓을 가져오지 않아 이리저리 붓을 빌려서 수업했던, 그러나 서로를 위하는 맘이 공존했던 아이들. 꿈이 뭐냐고 물으면 좋은 아빠가 되겠다고, 아이들을 잘 돌보는 엄마가 되고 싶다는 아이들이 존재했던 그 시절. 수업 때마다 단원명과 수업명을 칠판에 쓰고 수업지도안과 동학년 협의록이 필수 사항이던 그 시절에 비하면 지금의 학교는 많이 좋아졌다고 할 수 있을까.

두 번째 소위 학군 좋은 학교에서 만났던 아이들도 생각난다. 학습준비물을 채근할 필요가 없었다. 학교에 각종 대회도 많았다. 어느 날 글짓기대회에 응모한 글을 심사하던 중 글이 참 매끄럽기는 한데 어디서 많이 본 듯하여 찾아보니 지지난해 수상작의 표절이었다. 아이를 불러 상담하니 "엄마 아빠에게는 알리지 말고 저랑 선생님만 아는 사실로 하면 안 되나요? 상을 받아야지 저는 우리 집에서 인정받는단 말이에요"라는 말을 돌려받았다. 아이들에게 꿈을 물어보면 외국 모 대학을 목표로 한다는 이야기가 다수였다. 이 시기 광고들도 인상적이었다. 카드회사마다 "부자 되세요", "당신의 능력을 보여주세요", "열심히 일한 당신, 떠나라"라고 말하며 열심히 돈을 모으고 열심히 소비하라고 외치고 있었다.

세 번째 학교는 "이 동네에 희망이 있어 보여요?"라고 시니컬하게 답하는 아이들과의 만남이었다. 교육복지투자우선지역으로 많은 아이가 대상 아동이었다. 당시 교육복지 담당업무를 하면서 이 아이들과 많은 체험을 하러 다녔다. 함께 기획하고 주도하는 경험이 아닌, 수혜 대상이 되어 프로그램하러 다니며, 아마 이 아이들도 지치고 나도 지쳐갔으리라.

당시에는 무엇인가 기획하고 참여하여 실행하기보다는 체험을 소비하기에 급급했다. 일이 업무로 다가올 때 생기는 구상과 실행의 불일치였을까? 담당 업무가 1년에 한 번씩 바뀌는, 업무순환 상의 문제일까? 노인사업만 학교에 들어오면 모든 게 다 들어온 것 같다는 자조적인 농담처럼, 여러 영역이 학교 안에 사업으로 들어온다. 하지만 그 지역에 삶의 터전을 가진 아이들에게는 지역에서 함께 지속적인 고민을 할 연대의 고리가 더 절실한 건 아닐까?

학교를 옮기고 동네를 옮기며 만나는 아이들은 경제적 수준에 따라 꿈도 살아가는 현실도 차이가 있었다. 하지만 경쟁에서 자유로운 아이들은 없었고, 갈수록 바빠졌다. 차별적인 세상을 이미 알아버린 아이들이 '함께'의 의미를 접할 수 있는 마지막 공간이 학교가 아닐까?

교육 체계가 국가에 의하여 운영되면서도 동시에 교육적 과정이 사회적 목적으로 삼는 풍부한 의미가 제한되거나 억압되거나 타락하지 않도록 할 수 있을 것인가? ……교육이 한 계층에 의한 다른 계층의 착취를 용이하게 하는 도구가 되려고 적극적으로 나서는 일만 없으면 된다는 식의 생각만으로는 부족하다. 학교시설은……단순히 명목상으로만이 아니라 질적으로 경제적 불평등에서 오는 효과를 감소시켜야 하며, 국민 전체가 장차의 삶을 위한 동등한 준비를 갖출 수 있도록 보장하여야 한다. 이 목적을 달성하는 데에는……모든 젊은이들이 자신의 경제적, 사회적 삶을 사는 데에 충분한 준비를 갖추기까지 교육적 영향 하에 남아 있도록 전통적인 가치관, 전통적인 교과, 전통적인 교수법과 훈육방법 등을 수정하는 일이 필요하다. 이 이상은 실현하기 요원한 감이 없잖아 있지만, 한 가지 분명한 것은 그 이상이 우리의 공교육 체계를 점점 더 지배하지 않는 한, 교육의 민주적 이상은 우스꽝스러우면서도 비극적인 환상에 불과하다는 것이다. ― 존 듀이, 『민주주의와 교육』

## 누가 학교에 오는가

시대와 시기에 따라 아이들의 정서도 다르다. 지금 학교에 오는 아이들은 누구일까? 외로움이 가장 큰 아픔인 세대. 혼자 자라 인간관계를 가장 적게 경험한 세대. 그래서 나 혼자가 더 편하고 편의점과 피시방이 더 중요한, 1인분 인생을 지향하는 세대. 풍요 속 빈곤을 경험하는 세대. 부모세대보다 물질적, 경제적으로 어렵게 살 수 있다는 최초의 세대. 고성장사회의 풍요로움을 맛보았지만, 이제는 저성장사회를 살아가야 하는 세대. 『요즘 아이들 마음고생의 비밀』에서 나타나듯이 '이생망'(이번 생은 망했어요)을 외치는 친구들이 많은 세대. 멸망 정서가 큰 세대. 함께 사는 가족도 가족인지 모르겠다고 하는, 생물학적 가족과 사회적 가족이 분리되는 시기의 아이들이 지금 세대의 특징이다.

가족이 없는 아이들이 오고 있다. 또는 아이와 함께 유령 가족이 학교로 함께 오고 있다. 가족과의 경험 없이 외로운 아이들이 있는 반면, 학교에 오면서 그 뒤로 엄마, 아빠, 할머니, 할아버지를 함께 지고 오는 아이들도 있다.

입시경쟁에서 자유롭지 못한, 이 시대의 아이들은 일찍부터 '타임푸어'에 시달린다. 『꽃들에게 희망을』이라는 책에서 높은 곳을 향해 올라가는 애벌레처럼, 그 누구도 자유롭지 못하다. 하지만 이미 그 안에서도 피에르 부르디외가 말한 '문화자본' 개념처럼 우리는 구별 짓고, 구획 짓기를 당한다.

개천에서 용 난 지는 이미 오래전이다. 어쩌다 용을 배출하는 개천이 아닌, 누구나 용이 될 수 있는 환경을 만들자는 사람들이 여전히 있다. 반면 개천을 개천답게 놓아두자는 사람들도 있다. 왜 용이 되어야만 하는가 하는 질문을 던지는 사람들도 있다. 이렇듯 각자의 경험과 입장은 처한 처지에 따라서 크게 다르다.

교직생활에 점점 익숙해지던 나는 각각 다른 경험상태로 학교에 오는 아이들과의 관계가 점점 더 힘들어지고 있다는 것을 스스로 인정하면서 질문을 던지게 됐다. 교사 20년 경력을 통해 만들어진 나만의 기준으로, 알게 모르게 스며든 교육과정의 잣대로 바른 행동을 정해놓고, "네가 뭐가 잘못된 줄 알아?"라며 아이들 기분부터 상하게 했던 것은 아닐까?

자, 다시 들여다보자. 서로 다른 경험과 관계를 형성한 아이들끼리 갈등이 생기는 것은 자연스럽고 건강한 일로 봐야 한다. 이 갈등을 학급질서유지를 위해 처벌과 통제의 수단으로, 응보적 방식으로 해결해온 경험이 많다. 그러다보니 학급의 생활교육은 순응적 인간을 길러내는 데 기여했을지도 모르겠다. 실은 우리 아이들에게 "너에게 그동안 무슨 일이 있었던 거니?"를 물어야 하는 것은 아닐까?

"대화는 객체를 주체로 변화시키고 억눌린 자를 해방시키는 의식화의 과정이다"라고 말한 프레이리의 이야기를 다시 불러와야 하는 절실한 시기가 아닌가 싶다. '나의 이야기'가 아닌 '너의 이야기'로부터 다시 시작해야 함을 아이들과의 관계를 통해 배워나가야 할 때라는 것을 느낀다. "모든 아이들은 가장 사랑스러워 보이지 않는 순간이 바로 가장 사랑이 필요한 순간이다"라는 말이 울림이 되어 돌아오는 순간이다.

1920년대 초 우리나라에서도 아이들의 시간이 어른들이 만들어 놓은 식민지시대가 아닌, 특별한 시기라는 인식이 생겨난다. 방정환 선생님의 '어린이' 단어가 만들어진 시기이다. 미성숙한 인간이라는 전제에서 벗어나 아이들을 독립된 인격 주체로 바라봐야 한다. 그래야만 20년 뒤 성인이 되어 청년시민이 되는 이 아이들과 노인시민으로서 공존할 수 있을 것이다.

"한 사회가 아이들을 다루는 방식보다 더 그 사회의 영혼을 정확하게 드러내 보여주는 것은 없다"라는 넬슨 만델라의 이야기처럼, 다시금 우리 사회, 우리 학교, 우리 가정을 돌아봐야 할 때이다.

## 2. 회복적 생활교육과 민주시민교육의 만남

### 생활지도에서 회복적 생활교육으로

심리학자 브레네 브라운은 "치유의 전제조건은 무가치함을 확인하는 것이 아니라 사랑받을 가치가 있는 사람임을 인식하는 것이다"라고 말했다. 그렇다면 아이들을 어떻게 바라보아야 할까? "너는 그동안 어떻게 지냈니?"를 물어야겠다고 인식한 순간, 내가 만난 지점이 회복적 생활교육, 비폭력대화와 민주시민교육이었다.

교사라는 존재는 실로 무거운 존재이다. 여러 사람을 품고 담고 있기에 그 사연들에 짓눌리기도 한다. 자기를 방어하게 되기도 하고 과도한 책임의식을 지니기도 한다. 그 무거움을 해결하기 위해 노력하는 과정에서 나는 회복적 생활교육과 민주시민교육을 만났고 가벼움을 선물로 받았다. 획일적 공간배치에서 벗어나 서클로 둘러앉는 순간, 모든 사람이 평등해 보였다. 또한 문제를 해결해주기보다는 나누는 것에 큰 의미가 있다는 것을 배우게 되었다. 회복적 생활교육에서 인간을 바라보는 시선이 민주시민교육에서 말하는 자율성, 공공성, 연대성과 맞닿아 있다고 보았다. 인간을 어떻게 바라볼 것인가는 중요한 출발점이 돼주었다.

## 회복적 생활교육이 꿈꾸는 삶의 정원으로

회복적 생활교육은 단순한 방법론이 아니라 교육철학, 회복적 정의와 생활교육으로의 접근 그 자체이다. 민주시민교육도 기술이나 방법이 아닌 어디를 바라볼 것인가라는 가치와 방향의 문제가 중요한 것처럼, 회복적 생활교육도 '회복적 정의의 교육적 접근'이며 '관계성 강화를 통해 평화로운 공동체를 세우는 과정'이다. 갈등을 배움의 기회로 보는 것이 회복적 생활교육이다.

응보적 정의는 죄를 지은 사람에게 피해자가 받은 만큼에 상응하는 벌을 주어야 정의롭다는 입장이다. 회복적 정의란 응보적 정의와 구별되는 것으로, 당사자와 공동체 구성원의 참여를 통해 피해가 회복되었을 때 비로소 정의가 이루어진다는 신념이다. 회복적 생활교육을 위해서는 프로그램 매뉴얼 준수나 갈등 해결 자체가 아니라, 서로 존중하는 학교문화를 만들어가는 과정이 중요하다.

회복적 교육은 우리를 사회통제가 아닌 사회참여를 강조하는 교육문화를 만들어가는 길로 초대한다. 공동체로 함께 모일 때 안부를 물으며 시작하는 문화는 규칙보다 관계를, 방침보다 사람을 중시한다. 능력을 평가하기보다 잠재력을 높이 사며, 지식을 부어주기보다 의미를 함께 찾아간다. 지시하기보다 물어보며, 성과 중심의 성공보다 행복을 소중히 한다. 그렇다고 회복적 교육이 규칙, 방침, 평가, 지시, 성공과는 전혀 무관한 교육은 결코 아니다. 공동체 모두의 욕구를 돌보기 때문이다. 회복적 교육은 공장과도 같은 학교가 씨앗을 심고 자라도록 가꾸는 정원으로 변화하는 것을 꿈꾸는 교육이다. — 캐서린 에반스·도로시 반더링, 『회복적 교육』

회복적 생활교육이 꿈꾸는 정원과 민주주의의 정원은 참 많이도 닮아 있다. 민주주의의 정원에서 정원사는 절대 '그대로 내버려두지' 않는다. 민주주의는 사상이나 철학을 담아내는 삶의 태도로서, 일상 속 끊임없는 실천을 통해 드러나기 때문이다.

## 3. 회복적 생활교육, 교실 속으로

갈등과 경쟁에서 협력과 배려로, 능력중심에서 배움중심으로, 실패에서 회복으로, 부정에서 긍정으로, 냉소와 비난에서 사랑과 관심으로, 훈육중심에서 관계중심으로, 새로운 성장 체계를 구축할 수 있는 교실을 꿈꾸며 여러 실천을 함께 해본다.

### 놀이로 아이들의 감각 회복하기

몸이 커가야 하는 시기에도 머리 키우기에만 급급한 게 요즘 아이들이다. 아니, 어른들 때문에 아이들이 제대로 성장하지 못하고 있다. 감각발달 측면에서도 제대로 된 성장을 하지 못한 채 사회가 원하는, 또는 어른이 생각하는 성공기준에 근접한 영역만 발달하는 경향을 보인다.

하지만 아이들은 전인적으로 발달해야 한다. 몸과 감각을 통해 발달하는 시기가 있으며 초등 단계에서는 특히나 놀이가 아이들의 성장에 특별한 도움을 준다. 그리고 그 놀이는 서로의 경계를 알게 하며 몸도, 마음도, 감정도 키운다. 놀이는 놀 친구와 놀 틈과 놀 터가 필요하다. 놀이하기를 위해서도 함께 고민할 것이 많으며, 민주주의와 회복적 가치가 충분히 고려되어야 한다. 경쟁하는 놀이에서 협력하는 놀이로, 소외시키는 놀이에서 공존하는 놀이로 바뀌어야 한다. 몸의 감각을 깨우는 놀이와 마음과 정서를 깨우는 놀이가 적절하게 균형 잡힐 수 있도록 놀이를 구성토록 한다.

『회복적 생활교육 학급운영 가이드북』에 나오는, 학급살이를 할 때 함께하는 놀이를 몇 가지 소개하겠다.

몸놀이로는 매듭풀기, 최면놀이, 조개 진주 불가사리, 몸 대 몸, 인간의자, 대장놀이, 미인놀이, 알-병아리-닭, 몸으로 만드는 사물놀이, 집게놀이 등이 도움이 된다.

맘놀이로는 스펙트로그램, 상상 마당, 그건 바로 너, 넘어져도 괜찮아, 마음으로 말해요, 관계의 탑, 모델 그리기, 나도 게임, 조각 전시회 등을 한다.

감정 나누기로는 마음의 신호등, 역할 만들기 활동 등이 있다.

아이들에게 놀이는 언제나 옳다. 경계를 세우게도 하고 감정을 나누게도 하고 관계를 맺게도 한다. 맘놀이 중 '나도 게임'은 가장 손쉽게 할 수 있으면서도 친구들에게 위로와 공감을, 때론 감동을 선물하기도 한다. 게임 방법을 설명하면 다음과 같다.

돌아가면서 모두에게 기회가 있고, 한 사람이 먼저 최근에 있었던 경험을 한 문장으로 일어나서 말한다. 그와 비슷한 경험을 한 사람들이 있으면 자리에서 일어나며 "나도"라고 말하고 앉는다. 혼자만의 경험이면 "나만"이라고 말하고 앉는다.

아직은 타인에 대한 경계가 많지 않은 초등학교 친구들과 하다보면 솔직한 이야기가 오갈 때가 있다. 최근 표정이 좋지 않았던 한 아이가 이 게임을 할 때 "요새 엄마 아빠가 매일 싸워서 무섭고 슬퍼"라고 힘든 이야기를 했을 때, 몇몇 친구들이 일어나 "나도"라고 말해주었다. 아이들에게 그 어떤 말보다 큰 위로가 전달되는 순간이었다. 이 과정에서 아이들은 경험을 나누고, 공감하는 배움을 얻는다. 그런 과정에서 우리는 사적인 것을 넘어 공적인 것을 논할 수 있으며, 연대할 수 있는 힘을 키울 수 있다.

## 공감 경청으로 듣고 회복적 질문으로 묻기

우리 반 친구들은 수시로 둘러앉는다. 교사가 초대할 때도 있고 아이들이 초대할 때도 있다. 책상을 뒤로 밀고 교실 중앙에 아이들이 원 형태로 둘러앉는다. 서클이란 세심하게 구성된 의도적 대화의 공간으로, 상호 이해, 권한부여, 상호연결이라는 목적을 갖는다.

서클에서는 모든 것이 연결되어 있다. 동시에 각자의 고유한 부분도 있다. 연결되어 있음과 고유함 사이의 균형이 중요하다. 세상 모든 부분은 전체에 기여하며 그 가치는 동등하다. 이렇게 서클을 진행하다보면 개개인의 힘보다 원 안에서의 힘이 더 크다는 사실을 깨닫게 된다.

서클의 핵심요소로 둥글게 모여앉기, 침묵, 여는 의식, 서클 상징물, 토킹스틱, 가치 정하기, 규칙 세우기, 탐색을 위한 질문, 합의, 닫는 의식 등이 있다. 물론 요소를 갖추고 시작하는 것도 중요하지만 때론 둘러앉는 것만으로도, 그 안에서 평등하게 존중받으며 참여하는 것만으로도 위로받을 때가 있다. 서로의 얼굴을 바라보고 표정을 나눔만으로도 감정을 공유하고, 하나의 감정공동체가 될 수 있기 때문이다.

아이들은 서클 안에서 생각보다 많은 것을 이야기한다. 코로나19 이후 주어진 1주일 단 한 번의 소중한 대면 수업에서도 아이들과 서클을 진행하면서 감정 나누기를 하였다. 아이들은 자신의 일상을 나누면서 서로 위로받았다. 그리고 우리는 연결되어 있음에 안심했다.

## 존중의 약속으로 관계를 회복하기

회복적 생활교육은 권위적, 일방적, 힘으로 통제하는 파워 오버(power over)가 아닌, 상호 인정 속에서 함께 힘을 나누고 공유하는 파워 위드(power with)를 중요시한다. 힘을 어떻게 분배하고 서로 관계를 맺을지를 중요하게 다룬다. 존중의 약속을 정할 때는 통제할 내용보다는 관계맺음에 중점을 두고 서로의 삶을 보호하는 데 중심을 두는 것이 중요하다. 존중의 약속은 일방적인 지시가 아닌, 함께 지킬 수 있는 스스로의 약속, 함께하는 약속을 만들어가는 과정이다. 아이들로부터 출발한 약속은 서로의 경계를 알아가게 하고, 스스로 지켜야 할 자기 이유를 만들어낸다.

## 쓸모없음의 가치

『구덩이』, 40년 전 출판된 이 그림동화에는 자기만의 구덩이를 아무 목적 없이 '그냥' 파는 주인공이 등장한다. 엄마가, 아빠가, 여동생이, 친구가 와서 구덩이에 관해 또는 주인공 행위의 목적없음을 두고 저마다 판단 섞인 또는 감정 섞인 한마디를 말하고 가도 주인공은 묵묵히 구덩이를 판다, 아무 이유 없이. 그리고 판 구덩이 안에서 하늘을 올려다본다. 또 올라와 구덩이를 내려다본다. 한참 뒤 다시 구덩이를 덮는다, 마치 아무 일 없던 듯이. 땅은 평평하다, 마치 아무 일도 없었던 것처럼. 어찌 보면 참 쓸데없는 짓이다. 하지만 자기만의 구덩이를 묵묵히 판 이 주인공은 구덩이 속 하늘과 땅 위에서 바라본 구덩이 속 모습을 기억하고 있을 것이다. 온전히 자기만의 시간을 보낸 그 휴일을 기억할 것이다.

요새 아이들에게 쓸모없는, 쓸데없는 짓을 하는 것은 용납되지 않는다. 어른들은 아이들이 실수와 실패를 경험하기를 기다려주기보다는 미리 정답을 제시하는 경우가 많다. 아이들이 자기 목소리를 낼 기회를 잃은 것이다. 성년이 되어서도 헬리콥터맘과 캥거루맘에게 의지하는 아이들이 늘어나고 있다.

교실에서 아이들과 흙놀이를 할 때, 교사는 아이들이 '무언가'를 만들기를 원하는 경우가 많다. 특히 질 좋은 흙을 제공했을 때, 그릇이나 컵 등 실제 사용할 수 있는 무언가를 만들도록 유도하기도 한다. 하지만 아이들이 행복해 할 때는 아무 목적 없이 흙을 온전히 느끼고, 만지고, 즐기고, 놀 때다. 그것을 온전히 누린 아이들만이 나중에 무언가를 만들고자 한다.

회복적 교육과 민주시민교육도 쓸데없음과 목적없음을 충분히 성찰한 후에야 제대로 빛을 발할 수 있다. 다시 말해, 교사가 일방적으로 쓸데없음과 목적없음을 규정하지 말고, 아이들의 눈으로 하나하나에 내재된 가치를 발견하려는 노력을 해야 한다. 이는 제3자가 예단할 수 없는 일종의 창조적 조형과정일 것이다. 아이들은 창조적 과정을 충분히 누리고 나서야 자기 목소리를 내며 차이가 편안히 드러나는 광장을 만들어갈 수 있으리라.

## 4. 회복적 생활교육, 교실 밖으로

### 스스로 서고 더불어 사는 따로 또 같이

요새 아이들이 외롭듯이, 학교 안 교실 속 교사도 참 외로울 때가 있다. 학급에 문제가 발생했을 때, 어느 순간부터 "네 탓이야"가 되어버리는 경향이 학교 안 교직사회에 생겼다. 교실에서 일어나는 여러 일이 학급을 맡은 담임교사의 능력의 문제로 판단되고, 원하지 않는 상황을 어떻게 종식시킬 것인가의 갈등해결적 접근으로 가버리기도 한다.

어떻게 문제를 빨리 덮고 없애고 해결할 것인가가 아닌, 미리 지원하고 예방하고 함께 성장한다는 방식으로의 전환이 치유의 방식일 것이다. 이 과정에서 긍정적 행동지원(문제행동, 어려운 행동, 낯선 행동, 도전적 행동을 수정하는 것이 아닌 지원하는 방식)과 회복적 생활교육(혐오와 차별을 낮추는 방법으로의 접근으로 정서적·도덕적 체력을 강화)으로의 전환이 필요하다. "네 탓이야", "네가 해결해" 또는 "담당자가 해결해"가 아닌, "우리 모두 함께 지원해줄게!"로 말이다.

교사 혼자 학생들을 지지·지원하기 버거운 경우가 최근 있었다. 온라인 개학 후 전화상담과 원격 수업만 진행해오다 대면 수업 첫날 1학년 교실 이야기이다. 등교 첫날 온몸과 온 마음으로 "나를 좀 사랑해주세요"를 표현하는 아이였다(교사의 번역기를 돌려서이지, 실은 이런 친구들은 도전적 행동을 하는 경우가 많다). 성적 표현까지 하는 등, 담임교사 혼자 감당하기 버거웠다. 그날 동학년 선생님들과 상황을 공유하였고, 상담교사, 보건교사, 특수교사들과의 협력 속에서 이 학생에게 담임교사 혼자 지원해줄 수 있는 것보다 많은 것을 함께해줄 수 있게 되었다. 처음에는 거리두기를 하시던 학부모님도 지속적인 상담 끝에 학생의 성장을 위해 함께 지지, 지원하기로 약속하고 협력해주셨다. 몇 주 지나지 않았지만 많은 변화가 보여서, 함께 연대의 기쁨을 맛볼 수 있었다.

## 5. 함께 숨 쉬는 공동체를 꿈꾸다

"자극과 반응 사이에는 공간이 있다. 그 공간 안에는 우리가 선택할 수 있는 힘이 있다. 그 선택이 우리의 성장과 행복에 직접 관련이 되어 있다." 빅터 프랭클의 말이다. 자극과 반응 사이의 공간이라니⋯⋯. 한 교실에서 20~30명 아이들과 5~6시간을 지내노라면 하루에도 몇십 개의 에피소드가 쏟아지는 것이 일상인 초등교실.

"선생님, 쟤가 놀렸어요", "때렸어요", "먼저 장난했어요" 등등 끊임없이 이어지는 이야기와 사건들. 서로 이야기하고 싶어하는 아이들 속에서 부대끼며 쉬는 시간과 공부 시간의 구분 없이 끊임없이 이어지는 초등교사의 일과는 〈극한직업〉 프로그램에도 소개되었다고 한다.

그럴 때 내 안에서 나도 모르게 효율적으로 통제하고 싶다는 욕망이 꿈틀거린다. 쉼 없이 떠드는 아이들에게 부드러운 목소리의 전달력보다는 책상 한 번 딱 치는 효과가 얼마나 큰지 알게 되는 순간, 돌이킬 수 없는 강을 건너는 느낌을 받기도 한다.

하지만 문제의 원인을 학생 개개인의 인성 문제로 돌리고 처벌중심의 응보적 훈육을 시도한다면 그것은 과거로의 회귀일 것이다. 문제의 개선도 일어나지 않을뿐더러 관계는 어그러지기 시작한다. 오히려 지금 이 순간은 아이들의 행동을 옳고 그름으로 해석하고 판단하기보다 이 아이들이 어떤 아이들인가를 더 자세히 살펴보아야 하는 때이다. 과잉과 결핍 속에서 자라고 있는, 경험을 제대로 '경험'하지 못하는 아이들과 만나고 있는 초등 현장에서는, 어쩌면 매번 새로운 인류를 만나고 있는 것인지도 모른다.

오늘도 나는 자극과 반응 사이에 공간이 있었다 없었다를 반복한다. 내가 자극을 받았구나, 반응하려고 하는구나, 그 사이에서 틈을 넓히며 멈추어보려고 한다. 그리고 그 틈을 벌리며 어떤 선택지를 만들어야 할까를 생각한다. 내가 다양한 선택지를 만들어가는 과정에서 아이들도 그 틈새를 함께 만들어갈 수 있기를 기대하며 오늘을 보낸다.

학생들을 혼내고나면 가슴이 답답하고 속상하다. 그 느낌으로부터 다시 출발하였다. 교사가 학생을 통제의 대상으로 보는 순간, 아이들과의 진정한 관계맺기는 힘들어진다는 사실을 받아들였다. 교육에서 이성 못지않게 감정 공유가 중요함을 절감한다. 감정공동체가 기반이 되지 않으면 그저 성적 성취라는 메마른 기능만 남게 될 것이다.

학교에서의 생활지도가 응보적 방식을 넘어 관계중심을 통해 공동체성 회복을 가져올 수 있을지 고민하고 있다. 존중과 자발적 책임, 협력을 이끌며 평화감수성을 향상시킬 수 있는 학급을 꿈꾸며 수없이 좌절과 희망의 과정을 반복했다. 지금도 회복적 생활교육에 관한 여러 가지 도전과 실천을 시도한다.

매년 다른 상황, 다른 상태의 아이들을 만나기에 교실 안 역동은 매해 다르고, 관계도 매번 다르다. 그 역동 속에서 평화로운 관계형성을 하고 회복적 생활교육을 한다는 것은 또 다른 도전이다. 회복적 질문을 통해 갈등을 전환하는 과정은 여전히 새로운 과제이자 배움의 과정이다. 혼자라면 많이 지쳤을 과정이다. 그래서 동료의 힘이 절실하다. 지금도 성찰을 제대로 나눌 수 있는 동료 교사와의 공감대 형성과 관계유지가 언제나 힘이 된다.

코로나19. 물리적으로는 사회적 거리두기를 하고 있지만, 학교 안에서 동학년 선생님들과는 그 어느 때보다도 정서적 연대를 하고 있는 것 같다. 한 번도 가보지 않은 길을 다 함께 고비고비 넘어가며, 각자 내어줄 것을 함께한다. 머리를 내어주는 분도, 손을 내어주는 분도, 발을 내어주는 분도, 맘으로 품어주는 분도 각자 상황에서 최선을 다해 참여하고 기여한다. 우리 모두 약한 존재인 동시에 기여할 수 있는 존재이다. 그리고 서로가 틈을 내어주면 서로 기여하며 함께하는 기쁨을 맛볼 수 있다. 아렌트가 말한 대로, '사적인(private)'이라는 말은 본래 '박탈된(privative)'이라는 의미를 가진 용어로 공공영역과의 관계를 전제한다. 인간은 공적인 관계 속에서 의미를 부여하며 살아가는 존재이다. 완전히 사적인 생활을 한다는 것은 어쩌면 불가능한 일이다. 역설적이지만, 사회적 거리두기를 했던 2020년 우리는 참 많이 연결되어 있음을 절감했다.

학교 안 동학년에서부터 민주적 생활공동체와 전문적 학습공동체를 시작할 수 있다. 함께하는 동료 교사의 모습을 보며 아이들과의 관계도, 학교문화도, 더 나아가 마을과의 관계도 달라질 것이라고 꿈꿔본다.

민주주의는 어쩌면 가깝고도 먼 이야기이고, 이룬 듯하지만 영원히 도달하기 힘든 과정이다. 교육과정 내 또 하나의 영역처럼 여겨지면 부담될 수도 있는 네 글자이지만 20년 전 첫 발령 후 설레는 맘으로 아이들 앞에 섰을 때, "스스로 서고 더불어 사는 우리"가 되자고 약속했던 그 맘이 아이들과 함께하는 학급 민주주의의 첫 마음이지 않았을까. 신이, 절대왕국의 왕이, 제국주의시대의 국가가, 자본주의시대의 자본이 인간을 구획 짓고 구분하는 것에 저항하는 과정이 민주주의의 역사가 아니었을까? 억압받는 자들은 자기해방을 통해 시민의 지위를 획득했음을 역사는 보여준다. 선거권자가 백인남성에서 흑인, 여성으로 확대되어온 역사는, '통'에 맞춰 살지 않고 통을 넓히려 한 노력의 결과다. 우리도 살아가며 통을 점점 넓히다보면 인간다움의 영역이 조금 더 넓어지지 않을까?

> 머리 좋은 것이 마음 좋은 것만 못하고, 마음 좋은 것이 손 좋은 것만 못하고, 손 좋은 것이 발 좋은 것만 못한 법입니다. 관찰보다는 애정이, 애정보다는 실천적 연대가, 실천적 연대보다는 입장이 동일함이 더욱 중요합니다. 입장의 동일함, 그것은 관계의 최고 형태입니다.—신영복, 『감옥으로부터의 사색』

신영복 선생의 이 글에서 자율, 공공, 연대라는 단어를 함께 떠올려본다. 본래 인간은 자율성을 지닌 존재이며 공공성의 영역을 확대해가며 연대하는 존재이다. 이렇게 확장해가는 과정이 민주주의의 길이며, 회복적 생활교육은 이 과제를 실천하는 구체적인 과정에 존재하는 또 하나의 길이다.

# ✏️ 추천하는 책과 노래

■『위험이 아이를 키운다 : 도전과 실험과 파괴가 넘실대는 모험놀이터 현장에서』(편해문, 소나무, 2019)
온실 속에서 키워지고 만들어지는 아이들이 아닌, 놀이 속에서 도전하고 실험하는 아이들, 놀이 안에서 모험을 끌어내고 성장하는 아이들을 이야기한다.

■『구덩이』(다니카와 슌타로 글, 와다 마코토 그림, 북뱅크, 2017)
쓸모없음의 쓸모있음, 쓸데없음의 쓸데있음을 가르쳐준 그림책. 다른 사람의 길이 아닌 내 길을 찾는 과정을 보여주며, 왜 그림책 속의 주인공들은 항상 길을 떠나고, 땅을 파고, 무언가를 할까, 하는 질문을 던지게 해준다.

■『까마귀 소년』(야시마 타로, 비룡소, 1996)
자신을 무시하는 모두의 시선을 피해 늘 숨어 지내는 땅꼬마가 있다. 홀로 지내는 외로운 시간 동안 자연에 귀를 기울이고 눈길을 준다. 이 과정을 통해 땅꼬마는 까마귀 소리를 낼 수 있게 되고 '까마귀 소년'은 소년의 이름이 된다. 자기 이름을 갖게 된다는 것이 어떤 의미인지 고민하게 하는 책이다.

■『스피릿 베어의 기적』(벤 마이켈슨, 양철북, 2017)
"내 뒤에서 걷지 말라. 난 그대를 이끌고 싶지 않다. 내 앞에서 걷지 말라. 난 그대를 따르고 싶지 않다. 다만 내 옆에서 걸으라. 우리가 하나가 될 수 있도록." 문제아라고 불리는 콜이 치유과정을 거친다. 회복적 정의를 다루는 소설이다.

■『공부는 정의로 나아가는 문이다』(인디고서원, 궁리, 2020)
'공부는 좋은 사람이 되는 길이고, 공부는 세상을 향해 던지는 질문이고, 공부는 모두에게 이로운 혁명이다'라는 소개글에서 이미 압도되었다. '더욱 많은 사람이 세상의 불의에 의문을 던지고 함께 고민할 때, 세상은 보다 정의로워질 수 있습니다. 공부는 정의로 나아가는 문이기 때문입니다'라는 문구에서는 이 책을 읽지 않을 수 없었다.

■ 〈이매진〉(존 레논 노래)

이 노래를 들을 때마다 상상하게 된다. 함께하는 세상은 어떤 세상일지, 평등한 세상은 어떤 모습일지, 우리가 꿈꿀 수 있는 세상에 관해 꿈꾸게 한다.

■ 〈밥상〉(백창우 노래)

밥상의 힘을 알려주는 노래이다. 밥상이 차려지기까지, 밥상이 내려오기까지의 과정의 고마움과 소중함을 참 백창우 아저씨답게 담아주셨다. 아이들과 이 노래를 부르면, 안 먹던 김치도 더 달라고 해서 먹는다.

■ 〈문제아〉(백창우 노래)

문제아는 누가 정하는 걸까? 어른들의 눈에 보이는 문제아가 이렇다면 아이들의 눈에는 누가 문제어른일까? 우리가 서로 사는 통을 넓힌다면 문제보다는 다양성이 많아지는 것은 아닐까? 하는 질문을 낳게 하는 노래이다. 아이들은
이 노래를 부를 때면 그 어느 때보다 목청 높여 신나게 재미나게 부른다.

■ 〈같이 산다는 건〉(솔가 노래)

처음 이 노래를 들었을 때 마음이 울렁거렸다. 아이들은 이 노래를 들으며 재미있다며 킥킥거렸다. 재미와 감동 속에서 함께 산다는 것의 의미를 천천히 생각하게 해준다.

■ 〈평화의 세상〉(따돌림사회연구모임 노래)

조용하고 아름다운 동요가 세상을 바꿀 만큼 강하게 느껴진다. 진정한 권리를 노래한다.

■ 〈이 더운 날에〉(김희동 작곡, 권용석 편곡)

에어컨도 선풍기도 없는 방 안. 창문을 통해 들어오는 바람을 보며 지은 노래라고 한다. 그 더위에 창문을 통해 들어오는 바람을 느끼며 자연에 감사할 줄 아는 마음. 그 맘으로 누군가에게 안부를 물을 수 있다는 것. 이 맘으로 아이들과 함께 부르면 더불어 평화로워진다.

**5장**
**같이가치를 세우는 행복한 학생자치**

**박정미** 인천신현초등학교 교사


## 1. 학생자치, 선택인가? 필수인가?

일방적인 학칙문화에서 학생들의 합의를 바탕으로 하는 쌍방향 생
활규정으로 바뀌면서 피로감을 느끼는 학교. 예산과 정책 지원까지
요구하는 학생자치회의 활동으로 자칫 되바라진 아이들로 자라지
않을까 고민하는 현장에서 학생자치는 여전히 '선택'으로 보인다.
2020년부터 만 18세 이상이면 선거권과 제한된 범위 안에서 선거운
동도 할 수 있고, 정당에도 가입할 수 있도록 선거법이 개정되었지
만, 학교현장은 학생들의 주권을 발휘하여 다양한 목소리를 제시할
수 있는 기회를 충분히 제공하지 못하고 있다. 초등학생들의 사고나
판단, 결정력에 대해 여전히 많은 교사가 '미성숙하다', ' 모두 들어

주려니 피곤하다'라는 이유로 상당수 학생 의견을 적극적으로 반영하지 않는 것도 현실이다.

이렇듯, 자신의 의견이 반영되지 않은 학교문화 속에서 학교공동체 구성원으로 의견제시의 필요성을 느끼지 못하는 학생들에게 학생자치는 먼 나라 이야기일지 모른다. 학급 어린이회를 시작하는 3월에는 대부분의 학생이 야심 차게 다양한 목소리를 제시하다가도 자신의 의견이 삶을 크게 변화시키지 않는 공허한 메아리라는 사실을 깨닫는 순간, 참여에 대한 의욕을 상실하는 모습을 발견한다. 목소리는 냈으나 늘 삶의 변화를 체감하지 못하는 학생들의 참여 의욕 저하는 어쩌면 너무나 당연한 결과일지도 모른다.

"그동안 정치가 나의 삶을 바꿀 수 있다는 생각을 못했는데, 나의 삶을 바꿀 수 있다는 생각을 하니 투표를 하지 않을 수 없었어요." 28년 만에 투표율 최고치를 기록한 2020년 4.15총선투표에 참여한 한 시민의 인터뷰는 삶의 변화를 일으키는 공동체의 힘과 민주시민교육의 방향성을 생각해보게 하였다. 그동안 삶의 변화를 체감하지 못해 투표에 소극적이었던 시민들이 자신의 투표 한 장으로 삶을 변화시킬 수 있다고 느끼기 시작한 것이다.

미성숙을 전제로 초등학생들의 의견에 귀 기울이지 않고, 선별적으로 수용해왔던 학교현장 역시 이제는 학생들이 삶의 변화를 위해 목소리를 낼 수 있도록 조력해야 하는 것은 아닐까? 미성숙하다고 그들의 의견을 거부하는 것이 아니라, 성숙한 목소리를 낼 수 있도록 학생자치를 통한 민주시민교육의 경험치를 제공할 필요가 있다. 다양한 시행착오 속에서 학생들은 분명히 어떤 가치를 공유하고 어떻게 판단하여 행동해야 하는지 스스로 깨달을 수 있기 때문이다.

학교는 타자 존중이라는 시민적 덕성과 함께 자율, 공공성, 연대라는 민주시민성을 습득할 수 있도록 조력하고, 시민적 역량을 발휘할 수 있는 학교 교육과정운영을 통해 다양한 경험과 성찰의 기회를 제공하는 곳이어야 한다. 어린 학생들도 건전한 비판적 사고를 하는 성숙한 후배 시민으로 성장할 수 있다. 학생을 '미성숙한 존재'로 바라보던 교사의 관점도 서서히 바뀌어 동반자로서 함께 길을 걸어갈 수 있다.

이를 위해, 학교는 학생이 배운 지식을 내면화하여 행동으로 실현할 수 있는 학생자치라는 경험치를 제공할 필요가 있다. 모두의 행복을 위하여 자발적으로 제안하고 함께 행동하는 다양한 학교 참여 경험을 가진 학생들이야말로 좀 더 나은 삶을 누리기 위해 함께 고민하고 행동하는 모습을 보여줄 수 있다. 하지만 여전히 학생들을 미성숙한 존재로 여기고 그들의 의견을 수용하기 어렵다는 이유로 많은 학교에서는 구색만 갖춘 학생자치를 선택적으로 운영하는 경우가 적지 않다. 민주시민교육이 정착되기 위해서는 형식만 갖춘 '선택적' 학생자치가 아니라, 공동의 가치를 세워 일상에서 스스로, 함께 행동하며 '필수적'으로 운영되는 학생자치여야 하지 않을까?

## 2. 공동의 가치를 세워 스스로, 함께, 행동하는 학생자치

### 학생자치의 출발점

"이번 시간에는 이 주제에 관해서 찬반토론을 해봅시다."
　"와아, 이번에는 꼭 우리가 이겨야지!"

"이걸 왜 이렇게 해? 이 방법이 당연한 거야!"

약 20여 년간 초등학교 고학년 찬반토론 수업이나 소집단 토의를 진행하며 자주 봐온 학생들의 반응이다. 문제를 해결하기 위해 찬반토론을 하지만, 찬반토론의 기회가 있으면 합의의 과정보다 승패의 결과에 더 집착하는 경우가 많다. 승패에 집착한 결과, 타인의 감정이나 입장을 헤아리지 않는 '생각 강요'로 인해 말없이 상처받은 소극적인 학생들은 찬반토론이나 토의에 잘 참여하지 않는다. 열띤 자기주장을 할수록, 공감하고 소통하며 서로의 합의점을 찾는 과정이 중요함을 자주 망각한다. 학생자치회, 학급 어린이회, 또는 교실 속 다양한 토의토론 수업 속에서 이루어지는 찬반토론을 통해 얻은 결론이 과연 모든 구성원의 의견이 반영된 결정이라고 할 수 있을까? 존중배려라는 기본적인 시민적 덕성의 가치공유 없이 진행되는 토의토론의 결과로는 모두가 행복한 학생자치가 될 수 없다.

학생자치란, 학교에서 학생들이 책임감을 가지고 자율적으로 참여하고 운영하는 활동으로 학교 구성원으로서 학교 공공의 문제를 자율적으로 고민하고 함께 해결해나가는 활동을 의미한다. 쉽게 말해서, 내 목소리로 공동체에 참여하는 시민교육은 모두 학생자치이다. 가치공유가 부재한 채 이루어진 토론 결과는 이겨야 한다는 치열한 경쟁중심의 토론문화를 양산하고, 이를 지켜보는 교사도 일방적인 잔소리만 하게 될 뿐이다.

근본적인 개선을 위해, 나는 토론 수업을 위한 가치공유의 기회를 교과수업 안으로 가지고 오는 방법을 사용해보았다. 이러한 방법은 쉬는 시간에 매번 하는 잔소리보다 훨씬 학생들이 스스로, 깊이 있게 생각할 수 있는 기회를 제공한다. 관련 교과의 성취기준과 주제를 분석한 교육과정 재구성 수업은 학생들이 가치공유에 관해 깊이 있게 생각할 수 있는 기회를 준다. 5학년 1학기 사회교과 속 '인권' 단원과 국어교과의 '토의토론 및 공감대화' 단원을 연계한 재구성 수업을 설계 운영해보았다. 국어시간에는 모두가 행복할 수 있는 합의점을 찾는 비경쟁 공감 토론방법을 지도할 수 있다. 절대 자신의 입장을 바꾸지 않는 찬반토론과 달리, 비경쟁 공감 토론 과정에서는 언제든 자신의 입장을 바꿀 수 있다. 내 주장을 포기하고 타인의 주장을 수용하는 태도는 매우 민주적인 가치임을 토론방법을 통해 배우는 것이다. 이는 사회교과의 인권 단원과 결합했을 때 시너지효과가 크다. 사회교과의 정의, 인권, 공정이라는 민주시민교육 관련 주제와 연결되었을 때, 학생들은 차이와 다름을 인정하는 인권친화적 관점을 갖게 되고, 실천 필요성을 스스로 더 느끼는 것 같다. 서로 논쟁은 할 수 있지만, 자신의 목소리만 높이는 것이 아니라 그 논쟁 속에서 존중과 모두의 행복이라는 민주시민의 가치공유로 시작하는 학생자치는 꽤 괜찮은 시작이 아닐까?

'토론의 목적은 모두의 행복을 위해 함께 문제를 해결하고 합의점에 도달하는 것'이라는 가치공유가 학생자치의 시작점이다.

## 토론광장으로 나오는 학생들

교사, 동료 학생, 부모는 학생의 삶 속에서 마주하는 동반자다. 마주하는 모든 동반자는 안전한 대상이어야 하고, 대화의 장인 교실은 학생이 마음 놓고 소통할 수 있는 공간이어야 다양한 의견을 제시할 수 있다. 최소한 '교실'이라는 공간은 학생이 믿음을 가지고 어떠한 의견이라도 제시할 수 있는 민주적인 분위기가 조성되어야 하고, 학생은 자신의 의견이 민주적으로 수용되는 교실, 학교의 경험치가 필요하다.

이를 위해 학생의 첫 민주시민모델인 선배시민으로서, 나름 인권친화적인 평화교실문화를 만들기 위해 다양한 노력을 해보았다. 프레이리가 비판한 은행예금식 교육에서 탈피한 교육과정과 수업, 과정중심평가 설계 운영을 통해 학생을 지식으로만 평가하는 것이 아니라, 배운 내용을 삶과 연결하여 제대로 행동하는지 가늠할 수 있는 평가에 주력하였다. 교사가 권위의식을 내려놓고 공동탐구자로서 함께 연구하고 조력하는 모습을 보일 때, 학생도 교사의 모습을 모델 삼아 조력하고 연대하여 문제를 해결하려는 모습을 보인다.

성공적인 민주시민교육과 학생자치를 위해서는 교사의 역할이 매우 중요하다. 경쟁이 아닌, 합의를 통한 문제해결 방법인 비경쟁 공감 토론방법을 가르치고, 일상에서 실천할 수 있는 교육과정을 통해 조력자가 되어야 한다. 앞서 제시한 '인권' 주제의 비경쟁 공감 토론에서 시민적 덕성이라는 공동의 가치를 세우는 역할은 학생뿐만 아니라, 교사도 함께 수행해야 한다. 선배시민인 교사가 차이와 다름을 인정하는 관점을 가지고 토론 조력자의 역할을 할 때, 한쪽으로 일방적으로 흡수되는 기계적 유대가 아닌, 다름을 인정하는 조화로운 연대가 학생들 사이에서도 이뤄질 수 있다. 이를 통해, 학생들은 공공성, 자율, 연대와 같은 행동하는 민주시민성을 체득할 수 있다. 비경쟁 공감 토론을 통해 다양한 논쟁 사안을 해결하며 학생자치를 자연스럽게 익힐 수 있다.

우리 학급에서는 시민적 덕성이라는 공동 가치를 사회교과와 국어교과를 융합하여 '신현학생아동권리협약' 교육과정 재구성 프로젝트를 설계하여 적용했다. 5학년 학생들이 스스로 학교에서 지켜야 할 학년 또는 학급 규칙을 만들기 위해 시민적 덕성이라는 공동의 가치를 세울 충분한 시간 확보가 무엇보다 중요했기 때문이다. 공동의 가치 세우기가 빠진 학생자치는 형식적으로 흘러갈 수밖에 없고, 채 합의에 도달하지 못한 의견이 정책에 반영될 가능성이 크다. 그래서 학생존중자율약속이라는 학생 정책을 수립하기 전에, 학교교육 3주체의 공동 가치 세우기를 했다. 이를 위해, 학급과 학년 단위 학생의 가치공유와 전문적 학습공동체를 통한 교사들의 가치 공유를 통해 민주시민이라는 한울타리를 세워 행복한 합의를 이루는 감동적인 경험을 했다. 시민적 덕성이라는 가치공유와 비경쟁 공감 토론을 통해 삶의 변화를 느끼며 토론의 광장으로 나오는 학생들이 늘어났고, 학생자치는 활성화되기 시작했다.

**'함께 읽기'로 공동의 가치를 탄탄하게!**

어떻게 행동하면 민주시민답게 행동할 수 있을까? 시민적 덕성이라는 가치는 공유하였으나 공공성, 자율, 연대라는 민주시민성을 실제로 실천할 수 있는 경험치를 제공할 필요가 있다. 다양한 경험이 어려울 경우, 함께 책읽기를 통한 간접 경험이 큰 힘을 발휘할 수 있다고 보았다. '신현아동권리협약'이라는 학생존중자율약속을 시민다운 목소리로 낼 수 있도록 관련 도서를 통해 다양한 사례를 경험해 보게 했다.

먼저, 옴니버스식의 『어린이를 위한 정의란 무엇인가?』 책을 함께 읽어보며 '정의'를 정의할 수 있는 다양한 사례를 접해보게 했다. '착한 것'과 '지혜로운 것'의 구분으로 시작하는 이 책은 무조건적인 양보가 착한 것이라면, 그 착함 속에 학생이 판단하고 선택할 수 있는 지혜가 필요하다고 제시한다. 다양한 사례 중 '누구에게나 나눠주라고?' 이야기는 학생들에게 무조건적인 배려와 무조건적인 착함이 꼭 바람직한 것은 아니라는 가치관을 세워준다. 이를 통해, 학생들은 착하기만 한 것도 배려가 아니고, 지나친 배려는 무시로 비칠 수 있기 때문에 균형적인 배려가 중요하다는 사실을 자신들의 생각으로 잘 풀어낸다. 이러한 함께 읽기를 통해 민주시민다운 비판적인 사고를 갖기 시작하는 것은 아닐까? 학생들은 존중이라는 시민적 덕성과 균형적인 배려의 관계를 연계하며 공동의 민주시민 가치를 세우기 시작했다.

『유엔아동권리협약을 만나다』 책으로 아동권리 40조항을 먼저 접하게 된 학생들은 훨씬 질 높은 학생존중자율약속을 만들어냈다. 다양한 아동권리 조항을 들여다보며 그동안 몰랐던 자신들의 권리에 대해 눈을 뜨며 목소리를 높이기 시작한다. 유엔아동권리위원회에서 '여가와 놀 권리'(유엔아동권리 31조)를 주장한 고등학생들의 뉴스를 본 후, 동조하는 학생들도 있었지만, '교육의 권리'(유엔아동권리 28조)를 근거로 제시하며 팽팽하게 반박하는 학생들의 모습도 보였다. 이렇듯, 함께 읽기를 통해 객관적인 정보가 쌓일 때마다 당장 눈앞의 이익을 주장하던 학생들도 자신의 성장이라는 미래를 내다보며 무엇이 옳은지 그른지 비판적으로 사고하는 안목을 갖게 되었다. '폭력과 학대'(유엔아동권리 19조)에 대한 조항을 발견한 한 학생은 가정에서 맞는 상황도 아동학대라는 것을 처음 알게 되면서 인권

감수성을 높이기 시작했다. 같이 책을 읽으며 공동의 가치를 세우기 시작하는 아이들은 좀 더 나은 삶을 위해 어떤 변화가 있어야 할지도 고민하기 시작했다. 관련 정보를 수집하고 비판적으로 사고하는 연습을 통해 자신과 타인을 바라보는 공통의 관점을 갖게 되면서 함께 행동할 준비를 한다. 자신의 감정 중심으로만 이야기하던 학생들은 시민적 덕성과 민주시민성이라는 공동의 가치와 철학에 관해 이야기를 나누고 배워가기 시작한다.

공동의 가치를 세우기에 적합한 책들을 함께 읽고 다양한 토론 참여를 경험한 학생들은 학기초에 비해 훨씬 달라진 모습을 보여주었다. 듣는 귀가 아쉬웠던 학생들은 다양한 공감훈련과 비경쟁 공감 토론방법을 통해 다른 사람의 말에 공감하며 차이와 다름을 인정하기 시작했다. 이러한 가치를 공유하는 토론광장에 자주 참여한 학생들은 문제가 발생하면 수시로 안건을 작성하여 교사 또는 관련 학급 부서에 제출하고 회의를 소집하여 해결하는 학급문화를 조성하였다.

## 함께 만든 학생존중자율약속

그동안 학교는 규범과 규칙에 순종하는 학생들을 모범적인 학생이라 치켜세우며 학생들과 권력 나누기에 인색했는지도 모른다. 변화하는 사회, 깨어 있는 시민의 역할로 주목받는 대한민국에서 학교는 어디로 향해야 할까? 정치적으로 민감할 수 있는 사회 이슈를 활용한 수업을 무조건 예민하게 받아들일 것이 아니라, 함께 읽기라는 간접경험을 통해 공동의 가치를 세우고, 공공성과 연대, 책임질 수

학년 다모임을 통한 학생자율존중 합의과정

| 학생자율약속 1.<br>여가와 놀 권리 | 우리 모두가 행복한 여가와 놀 권리를 보장받기 위해<br>친구들이 놀 때 방해하지 않고 끼어들지 않도록<br>약속합니다. |
|---|---|
| 학생자율약속 2.<br>차별금지 | 모두가 행복한 학교생활을 보내기 위하여 친구들의<br>능력이 다름을 인정하며 기다려주고 함께할 것을<br>약속합니다. |
| 학생자율약속 3.<br>모든 폭력과 학대로부터<br>보호받을 권리 | 모두의 행복을 누리기 위해, 장난으로라도 친구에게<br>욕하거나 비속어를 사용하지 않기로 약속합니다. |

'신현학생존중자율약속' 중 일부

있는 시민적 역량을 키워야 하는 것은 아닐까? '신현아동권리협약'이라는 이름으로 시작한 프로젝트였지만, 공동의 가치를 세워 권리 속 책임이 동반된 '신현학생존중자율약속'이라고 학생들 스스로 이름을 바꿔 연대하여 실천하는 것처럼 말이다.

아직 자신을 스스로 지키기에 어려움이 있는 아이들에게 비난보다는 토닥토닥 힘이 되는 말로 격려하는 아이들의 모습 속에서 미래의 민주시민을 발견할 수 있었다. 옆의 표는 학생들이 공동의 가치를 세운 후, 합의에 따라 만든 '신현학생존중자율약속' 일부이다. 학교를 대상으로 좀 더 자신의 권리를 제시해도 교사들은 수용할 의지가 있었지만, 우리 학생들의 요구 대상은 교사와 학교가 아닌, 동료 친구들이었다는 것도 인상 깊은 대목이다.

이제 공동 가치에 대해 합의를 이룬 학생들은 공동체 구성원 모두의 행복과 자신의 삶을 변화시키기 위해 행동할 준비가 되었다. 학교공동체 구성원으로서 좀 더 다양한 목소리로 요구하고 행동하는 학생자치가 본격적으로 시작되었다.


## 3. 학생자치에서 생태연대까지

### 전교학생자치로 모두가 행복한 동반자

학교는 시민적 덕성과 민주시민성이라는 공동의 가치를 세운 학생들이 행동할 수 있는 장치를 만들어야 한다. 시민적 덕성이라는 가치공유가 되지 않은 채, 그들만의 의견 수렴으로 결정을 내리는 전교학생자치회는 전교학생회 임원, 그들만의 리그가 된다. 개인의 목소리가 반영된 삶의 변화를 경험하지 못한 다수의 학생에게 자발성을 기대하기 어렵기에 전교학생자치회를 제대로 운영하는 것은 매우 중요하다. 우리 학교에서는 매니페스토 전교학생회, 학생자율동아리활동을 강화하고, 창의적 체험활동 시간을 상당 시수 확보하여 학교의 문제를 다 함께 공유하고 스스로 참여할 수 있는 기회를 제공한다. 학생대표는 자신의 공약 실천을 위해 주어진 예산을 활용하여 모두가 행복하고 평화로운 학교를 만들기 위해 다양한 노력을 한다. 작년에는 아나바다, 우산은행 등 공약을 실현하고, 다양한 캠페인활동을 주도하였다.

하지만 각 학급의 목소리를 대변하는 학급임원이 모여 활동하는 학생자치회는 물리적으로 방과후 시간에 운영되기 때문에, 대부분 학생은 전교회의에서 어떤 일이 결정되고 반영되는지 체감하기 어렵다. 학급자치시간을 확보하여 교육과정을 운영하지만, 담임교사의 가치판단에 따라 선택적으로 운영되는 경우가 있다. 이러한 학급자치의 선택적 운영은 학급과 전교학생회의 연결고리를 차단하는 결과를 초래한다. 이를 위해, 2020년에는 학생이 주도하는 학교폭력예방 랜선캠페인을 기획하여 전교학생자치의 주인공은 재학생모두라는 분위기를 조성했다. 모든 학생이 학생자치에 쉽게 참여 가능한 분위기를 만들고 싶었다. 학생의 자발적인 캠페인 참여를 위해 각 학급에 온라인 수업용 설문참여 링크를 보냈다. 코로나19로 인해 주 1회 등교 수업이 이루어지고 있지만 110여 명의 학생이 가정에서 응원 메시지를 보냈고, 학생의 메시지를 반영한 영상을 제작해 캠페인활동을 하고 있다. 그동안 자신의 목소리가 반영된 학교 참여 경험이 없었던 우리 학급 학생 중 한 명은 엄마와 함께 다시 보고 싶다며 유튜브 링크를 또 보내달라고 요청하기도 했다. 이번 경험을 통해, 아마 자신감도 생기고 자신의 목소리를 좀 더 내볼 용기도 생기지 않았을까? 학교 구성원이라면 누구나 쉽게 참여할 수 있는 기회를 자주 제공하다보면 보다 많은 학생이 '우리'의 문제에 관심을 두고, 모두의 행복을 위해 행동하는 동반자가 되지 않을까?

## 학급학생자치로 연대하는 모이Go!

학급에서 제시한 다양한 의견을 수렴해서 전교학생회에 전달하는 학급자치활동은 매우 중요하다. 이러한 이유로, 우리 학급이 속한 5학년에서는 '신현아동권리협약' 재구성 프로젝트를 통해 이를 경험할 수 있도록 했다. 먼저 학급 구성원 간의 공유 가치를 세운 후, 자율과 연대의 민주시민문화가 일상 속에 스며들도록 학급자치를 구상하여 운영해보았다. 학급부서명도 소통생활부, 공감행사부, 건강체육부, 그린환경부, 함께배움부 등으로 명확하게 역할이 드러나도록 정했다. 부서별 역할이 무엇인지 학생 스스로 인지하고, 문제발생 시, 어느 부서에 도움을 요청하면 되는지 쉽게 알 수 있도록 하기 위해서였다. 스스로 문제점을 발견하고 해결하려는 학급 구성원의 목소리가 늘어날수록 소극적이던 학생들도 용기 내어 기발한 아이디어를 제시하기 시작했다. 이러한 소통을 위해 정기적인 학급회의 시간은 반드시 확보해두었고, 문제가 발생할 때마다 바로 해결할 수 있는 임시회의 시간도 확보했다. 학생들이 발견한 문제점을 정기회의까지 기다렸다가 회의하게 되면 학생들의 참여도와 관심도는 이미 먼 나라에 가 있기 때문에 임시회의 시간 역시 열어둘 필요가 있었다.

　학생들이 문제점을 제시할 때마다 임시회의를 여니, 학생들의 참여도는 높아졌지만 잦은 회의로 수업권이 방해받는 문제도 발생했다. 이를 방지하기 위해, 교실 뒤편에 어떠한 의견이 모여도 좋다는 의미를 가진 '모이Go' 소통지를 비치해두었다. 학생들에게는 잦은 회의로 수업권 보장이 어려운 담임교사의 고충을 털어놓았고, 청와대 국민신문고처럼 운영해보라고 제안했다. 회의를 통해 학생들은 모이Go 소통시스템을 구축할 것을 제안했고, 학생들이 필요하다고 생각하는 문제점을 모이Go에 작성하면, 동의하는 학생이 5명 이상일 경우, 임시회의를 열 수 있도록 규칙을 정했다. 물론 교사가 살펴보고, 5명 이상의 서명을 받지 않은 경우에도 시급한 문제로 보이면 학생들의 동의를 구한 후, 언제든지 회의를 진행할 수 있게 하였다.

　이렇듯, 자신들이 제시한 의견이 제 삶을 소소하게 변화시키는 경험을 하고 나니, 더 적극적인 방법으로 함께 모색하고 연대하는 모습을 보였다. 학급자치부서에서 추진하고 싶은 행사에 예산이 투입되어야 하는 경우에는 과감히 학생들에게 예산을 주고 사용할 수 있는 권한을 주기도 했다. 우리 학급의 예산은 시교육청 논쟁 수업 예산을 활용했지만, 학급운영비를 활용할 것을 권하고 싶다. 주어진 예산 안에서 적절하게 지출하기 위해 부서별로 머리를 맞대고 가격비교를 하며 결정하는 지혜도 보여주었다. 삶에 영향을 끼치는 다양한 활동을 위해 연대하며 성장하는 과정 속에서 아이들은 성숙한 존재로 변화하기 시작했다.

## 공동텃밭 가꾸기의 치유효과

"우리가 욕망하는 것이 다른 사람들과 함께 잘 살아갈 수 있는 삶을 도울지 방해할지 늘 질문을 던지며, 세계 속에서, 세계와 함께, 성숙한 방향으로 존재하는 것." 핀란드 메이누스대학교의 거트 비에스타 교수는 민주적 방식을 이렇게 설명했다. 학생들이 민주적인 사회와 만날 수 있도록 교사가 개입하고, 학생 모두 행복한 삶을 위해 행동한 결과에 따른 시행착오를 경험하며 그 속에서 비판적 사고를 발휘할 수 있도록 지연의 시간이 필요하다.

발달 특성상 회복탄력성이 약한 초등학생의 경우, 사람과의 관계에서 첫 좌절감을 맛보면 스스로 해내려는 동력을 상실하여 학생자치를 금방 포기하는 경향이 있다. 이러한 실패의 경험을 줄이기 위해 '공동텃밭 가꾸기'를 통해 사람보다 식물과의 관계 속에서 저항과 좌절감이라는 지연의 시간 경험을 가질 수 있도록 하였다. 아이들은 공동으로 키우는 식물에 매일 관심을 가지고 문제점을 분석하고, 다양한 해결방안을 모색하며 좌절에 맞서기 시작했다. 점심시간마다 공

공동텃밭 가꾸기로
가치를 공유하는
아이들

동텃밭을 들여다보며 식물이 잘 자라는지 확인하고, 문제발생 시 회의를 통해 해결점을 찾으려고 노력했다. EM용액 및 비료의 양과 주는 시기 등을 조사하며 가꾸었을 때는 잘 자라지만, 관심을 두지 않는 순간 점점 시들어가는 식물을 바라보며 지속적인 관심과 관계의 중요성을 스스로 깨닫기 시작했다.

## 생태환경과의 연대를 통한 민주시민교육

존중배려라는 시민적 덕성 가치를 공유하며 공동텃밭 가꾸기를 진행한 학생들은 잘 자라지 않는 식물에 대해 좌절감도 느꼈지만, 식물 성장이라는 공동의 목표를 향해 격려하며 연대하는 모습을 보여주었다. 식물이 죽든 말든 관심 두지 않던 일부 학생들도 애쓰는 동료들의 모습을 보며 관심을 갖기 시작했고, 노력 끝에 성공을 맛본 학생들은 식물이 아닌 다른 대상의 문제점에도 눈을 돌리기 시작했다.

 학생들이 바라본 연대의 대상은 바로 배추흰나비 애벌레였다. 배추 안에서 발견된 배추흰나비 애벌레에 환호하던 학생들은 다른 학급 학생들이 그걸 잡아서 즐기는 모습을 보고 분개했다. 임시회의를 연 학생들은 '곤충도 생명입니다' 슬로건이 담긴 여러 장의 홍보물을 만들어 텃밭 주변에 부착하기 시작했다. 곤충이라는 자연대상과 연대해 학생들이 스스로 생명존중 캠페인활동을 진행한 것이다. 노력 끝에 애벌레를 살린 학생들은 그동안 학교에서 본 적 없던 나비 떼를 경이롭게 바라보며 생태와의 연대 필요성을 스스로 배워갔다. 귀하게 키운 배추, 무를 수확한 학생들은 편식하는 학급 친구들을 위해 건강간식 메뉴를 만들어보고 싶다고 제안했다. 평소 급식에서

스스로
생명존중 캠페인을
주도하는 아이들

발생하는 잔반 문제를 해결하고 싶었던 것이다.

이를 위해, 실과교과의 성취기준과 적절한 단원을 연계하여 학생 자치를 실현할 수 있는 시간을 기꺼이 내주었다. 학생들은 스스로 영양소를 분석하고 편식하는 친구들이 무엇을 좋아하는지 조사하고 합의를 통해 메뉴와 요리법을 결정한 후, 최선을 다해 음식을 만들었다. 학생들이 자연에서 얻은 식재료의 소중함을 느끼게 되면서 급식 잔반이 줄었고, 생태환경과의 연대에 관해 더 진지하게 고민하고 실천하는 모습 또한 보여주었다. 코로나19라는 지구의 경고에 직면한 오늘날, 생태계와의 연대를 통한 민주시민교육의 방향에 대해 더욱 고민하게 된다.

## 자기 목소리를 내는 학생들

다양한 학생자치활동 과정에서 잠시 고민하게 된 순간이 있었다. 공감행사부에서 부서 행사로 빼빼로데이 행사 진행을 제안했고, 나는 학생의 의견을 다 수용해야 하는가 하는 딜레마에 빠진 것이다. 일단 학생들에게 빼빼로데이 유래를 살펴보고, 다수의 의견을 좀 더 들어본 후 추진하라고 조언했다.

민주시민교육에서 교사는 허락을 하는 결정자가 아니라, 학생들이 비판적인 사고를 할 수 있도록 돕는 대화의 동반자이자 퍼실리테이터라는 생각을 늘 가져야 한다. 학생이 제안한 행사에 대해 비판적 사고를 할 수 있도록 국어교과와 연계한 토론시간을 가졌다. 자신의 목적을 달성하기 위해 진지하게 자료를 수집하던 학생들은 '데이 마케팅'이라는 새로운 사회 용어를 찾아냈다. 빼빼로데이에 묻혀 있던 농업인의 날, 눈의 날, 보행자의 날 등 추가 정보를 찾아낸 학생들은 "농업인의 날을 홍보하자"라고 합의했다. '우정데이'라는 이름을 지어 전교생을 대상으로 가래떡과 함께 우정을 나누는 활동에 나선 학생들은 자신의 목소리도 포기하지 않고 교사의 제안도 수용하는 타협 지점을 찾은 것이다. 빼빼로데이나 많은 학교에서 일회성으로 즐기는 가래떡 나눔데이가 아니라, 가치공유와 비판적 사고를 통해 탄생한 학생들의 우정데이는 더욱 빛났다.

## 4. 학생자치, 여전히 선택? 같이가치!

민주시민교육의 정답이 학생자치라고 단정 지을 수는 없다. 하지만 충분한 가치공유 없이 형식적으로만 진행되는 학생자치는 진정한 민주시민교육의 방법이라 보기 어렵다. 존중배려라는 시민적 덕성 가치를 공유하고 공공성, 자율, 연대라는 민주시민성을 발휘하는 학생들은 더 이상 미성숙한 존재가 아닌, 신뢰해도 되는 '성숙한 후배

시민'들이다. 차이와 다름을 인정하고 시민적 덕성을 공유한 학생들은 갈등을 평화롭게 해결하는 시민으로서 연대하며 행동할 수 있었다. 공동텃밭 가꾸기 경험을 통해 재도전하고자 하는 회복탄력성과 생태와의 연대감도 키울 수 있었고, 학생존중자율약속 세우기를 통한 장시간의 가치공유가 책임감을 가지고 행동하는 힘이 될 수 있음도 발견했다. 함께 해결하면 나의 삶이 행복하게 변화한다는 것을 느끼기 시작한 학생들은 모두의 행복을 위해 함께 공감하고 고민하며 연대하기 시작한 것이다.

이렇듯 행동하는 민주시민교육을 구현하는 학생자치. 여전히 선택으로 남아야 할까? 비에스타 교수는 시민성을 '사회적', '도덕적', '정치적' 시민성으로 구분하고, 이들의 균형이 이루어질 때 진정한 민주시민성을 갖출 수 있다고 하였다. 규율에 순종하는 인간으로 교육하기를 희망하며 권력을 학생과 나눠가지는 것에 익숙하지 않았던 기존 학교에서는 학생의 목소리를 허용하는 학생자치는 여전히 '불편한 선택'일지도 모른다.

아직 발달단계상 학생의 성숙도를 우려하는 초등현장에서는 사회적, 도덕적 시민성에 해당하는 시민적 덕성에 대한 가치공유를 기반으로 학생자치를 시도하는 것부터 시작해보면 어떨까?

이제 학교는 규율에 순종하는 태도를 미덕으로 삼았던 보수적인 관점에서 벗어나 학생의 지혜와 선택을 신뢰하고, 그들의 목소리를 수용하며 더 나은 삶을 살 수 있도록 조력하는 공간이 되어야 한다. 기존 생활규정이 불합리하면 학생주권을 발휘한 학생자치를 통해 생활규정을 바꿀 수 있는 목소리에 힘을 실어줄 때 우리 학생들이 행복한 민주시민으로 자라지 않을까?

다양한 타인과 공감하고, 모두의 행복을 위해 자신의 목소리를 내는 학생자치가 더 이상 선택이 아닌 필수로 자리 잡아야 하는 이유이다.

## ✏️ 추천하는 책과 영화

■『페다고지』(파울로 프레이리, 그린비, 2018)
교사와 학생 간의 권력불평등을 양산하는 전통적인 학교를 은행예금식
교육이라 칭하고, 학생들의 생각과 행동이 일치하는 프락시스 실현을 위해
공동 연구자로서의 교사의 역할에 관해서 안내한다.

■『행복을 배우는 덴마크 학교 이야기』(제시카 조엘 알렉산더, 생각정원, 2019)
성적에 의한 무한경쟁 속에 사회적 지위가 결정되는 기존 학교구조에서는
다양한 학생의 목소리를 반영하는 민주시민교육이 성공하기는 어렵다. '모두가
행복한 삶'에 관한 관점의 차이를 보이는 인성교육과 민주시민교육의 중복된
가치를 찾고, 교사의 역할에 관해 생각하게 한다.

■『어린이를 위한 정의란 무엇인가?』(안미란 글, 정진희 그림, 주니어김영사, 2017)
"선생님, '정의'가 뭐예요?"라는 학생의 질문에 대해 어느 정도 스스로 답을
찾을 수 있도록 '정의'에 관한 8가지 상황을 이야기로 풀어낸 책이다. 다양한
사례를 통해 학생들은 '함께 잘사는 방법'에 대해 고민하고 가치를 모아볼 수
있다.

■『인권논쟁』(이기규 글, 박종호 그림, 풀빛, 2018)
학급자치를 시작하기 전, 우리 사회 속에서 무심코 지나칠 수 있는 인권침해
사례를 어린이 눈높이에 맞춰 풀어낸 책이다. 비경쟁 공감 토론방법을 활용한
시민적 덕성과 민주시민성의 가치공유를 통해 학생 스스로 인권감수성을
높이는 데 도움이 된다.

■ 〈인사이드 아웃〉(피트 닥터 감독, 2015)
타인을 이해하고 존중하는 공감능력을 갖춘 민주시민이 건강한 공동체를 만들
수 있다. 이 애니메이션은 슬픔, 기쁨, 버럭, 소심, 까칠이라는 다섯 가지 감정의
중요성을 재미있고 쉽게 풀어냄으로써 초등학생들의 공감에 대한 이해도를
높여준다. 신뢰라는 공동의 가치를 모으기 위해 활용해볼 것을 권한다.

# 6장
# 퍼실리테이터로서의 교사

이태용 인천공항고등학교 교사

## 1. 왜 우리는 퍼실리테이터가 되어야 하는가?

"교감인 내가 일방적인 전달만 하는 것 같아. 바꾸어야 한다는 것은 알겠는데 잘 안 되네"라는 말을 하는 교감 선생님이 있다. "집중이 안 되고, 언제 끝나나 핸드폰만 쳐다보게 돼요", "어차피 교장 선생님이 결정하면 될 것 같은데 왜 자꾸 모이라고 하는지 모르겠어"라는 말을 하는 교사도 있다. 이들은 무엇 때문에 불편해할까? 그것은 학교에서 일상적으로 진행되는 회의에 대한 불만 때문이다.

회의는 왜 할까? 회의는 두 사람 이상이 모여 아이디어를 생산하고 서로의 의견을 나누는 것이다. 회의를 통해 문제를 해결하고, 문제를 해결하는 과정에서 학습이 이뤄지고, 관계가 형성되며, 정보 습득을 하게 된다. 학교에서 회의는 민주주의를 학습하고 실천하는 과정이다.

학교에서는 주마다 열리는 기획위원회, 정기적으로 열리는 교직원회의, 프로젝트 관련 회의, 학기말에 열리는 교육과정평가 협의회 등 다양한 회의가 있다. 코로나19 감염병 위기로 인해 학교 환경이 급격히 바뀜에 따라 하루 일과가 회의로 시작해서 회의로 끝나기도 한다.

학교의 회의는 의사소통이 활발히 이뤄지지 않는 경우가 많다. 대부분 보고 위주로 진행되고, 회의라고 이름 짓지만 회의라고 할 수 없다. 이른바 미래 사회의 핵심역량이 소통과 협력이라지만, 학교에서는 먼 나라 이야기인 듯하다.

그러면 어떻게 학교 회의문화를 변화시켜야 할까? 우선 학교 구성원의 생각이 바뀌고, 시스템이 바뀌어야 한다. 시스템은 바꾸기 쉽지만, 학교 구성원의 생각을 바꾸기는 쉽지 않다.

6장에서는 학교 회의문화를 변화시키는 방법으로 퍼실리테이터(facilitator)가 되라고 제안하고 싶다. 퍼실리테이터는 '촉진하는 사람'이란 뜻을 가지고 있다. 쉽게 말하면 회의를 진행하여 조직이 목적하고 있는 바를 쉽게 얻도록 하는 사람이다. 그러면 왜 퍼실리테이터는 학교 회의문화를 바꾸는 대안이 될 수 있을까?

퍼실리테이터는 조직문화를 변화시키거나 사람들의 행동, 인식 변화를 끌어내고자 할 때 필요한 사람이다. 퍼실리테이터의 행동 원칙은 구성원 중심이다. 학교 구성원이 올바르게 생각하고 실행하도록 도와주어 구성원들의 공동의 이해를 끌어낸다.

퍼실리테이터의 구체적인 역할을 살펴보도록 하자. 퍼실리테이터는 학교 회의를 디자인한다. 회의 참석자 선정, 회의 진행 계획, 회의에 맞는 진행기법을 고민하여 회의가 부드럽게 이뤄지도록 한다. 둘째, 학교 회의 참석자들이 회의에 집중할 수 있도록 한다. 회의에 과몰입한 사람이나 회의에 참여하지 못하는 사람을 챙기고, 주제에서 멀어져 있는 회의를 돌려세우는 등 돌발상황을 관리하면서 회의 목적을 달성할 수 있도록 한다. 셋째, 회의 참석자들의 의견에 귀 기울이고 소통을 원활하게 한다. 회의가 막혀 있다면 이어주고, 질문하고, 회의를 기록하고 요약해 내용을 전달한다. 마지막으로, 창의적인 논의를 할 때 퍼실리테이터의 역할은 빛이 난다. 퍼실리테이터는 창의적인 생각을 이끌어내기 위해 다양한 기법을 사용하고 회의를 원하는 방향으로 이끈다. 이렇게 학교 회의문화를 바꾸고 구성원 중심의 학교를 만들어가려면 퍼실리테이터가 필요하다.

## 2. 퍼실리테이터의 기법

퍼실리테이터가 되려면 배움이 필요하다. 우선 퍼실리테이터로서의 회의 진행기법을 익혀야 한다. 회의 참여를 유도하기 위한 아이스브레이킹, 회의에서 아이디어를 발산하기 위한 브레인 스토밍, 브레인 라이팅 등의 기법은 수업에도 유용하다. 퍼실리테이터가 되어 각 단계에서 쉽게 쓸 수 있는 기법을 몇 가지 소개하겠다.

### 오프닝(마음 열기) 단계—리치 픽처

리치 픽처(rich picture)는 그림, 키워드, 부호, 아이콘, 만화, 스케치 등

그림을 활용하는 기법이다. 참여자들이 생각하는 것, 겪은 것을 그리게 하여 회의에 대한 부담감을 줄여준다. 회의뿐만 아니라 독서토론에서도 활용하기도 한다. 독서토론에서 책의 핵심주제 표현하기, 인상 깊은 곳 말하기 등으로 사용할 수 있다.

　방법은 한 가지 주제로 자유롭게 그림을 그리게 한 뒤, 본인 그림의 내용이나 의도 등을 참여자와 함께 나눈다. 그림의 공통점을 찾아 키워드나 문장으로 다시 표현하는 과정을 통해, 서로의 마음을 열고 경계심도 낮추어 회의에 집중할 수 있게 도와준다.

## 의견 표출 단계―브레인 라이팅

회의에서 아이디어 생산이 필요할 때는 브레인 라이팅(brain writing) 기법을 많이 사용한다. 브레인 라이팅은 자기 생각을 말이 아닌 글로 표현하게 한다. 그래서 이 기법을 '침묵의 브레인 스토밍'이라고도 한다. 6-3-5기법이라고도 하는데 6명이 둘러앉아 3개의 아이디어를 5분 이내에 기록하고 옆 사람에게 돌려 30분 이내에 108개의 새로운 아이디어를 얻는 것을 목표로 한다.

　이 기법을 활용하면 내성적인 사람 혹은 다른 사람 앞에서 망설이는 사람의 참여를 활성화해 참신한 생각을 얻을 수 있다. 또한 발표를 망설이는 다수의 의견을 끌어낼 수 있으며 타인의 아이디어를 참고하여 아이디어를 확장할 수 있다는 장점이 있다. 구성원 간에 소통이 원활하지 않다면 브레인 라이팅 기법을 권한다.

### 의견 표출 단계―원더링 플립 차트

많은 아이디어를 익명으로 받아보려고 할 때 사용하는 방법이다. 참석자들은 주제가 적힌 포스트잇(flip chart)을 돌아다니면서(wandering) 아이디어를 적어 제출하거나 토론한다.

최대한 편안한 마음으로 자유롭게 의견을 내게 할 수 있다. 참가자들이 돌아다니면서 아이디어를 적어내기 때문에 익명을 보장하여 다양한 의견을 얻을 수 있다는 장점과, 익명성으로 인해 부정적 의견이 많을 수 있다는 단점이 있다.

### 의견 수렴과 결론 도출 단계―친화도법(KJ법)

생산된 아이디어를 정리하는 방법으로 많이 쓰인다. 다양하고 복잡한 의견과 정보를 일목요연하게 정리하는 것이 핵심이다. 내용이 비슷한 포스트잇을 모아 분류하고 정리하면서 아무런 관련 없어 보이는 정보들을 서로 통합한다. 그 과정에서 새로운 아이디어가 만들어지기도 한다.

생산된 아이디어가 정리되고 체계화되면서 명확한 방향이나 트렌드를 도출하는 통찰의 기회를 가질 수 있다.

### 의견 수렴과 결론 도출 단계―페이오프 매트릭스

사업의 효과나 조직활동의 성과를 평가하려고 할 때 많이 쓰이는 기법이 페이오프 매트릭스(pay-off matrix)이다. 제시된 여러 대안을 실행하기 위한 노력의 양과 예상되는 효과를 비교하여 최종 아이디어

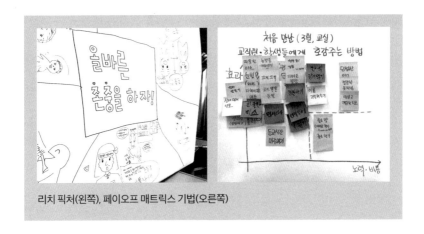

리치 픽처(왼쪽), 페이오프 매트릭스 기법(오른쪽)

를 선정하는 방법이다. 가로 두 칸, 세로 두 칸의 사분면 격자를 그리고, 가로축에는 노력, 세로축에는 효과를 적는다. 아이디어를 효과의 높낮이와 노력의 정도에 따라 배치한다. 참여자의 반응을 종합하여 사분면 중 한 영역에 배치한다.

## 의견 수렴과 결론 도출 단계—갤러리 워크와 멀티 보팅

갤러리 워크(gallery work)는 해설자의 설명을 받으며 다른 모둠의 결과물을 살펴보는 활동이다. 다른 모둠의 결과물을 보면서 해설자에게 질문을 하거나 첨언, 투표 등을 동시에 시행한다.

의견을 수렴하는 또 다른 대표적인 방법으로 투표하는 방법이 있다. 멀티 보팅(multi-voting, 다중투표)은 한 가지 의견에만 투표하는 것이 아니라, 여러 의견에 대해 투표할 수 있다는 것이 장점이다. 멀티 보팅을 통해 구성원의 정확한 의견을 확인할 수 있다.

## 의견 표출 및 수렴 도구인 포스트잇

회의를 진행하다보면 듣는 이야기가 있다. "또 포스트잇인가요?"이다. 회의 진행에서 가장 많이 쓰이는 도구가 포스트잇이다. 포스트잇은 효용성이 높다. 포스트잇은 아이디어나 의견을 발산하는 단계와 아이디어를 그룹화하는 단계에서 아주 유용하다. 색을 이용하여 통일된 패턴을 유지하거나 정리된 포스트잇을 갤러리 워크로 아이디어를 공유한다면 그 가치는 더욱 높아진다.

## 3. 퍼실리테이션 절차

퍼실리테이터가 진행하는 회의를 퍼실리테이션(facilitation)이라 한다. 퍼실리테이션은 5단계로 진행한다. 5단계는 준비-오프닝-의견 표출-의견 수렴 및 결론 도출-클로징으로 이뤄진다.

준비 단계는 회의 배경, 목적, 회의를 통해 얻고자 하는 결과, 회의 주제, 회의 장소 및 시간, 참석 대상자와 인원, 회의 자발성, 회의 결과 반영 여부, 준비물, 참고사항 등을 조사하는 단계이다. 준비 단계가 잘되어야 의미 있는 회의를 진행할 수 있다. 준비 단계가 퍼실리테이터의 성패를 가르기도 한다.

오프닝 단계에서는 회의 참여자들이 갖는 심리적인 부담감이나 긴장감을 줄여주는 것이 중요하다. 간단한 게임이나 활동 등을 통해 참가자들의 긴장감을 완화해 회의에 참여하게 되는 동기를 마련한다. 오프닝에서 중요한 것은 회의 분위기 조성이다. 회의 목표를 제안하고 참여자들의 온전한 참여를 보장하기 위해 그라운드 룰을 제시하거나 참여자들의 논의 결과를 최종 의사결정에 반영하겠다는 약속을 받는다.

의견 표출 단계는 회의 참여자들이 논의 주제와 관련하여 다양한 아이디어를 적극적으로 표출하는 단계이다. 여러 사람이 모여 각자의 의견을 최대한 자유롭게 펼치면서도 서로 방해가 되지 않도록 하고, 서로 생각을 나누고 자극을 주고받을 수 있는 편안한 환경을 만드는 것이 중요하다.

의견 수렴 및 결론 도출 단계는 의견 표출 단계에서 만들어진 다양한 아이디어를 정리한다. 내용이 비슷한 아이디어를 분류하고 정리하면서 서로 통합되고 새로운 아이디어가 도출되기도 한다.

클로징 단계에서는 목적한 결과가 이루어지도록 신중하고 세심하게 진행해야 한다. 클로징에서 해야 할 일은 회의 연장에 대한 논의와 결정, 회의에서 다루었던 내용을 회고하고 공유하기, 다음에 무엇을 할 것인가에 관한 논의, 회의에 대한 만족도 평가 등을 한다. 회의에서 결정된 내용은 사후 점검을 통해 진행상황을 확인하여 담당자들이 액션을 할 수 있도록 해야 한다.

클로징 단계와 회의 전체를 통해 가장 중요한 것은 정시 종료라고 해도 과언이 아니다. 회의는 정시 시작만큼이나 정시 종료도 중요하다. 회의가 늦어진다면 회의 전체에 대한 호감이 줄어들 수 있다.

| 구분 | | 내용 |
|---|---|---|
| 준비 단계 | 목적 파악 | • 체크리스트 등을 통해 얻고자 하는 목적을 분명하게 한다. |
| | 환경 | • 회의가 시작되기 전에 필요한 것들을 준비하고 적시에 사용할 수 있도록 준비해야 한다. |
| 오프닝 | 의식 | • 리더의 연설이나 의식을 행한다. |
| | 마음 열기 | • 마음 열기 활동을 통해 서로에 대한 경계심을 낮춘다. |
| | 역할 정하기 | • 기록, 시간 체크 등 역할을 나눈다. |
| | 규칙 확인 | • 모든 사람의 의견은 동등하고 가치가 있다는 것을 상기시킨다. |
| | 이전 결정 검토 | • 이전 회의에서 내린 결정들을 다시 살펴보고, 그 결정의 결과로 취해진 행동을 확인한다. |
| 의견 표출 | 아이디어 발산 | • 각각의 의제에 맞는 아이디어 발산 도구를 가지고 회의를 진행한다(도구: 명목집단법(NGT), 브레인 스토밍, 만다라트, 윈더링 플립 차트 등). |
| 수렴 및 결론 도출 | 의견 수렴 및 정리 | • 브레인 스토밍 후 만들어진 다양한 아이디어를 정리하게 한다. 내용이 비슷한 것을 분류하고 정리하면서 서로 통합되고 새로운 아이디어가 도출되기도 한다(도구: 멀티 보팅, 친화도법, 페이오프 매트릭스, 의사결정도표, 주먹 오 등) |
| 클로징 | 결과 발표 및 공유 | • 회의 결과를 공유하고 결과에 대해 피드백을 한다.<br>• 결정이 미루어지면 다음 회의나 특별회의 일정을 잡는다. |
| | 종료 | • 종료 의식 |
| | 사후 점검 | • 회의가 끝난 후 결정한 것을 참가자에게 배부.<br>• 결정을 실행하는 사람들이 액션을 하도록 해야 한다. |

회의 진행 절차

## 4. 퍼실리테이터로서의 좌절과 성장

### 학교 교육과정운영 돌아보기

퍼실리테이터로서 활동이 많았던 대표적 회의는 학교 교육과정운영 평가회다. 학교 교육과정운영 평가회는 교육과정을 돌아보고 교육과정 개선 아이디어를 얻기 위해 실시된다. 보통 학교 교육과정운영 평가회는 12월 말이나 다음 해 2월에 실시되는데, 교직원 전체가 참여하기 때문에 준비해야 할 것이 많다. 평가회 장소, 평가회 시기, 평가회가 열리는 시간, 준비물 등 챙겨야 한다. 학교 수업 준비와 병행하자면 심적으로 바빠지는 경우가 자주 있다.

학교에서 실시하는 교육과정운영 평가회는 준비-오프닝-의견 표출-의견 수렴-클로징으로 이어지고 1시간이 넘어가는 것이 기본이다. 학교 교육과정운영 평가회에서 주로 신경 쓰는 것은 좌석배치이다. 좌석배치가 평가회의 성패를 결정하기도 한다. 보통 학교에서는 업무별로 모둠을 만들어 회의를 진행한다. 전문성을 위해 업무 담당 부장을 참가시키는 모둠을 조직하는데, 나는 업무 담당 부장을 다른 모둠으로 옮기길 권한다. 많은 부장이 업무평가를 자신에 대한 평가와 동일시하여 평가회가 갈등의 출발점이 되기도 하기 때문이다.

오프닝 단계에서 마음 열기는 중요하다. '나'를 표현해주는 한 단어를 포스트잇에 쓰고 참가자들이 돌아가며 이야기 나누는 것만으로도 회의 분위기가 확 풀린다. 회의의 효율을 위해서라도 마음 열기는 해야 한다. 1년 동안 고마웠던 선생님과 그 이유를 포스트잇에 적게 한다. 회의 끝날 때 몇 분을 골라 선물한다면, 평가회는 끝날 때

더 분위기가 좋아질 것이다.

　의견 표출은 평가회 시간이 적절히 확보(30분 이상)되었다면 브레인 스토밍 기법을 사용한다. 각자의 의견을 최대한 자유롭게 펼치면서도 서로의 생각에 자극을 주고받을 수 있다. 시간이 비교적 짧고 (20~30분) 구성원 간 소통이 원활하지 않다면, '침묵의 브레인 스토밍'인 브레인 라이팅을 사용한다. 아이디어 발산 과정을 돕기 위해 밝은 배경음악과 다과를 준비하면 회의 참여도가 높아진다.

　교육과정 평가회 시간을 총 40분 배당받은 적이 있었다. 시간이 부족했다. 그래서 회의 과정을 재구성했다. 상황에 맞는 회의 진행방법을 찾아야 했다. 부서별로 페이오프 매트릭스 기법을 활용하여 정리한 후, 평가회에서 발표하고 공유하는 것으로 설계했다. 부서별로 아이디어 발산과 수렴 시간을 충분히 주어서인지 평가회에서 의미 있는 내용이 공유되었다. 퍼실리테이터는 상황파악을 잘하고 이에 맞는 기법을 사용하는 것이 중요하다.

　교육과정운영 평가회에서 결과물이 눈에 보이기 시작하는 단계가 의견 수렴 및 정리 단계이다. 발산된 아이디어를 정리하는 방법으로 많이 쓰이는 것은 친화도법이다. 전지에 내용이 비슷한 포스트잇을 분류하다보면 구성원들이 학교에 대해 같은 고민을 하고 있었다는 생각을 하게 된다. 친화도법으로 분류된 아이디어의 우선순위를 정하려면 멀티 보팅을 사용한다. 스티커를 이용하여 투표하면 의사표현이 시각적으로 되어 편리하다.

　교육과정운영 평가회에서 클로징은 다음과 같이 이루어지는 것이 좋다. 토론을 통해 정리된 아이디어를 모둠별로 발표와 게시를 통해 공유한다. 클로징 단계에서 중요한 것은 토론을 통해 나온 결과물을 학교 교육계획에 반영하도록 하는 것이다. 학교 회의 무용론이 나오는 이유 중 하나가 회의만 하고 결과물이 없다는 것이다. 학교 회의를 통해 결정된 사항은 반드시 교육계획에 반영하도록 해야 한다. 회의의 결과가 실행으로 이어지지 않는다면, 학교 회의문화에 대한 불신이 높아진다. 학교 회의문화 변화를 통한 학교 발전은 더욱 힘들어질 것이다.

### 사례 1─학교 슬로건 만들기

슬로건 만들기 회의를 진행한 일이 기억에 많이 남아 있다. 회의 참가자들이 적극적으로 참여한다면 회의시간이 줄어들고 의미 있는 결과물도 얻을 수 있다는 것을 배웠기 때문이다.

학교의 교육과정을 끌어가는 슬로건은 학교의 핵심가치를 표현하는 일이다. 학교 슬로건 만들기에 참여한 사람들은 신학년도 기획위원회 구성원이었다.

토론회 장소는 경기도에 있는 한 리조트의 세미나실이었다. 세미나실이 독립된 공간이어서 토론환경이 좋았다. 준비물은 전지, 포스트잇, 네임펜, 유성매직, 스티커, 학교교육계획서 등 간편했다. 모둠은 4~5명으로 조직하였고, 토론회 참석인원이 적었기 때문에 토론회의 몰입도가 높았다.

오프닝 단계에서 슬로건 만드는 이유와 필요성에 관해 설명했다. 토론 규칙에 대해 간단히 설명하고 토론회가 끝나야 회식이 시작된다는 것으로 동기부여를 해 회의 참석자들의 의지도 슬슬 높아졌다.

아이디어 발산과 수렴을 동시에 단계별로 진행했다. 모둠별로 학교교육의 핵심가치를 교훈과 학교교육 계획에서 찾아내어 전지에 분류한 후, 모둠별로 멀티 보팅을 한 후 발표했다. 핵심가치가 수렴된 이후에는 핵심가치를 토대로 문맥과 어구를 정리하여 슬로건을 만들었다. 모둠별로 만들어진 슬로건을 발표를 통해 공유하였고, 거수로 최고의 슬로건을 선정하였다.

클로징 단계에서는 선정된 학교 슬로건의 활용방법에 관해 다시 이야기를 하고, 토론회 참여 소감을 나누는 것으로 토론회를 마무리했다. 학교 슬로건을 만드는 토론을 통해 선생님들은 "학교교육의 핵심가치에 관해 생각해보는 중요한 시간이었다"라고 소회를 나눴고, 모두에게 의미 있는 시간이었다고 입을 모았다. 나는 학교 회의문화를 바꾸려면 구성원들의 마음을 움직이는 것이 중요하다는 사실을 배웠다. 학교문화를 바꾸는 것도 결국 구성원의 마음에 달려 있다.

### 사례 2―독도를 지키는 방법

퍼실리테이터가 구성원의 인식과 행동을 바꿀 수 있다고 생각하게 된 특별한 계기가 있다. 독도교육주간을 맞이하여 운영한 독도 수업에서다. 교사가 퍼실리테이터가 되어 수업을 전개했다. 준비 단계에서는 학기초부터 모둠 수업을 활용하였기 때문에 기존 모둠을 이용했다. 수업은 50분, 8절지, 네임펜, 파스넷, 포스트잇, 스티커를 준비했다.

오프닝 단계에서 학습목표를 '독도를 지키는 계획을 세워보자'로 안내했다. 아이디어 발산 도구는 만다라트 기법을 활용하였고 25분을 진행했다. 만다라트는 가장 중심에 핵심주제를 적은 후, 그 목표

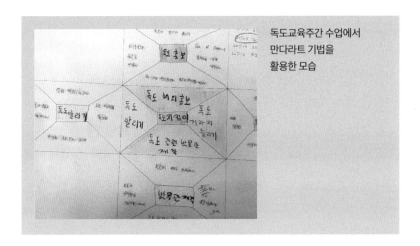

독도교육주간 수업에서 만다라트 기법을 활용한 모습

를 이루는 데 필요한 것을 주변 네모 칸에 적는 방법이다. 핵심주제에 따른 아이디어를 생산하는 데 시간이 오래 걸렸다. 칸을 채우지 못하는 모둠도 많았다.

정리와 수렴 단계에서는 모둠별로 해설자 한 명을 골라 독도를 지키는 법을 설명하게 하였다. 나머지 모둠원은 다른 모둠의 아이디어를 돌아가면서 듣고, 포스트잇으로 새로운 아이디어를 제안하거나 좋은 의견에 멀티 보팅 하도록 하였다.

클로징에 5분을 할애하였다. 스티커를 가장 많이 받은 아이디어를 큰소리로 읽게 하여 학습동기를 부여하고, 독도를 지키는 것의 필요성에 관해 생각하는 기회를 만들었다. 수업을 마친 후 한 학생이 말했다. "독도 수업의 주제가 독도를 지키는 법이어서 인상 깊었어요." 교사는 퍼실리테이터가 되어 사고를 촉진하고 독도를 지키는 실질적인 방법을 고민하게 해 의미 있는 생각의 변화를 가져오게 했다.

## 5. 퍼실리테이터와 학교 회의문화

퍼실리테이터는 학교 회의문화 성숙에 적잖은 기여를 할 수 있다. 학교의 많은 구성원이 퍼실리테이터가 된다면 학교문화를 획기적으로 바꿀 수 있을 것이다. 학교 구성원은 서로가 답을 찾을 수 있도록 도와주고, 빠르고 효과적인 회의 결과를 만들어낼 것이다. 이런 것을 토대로 학교 회의문화는 긍정적으로 바뀔 수 있다.

학교 회의문화 변화를 위해 퍼실리테이터가 해야 할 일이 있다. 첫째, 회의의 결과물은 실행으로 이어지게 해야 한다. 회의 결과물은 학교 구성원의 숙고와 합의 과정을 거쳐 만들어졌기 때문에, 회의 결과가 실행으로 이어진다면 구성원의 적극적인 공동체 참여활동으로 이어진다.

둘째, 학교 구성원의 소통 역량을 키우기 위해 노력해야 한다. 이를 위해 회의에서 민주적·수평적 관계를 형성하도록 한다. 공평한 발언의 기회를 보장하고 다른 사람의 의견을 듣는 자세를 가지도록 안내한다. 교사가 민주적인 소통을 체험하고 그것을 내면화할 때, 학교는 물론이고 학급에서도 민주적인 의사소통이 가능해진다.

셋째, 새로운 기법을 가지고 토론회 등을 화려하게 하여 이목을 집중시키는 방식은 피한다. 특히, 책에서 배운 새로운 기법을 무작정 실험하려고 해서는 안 된다. 구성원이 필요로 하는 상황에 맞게 회의를 설계하고 진행해야 한다. 사람들에게 맞는 최적의 방식을 찾아야 한다. 어설픈 실험은 구성원을 피로하게 하고 학교 회의문화에 대한 불만만 증대시킨다.

마지막으로, 퍼실리테이터는 회의 목적을 달성해야 한다. 퍼실리테이터가 되어 즐거운 소통, 이벤트가 넘치는 회의문화를 만드는 것도 좋다. 그런데 퍼실리테이터의 역할인 회의를 통해 얻고자 하는 목적을 달성해야만 그 가치가 있다.

답은 분명하다. 우리는 소통의 마법사가 되어야 한다. 소통의 마법사인 퍼실리테이터가 되어 학교의 소통 과정에 능동적으로 참여하고 능동적으로 결과를 찾아내야 한다. 소통과 협의의 과정에서 만들어진 이 소중한 공동체에서 신뢰와 친밀함이 넘치도록.

# 🖊 추천하는 책

■ 『민주적 결정방법론』(샘 케이너 외, 쿠퍼북스, 2017)
퍼실리테이션의 고전이다. 다양한 장소에서 여러 형태로 존재하는
퍼실리테이션을 사례별로 안내한 책이다. 퍼실리테이션의 A부터 Z까지 망라한
종합서로, 필요에 따라 찾아보며 스스로 공부하기에 좋다.

■ 『소통을 디자인하는 리더 : 퍼실리테이터』(채홍미·주현희, 아이앤유, 2014)
퍼실리테이션을 쉽게 설명하고 있어 입문서로 좋다. 퍼실리테이션을 하나의
호흡으로 볼 수 있도록 한 점도 이 책의 장점이다. 퍼실리테이션 적용 사례와
구체적인 프로세스, 다양한 실전 기술 및 디자인 등을 다룬다.

■ 『질문이 살아 있는 수업』(김현섭, 한국협동학습센터, 2015)
퍼실리테이터는 상황에 따라 적절한 질문을 할 줄 알아야 한다. 하나의 질문이
퍼실리테이션을 살리기도 하고 좌절시키기도 하기 때문이다. 질문이 왜
필요하고 어떤 방법이 있는지, 질문을 활용한 수업 디자인에 어떤 것이 있는지
등을 소개하고 있다. 실제 수업에서 활용할 내용도 많이 다루고 있다.

■ 『러닝 퍼실리테이션 : 가르치지 말고 배우게 하라』(정강욱, 플랜비디자인, 2019)
퍼실리테이션의 학교 수업 적용에 관해 안내한 책이다. 학습자를 주인공이
되게 하는 러닝 퍼실리테이션의 기법을 소개하였다. 퍼실리테이터는 질문을
통해 학습자 스스로가 생각하고 행동하도록 이끈다. 일방적으로 무언가를
가르치는 것이 아니라 서로가 배우는 것임을 강조한다.

이은영 인천송천고등학교 교사

## 1. 쓸모가 없는데 왜 수업을 들어야 할까?

지식 전달자로서의 교사, 학교의 역할에 관한 고민이 시작된 것은 이미 오래된 일이다. 한국 교육계도 입시 위주의 주입식 교육에서 벗어나기 위한 노력을 기울여왔으나 제자리걸음 수준을 벗어나지 못했다. 상황이 이렇다보니 당장 입시에서 거리가 먼 교과의 경우, 교육현장에서 처한 어려움이 적지 않다. 대학입시 관련 과목에만 몰입하고 그 밖의 수업에는 불성실하게 임하는 요즘 학생들의 태도는 입시 위주 교육이 얼마나 파행으로 치닫고 있는지를 단적으로 보여준다.

한편 1987년 6월 민주화운동 이후 형식적 민주주의가 갖춰짐에 따라, 교육의 목표에 제시된 '민주'에 관한 교육을 어떻게 할 것인가에 대해 본격적인 논의가 시작되었다. 교육과정 개정에 따라 '민주주의', '민주시민', '민주국가의 국민' 등 표현은 조금씩 바뀌었지만, '민주'적 가치를 가진 시민은 학교에서 교사가 일방적으로 가르쳐 기를 수 없다는 점에는 많은 사람이 동의한다. 민주시민에게 필요한 다양한 역량을 복합적으로 기를 수 있도록 학교 수업이 이루어져야 한다면, 무엇보다 학생들이 주도적으로 수업에 참여할 수 있도록 수업이 구성되어야 한다.

특히 사회과의 각 교과는 민주주의와 밀접한 관련을 갖고 있음에도 그동안 민주주의를 형식적인 지식으로 가르친 것은 아닌가 하는 자성을 하고 있다. 이에 따라 민주시민을 길러내기 위한 새로운 교육 방식에 관한 논의도 어느 정도 진행되었다. 이 과정에서 학생들이 현재 사회에서 논란이 되는 주제를 다뤄보도록 하는 논쟁토론 수업이 효과적인 민주시민교육 방법으로 주목받기 시작됐다.

논쟁토론 수업은 사회적으로 논쟁이 될 만한 주제를 가지고 학생들이 토론을 통해 자신의 견해를 밝히고, 타인의 의견을 들으면서 문제를 해결해가는 수업이다. 이를 통해 학생들이 자신이 살고 있는 사회의 한 시민으로서 생각하고 행동하는 민주적 역량을 키우도록 하는 것이 학교교육의 새로운 목표 중 하나가 되었다.

## 2. 논쟁토론 수업과 보이텔스바흐 합의가 만나다

### 찬반토론 수업을 잘하려면

보이텔스바흐 합의와 논쟁 수업이 최근 몇 년 동안 교육에 새롭게 적용된 것처럼 보이나, 이미 1990년대 후반부터 수업에 토론을 도입하려는 노력은 계속되어왔다. 한때 학교 수업에서 토론이 중요하다는 관점이 강조되면서 교내외 토론대회가 유행한 적이 있는데, 이 토론대회들은 주로 찬반논쟁 방식으로 이루어지는 경우가 많았다. 이는 주어진 논제에 대해서 입론-교차조사-반박 과정을 거치며 논쟁을 지속하는 방식이었다.

이러한 토론방식에서 중요한 것은 논제를 설정하는 일이다. 논제란 토론을 통해 해결해야 할 문제나 대상을 말한다. 적절한 토론 수업이 이루어지기 위해서 논제는 분명한 대립성이 있어야 하며, 변화지향성을 갖춰야 한다. 또한 단일한 쟁점에 대해 "예/아니오"로 답할 수 있어야 한다. 논제가 여러 가지 쟁점을 중첩해서 담고 있다면 논제에 대한 견해를 정할 때부터 학생들은 혼란에 빠져버릴 것이기 때문이다.

찬반논쟁 방식 토론은 입론자가 자신의 주장을 분명히 하고, 자료조사를 통해 정리한 근거를 전달해야 하기 때문에 학생들의 정보활용능력이나 사실과 개념 이해력 등의 역량을 증진할 수 있다. 또한 교차조사자의 경우, 입론자의 의견에 문제점이 없는지를 비판적으로 살펴보고 반박해야 하기 때문에 그 과정에서 비판적 사고력을 기를 수 있다. 이러한 토론 과정을 참관하는 청중의 경우, 입론자와 교차조사자의 발언을 들으면서 어느 쪽의 의견에 동의하는지 자신의 태도를 분명히 밝힐 수 있으며, 이를 통해 문제해결력과 의사결정력을 키울 수 있다.

토론방식의 수업이 갖는 장점에도 불구하고 실제 학교현장에서 토론 수업이 잘 이루어지지 않은 데에는, 수업을 둘러싼 다양한 문제가 존재한다.

첫째, 대학수학능력시험이라는, 분명한 학습 범위를 지닌 국가 차원의 시험이 존재하는 상황에서 학습 내용을 모두 가르쳐야 한다는 부담을 쉽게 떨치기 어렵다. 이에 대해서는 유사한 학습 내용을 묶어 교육과정을 재구성하여 시간을 확보하는 방법이 가장 정론에 가깝다. 1학기 내내 모든 수업을 토론 수업으로 진행할 필요는 없다. 1학기 수업 내용 중 가장 학생들에게 유의미한 토론이 될 수 있는 단 한 번의 토론 수업이라도 진행해본다면 교사, 학생 모두 다시 토론 수업에 도전할 수 있는 용기를 얻을 수 있다.

둘째, 토론으로 수업을 진행한 부분에 대한 평가의 어려움이 존재한다. 토론 수업을 전혀 평가에 반영하지 않는다면 학생들에게 토론 수업은 꼭 참여할 필요가 없는 일종의 이벤트에 불과해진다. 하지만 토론 수업이 수행평가에서 큰 비중을 차지한다면 토론 평가를 어떻게 할 것인가에 대한 부담이 매우 커질 수 있다. 만약 평가가 모둠으로 진행될 경우, 무임승차 문제 등 학생들의 불만이 더욱 커질 수도 있다. 따라서 수행평가에 반영한다면 개인별 평가가 반드시 포함되어야 하며, 학생들의 자기 평가, 동료 평가 등이 병행되는 것이 필요하다.

셋째, 토론 준비 과정에서 학생들이 지는 부담이 매우 커 학생들의 저항이 만만치 않다. 요즘은 인터넷으로 자료를 조사할 경우, 많은 자료 중 좋은 자료를 고르는 문제뿐만 아니라, 자료가 거짓 정보를 담고 있는지까지 따져봐야 하기 때문에 오히려 자료조사가 쉽지 않다. 또한 상당수의 학생이 학원, 과외 등으로 방과후에 시간을 내기가 힘들어서 숙제조차 가급적이면 내지 않기를 바라는 상황에서 토론 준비는 학생들에게 큰 부담이 된다. 따라서 교사가 토론 준비에 필요한 자료의 범위를 한정하거나 수업시간에 자료조사를 위한 시간을 마련할 수 있으면 더욱 좋다.

넷째, 토론의 실행 과정에서 입론과 반박을 하다보면 승패에 집착하여 감정싸움이 되어 학생들 사이에 상처가 남는 경우가 발생하기도 한다. 토론을 진행하다보면 근거에 따른 비판을 한다고는 하지만, 그에 수반되는 말투나 몸짓, 표정 등이 상대의 감정을 상하게 하는 경우가 생긴다. 특히 상대방의 반박이 타당하지 않고 꼬투리 잡기에 불과하다고 생각하는 경우에는 수업이 끝난 이후에도 앙금이 남는다. 따라서 교사가 토론 수업을 진행하기 전에 상대 주장에 대한 비판이 결코 상대방의 인격에 대한 비난이 되지 않아야 한다는 것을 학생들이 숙지하도록 충분한 사전 조치를 해야 한다.

토론 수업이 잘 정착되지 않은 상황에서 토론대회를 준비하는 것처럼 찬반토론을 할 필요는 없다. 공동체의 문제를 해결하기 위해 논제를 함께 의논한다는 점에서 토론(debate)과 유사한 토의(discussion)를 병행할 수도 있다. 자신과 다른 의견을 비판하고 자신의 주장을 설득하여 상대방이 받아들이도록 하는 것이 토론이라면, 토의는 논제에 대해서 함께 의견을 내고 여러 의견들 간의 장·단점을 검토하여 가장 좋은 해결책을 찾기 위해 논의해 가는 과정이라고 할 수 있다.

예/아니오의 극단적인 이분법적 결론을 내릴 수 있는 일이 현실 사회에서는 많지 않으며, 찬반토론의 경우에도 상대방의 근거를 듣고 자신의 의견을 수정하고 보완하는 경우가 많다. 따라서 수업시간에 주어진 논제에 관해서 모둠에서 의견을 나누고 모둠의 의견을 결정하여 발표하는 토의 수업에서도 충분히 논쟁적 주제를 다룰 수 있다. 또한 그동안 많은 수업에서 토론과 토의를 명확히 구분하지 않고 혼용했으므로, 논쟁토론 수업이라는 표현 속에는 논쟁토의 수업도 함께 포함하는 것으로 보아야 한다.

## 보이텔스바흐 합의로 생각하는 민주시민교육

민주적 시민을 양성하기 위해 어떤 내용을 교육할 것인가 자체가 사회 구성원의 논의 과정을 필요로 한다. 정치 과정에 참여할 의지와 능력을 갖춘 시민을 양성한다는 측면에서의 공감은 존재하지만, 그 내용이나 방법에 대해서는 교육을 둘러싼 많은 갈등이 존재한다. 이러한 상황에 독일의 보이텔스바흐 합의가 본격적으로 소개되면서 많은 시사점을 주었다.

1장에서도 소개된 것처럼 독일의 보이텔스바흐 합의는 강압(교화) 금지, 논쟁성에 대한 요청, 이해관계 인지(행동지향)의 3가지 원칙으로 이루어져 있다. 이 중 이해관계 인지 원칙은 학생들이 정치상황과 자신의 이익상태를 분석할 능력을 갖추도록 안내받을 필요가 있으며, 학생들의 정치적 주체화를 통해 정치참여를 도와야 한다는 내용을 담고 있다. 이 원칙은 논쟁 수업에서 학생들이 논제에 대한 자신의 입장을 정리하고 타인의 견해를 들어봄으로써, 각자 이해관계를 가진 사람들의 정치적 논쟁과 참여를 통해 민주시민사회의 의사 결정이 이루어진다는 것을 체험하도록 하는 부분과 관련 있다. 이를 통해 학생들은 학교 수업이 자신의 삶과 무관한 것이 아님을 깨닫고 수업에 적극적으로 참여할 수 있는 동기를 얻을 수 있다.

보이텔스바흐 합의의 두 번째 원칙인 '논쟁성에 대한 요청'은 학문과 정치에서 다루는 쟁점이 학교 수업에서도 논쟁적으로 재현되어야 한다는 의미를 담고 있다. 사회적으로 이슈가 되는 사안을 다룬다는 점에서 가장 조심스러우면서도 논쟁토론 수업의 핵심을 담고 있는 원칙이라고 할 수 있다. 특히 사회과의 경우에는 학문뿐만 아니라 현실 정치의 쟁점도 재현할 수 있다는 점에서 이 원칙과 가장 밀접한 관련이 있다.

마지막으로 보이텔스바흐 합의의 첫 번째 원칙인 강압 금지는 교사의 견해를 학생들에게 주입하지 않아야 한다는 내용을 담고 있다. 성인인 교사가 아직 미성년인 학생들을 설득하려 든다면 학생이 교사의 의견을 따라갈 것이라는 우려이다. 또한 한국같이 국가가 교육 과정과 내용을 강하게 통제하는 경우에는 교사를 앞세운 국가의 일방적인 국민교화로 이어질 가능성도 있기 때문에, 강압 금지의 원칙은 교육현장에서 꼭 지켜져야 할 것으로 강조된다. 강압 금지 원칙은 학생들에 대한 신뢰가 있을 때 비로소 지켜질 수 있다. 즉, 학생들이 교사뿐 아니라 학교 밖 다양한 경로를 통해 정보를 접하고 스스로 판단할 수 있는 존재라는 믿음이 이 원칙을 실현하는 데 있어 필수적이다.

보이텔스바흐 합의에 바탕을 둔 논쟁토론 수업은 지식 위주의 오랜 수업 방식에서 벗어나 다변화되고 있는 미래 사회를 살아갈 학생들에게 꼭 필요하다. 정보분석과 활용, 비판적 사고력, 의사소통능력 등을 기를 수 있는 기회를 주고 민주시민으로서 성장할 수 있는 경험을 제공하는 만큼 갈수록 많은 수업에 도입되고 있다.

## 3. 논쟁토론 수업에 도전하다

### 학생 각자의 가치가 드러나는 토론 수업

고등학교 1학년 통합사회 수업의 모둠별 토론 내용이다. 학생들에게 '1-4단원 행복한 삶의 조건은?'에 관련된 내용을 수업하면서 "돈을 많이 벌수록 행복한가?"라는 질문을 던졌다.

이 토론이 진행되기 전에 학생들은 행복지수가 무엇인지, 유엔과 OECD의 행복지수 척도, 전 세계 어떤 나라들이 행복지수가 높은지 등에 관해 학습하였다. 특히 각 나라의 GDP 등 경제상황을 보여주는 수치와 그 나라의 국민이 행복하다고 응답한 비율을 비교해보면서 두 지표 간의 상관관계가 반드시 정확한 정비례관계에 있는 것은 아니라는 것을 살펴보았다. 또한 경향신문의 2017년 창간기획 '지금 행복하십니까' 연재기사를 읽고, 행복에 관한 세계인들의 인터뷰 글을 분석하였다.

모둠별로 학생들이 의견을 나눌 때, "돈을 많이 벌수록 행복한가?" 하고 물으면, 거의 99%의 학생이 "당연히 돈이 많으면 행복하다"라고 답변하였다. "건강, 우정, 사랑 등 돈으로 살 수 없는 것이 있지 않을까?"라는 질문이 추가되었을 때에도 학생들의 답변은 "건강, 우정, 사랑도 돈으로 해결할 수 있다"였다. 돈이 많다면 더 좋은 의료시

설에 가서 훌륭한 전문의로부터 치료받을 수 있고, 친구나 연인, 가족들에게 선물이나 여행 기회를 제공한다면, 갈등도 상당 부분 줄 것이라는 반응이었다.

그러고나서 '이스털린의 역설'을 소개하는 MBC 스페셜 방송을 감상했다. 교과서에 그래프로 제시된, 월 소득별 행복지수에 나타난 '일정 수준 이상의 돈을 벌면 더 이상 행복지수가 증가하지 않는다'라는 내용을 구체적으로 설명하는 영상이었다. 이 영상을 통해 학생들은 상속이나 증여 등 자신의 노동과 무관한 방법이 아니라, 스스로가 돈을 벌기 위해 일을 한다는 전제조건 속에서 "돈을 많이 벌수록 행복한가?"라는 질문에 관해 다시 생각해보기로 하였다.

한 달에 700만 원 이상 벌기 위해 하루 14시간 정도 근무해야 해서 아침 8시에 출근하여 밤 10시에 퇴근해야 한다는 상황을 설정하고, 그래도 "돈을 많이 벌수록 행복한가?" 토론했다. 그러자 학생들의 의견이 달라지기 시작하였다.

몇몇 학생은 "저는 어차피 결혼할 생각이 없어서 혼자 살 거니까 젊을 때 돈을 많이 벌겠어요", "그래도 한 달에 그 정도는 벌어야 갖

모둠별 토론 모습

고 싶은 것을 사거나 하고 싶은 것을 할 수 있기 때문에 평일에는 매일 일을 하고 주말에 놀면 행복할 것 같아요"라는 답변을 하였다. 또 다른 몇몇 학생은 "매일 저렇게 오래 일을 하면 가족들과 보낼 시간이 너무 적기 때문에 돈을 적게 벌더라도 가족과 함께하는 시간이 더 긴 편이 행복할 것 같아요"라든가 "돈을 벌기 위해서 저렇게 일을 많이 하다가는 오히려 병에 걸려 건강을 해쳐 행복은커녕 불행할 것 같아요"라고 답했다.

학생들은 토론 수업에 대해 느껴온 부담감이 이 수업의 경우에는 없었다고 말한다. 보통 토론 수업을 한다고 했을 때 가장 크게 부담을 느끼는 자료조사 과정이 없었고, 입론과 반론이 이어지면서 느끼는 압박감이 없었기 때문이다. 그러면서도 삶의 모습이나 행복에 관해 친구들의 의견이 다양한 것을 보면서 흥미로웠다고 이야기했다.

통합사회 시간의 첫 큰 단원 'I. 인간, 사회, 환경과 행복' 단원 마무리로, 모둠별로 '행복 마을 만들기' 활동을 하였다. 사람의 행복을 결정하는 다양한 요소를 제시하고, 한정된 자원을 선택적으로 사용하여 모둠별로 행복한 마을을 만들기 위해 꼭 필요한 것을 토론을 통해 선정하게 하였다. 이 과정에서 학생들은 특정 요소가 행복에 있어서 얼마만큼의 가치를 지니는지 주장하여 같은 모둠의 학생들을 설득해야 한다.

토론과 설득을 통해 공동의 의견을 끌어내는 토의 과정을 겪으면서 학생들은 자신의 생각을 정리하고 의견을 이야기해보는 경험을 하였다. 수업 소감에서 학생들은 "민주주의 사회에서 사람들이 원하는 다양한 재화와 이상을 동시에 실현할 수 없다는 점을 느꼈다", "나 자신이 중요하다고 생각하는 것과는 전혀 다른 것을 중요하게 여기는 친구들이 있다는 것을 알았다", "내 주장을 설득하다가 오히려 친구들의 주장에 넘어가버렸다" 등을 말하였다. 한 사회에는 다양한 사람들이 모여 살고 있고 단일한 가치관을 강요할 수 없음을 보여준다는 점에서, 학생 각자의 가치를 드러내는 토론과 토의 수업은 민주시민교육과 직결된다고 할 수 있다.

## 교실의 활동이 사회참여활동으로

2018년에 새롭게 도입된 통합사회 교과서를 선정하는 과정에서 함께 근무했던 사회과 교사들은 통합사회교과 개설 취지대로 학생활동 중심의 교과서를 선정하는 것에 합의하였다. 수행평가 비율을 70%로 잡고 항목도 크게 5개, 그 안에 세부항목까지 나눠 평가했다. 함께 수업하는 교사 간의 협의가 원활하였고 공동수업 디자인이 가능했기에 수행평가에 있어서 평가 교사에 따른 학급, 학생, 모둠 간 편차가 생기지 않도록 공동채점도 할 수 있었다.

　이러한 좋은 조건을 바탕으로 학생들에게 일상생활에서 겪는 문제 중 고치고 싶은 내용을 모둠별로 토의하여 해결방안을 모색하고, 실천한 과정을 발표하는 '사회 문제 탐구' 프로젝트 수행평가를 진행하였다. 모둠별 계획서, 중간진행상황 발표, 최종발표 및 보고서를 단계별로 채점하고, 동료 평가와 자기 평가를 넣었으며, 이에 따라 모둠에서 차등적으로 점수를 부여하여 학생들의 불만과 불안을 최소화하는 방향으로 평가하였다. 또한 학생들의 최종발표를 촬영하여 본인들의 평가에 의문이 있다면 열람할 수 있게 하였다. 이러한 세부적인 장치는 평가 과정을 복잡하고 오래 걸리게 하였지만, 수행

**민원 내용**

• 제목과 내용은 접수 후 수정, 삭제가 **불가능**하므로 다시 확인하시고 신청해 주시기 바랍니다.

✔ 표시는 필수 입력사항입니다

| 제목 ✔ | 논현동 홈플러스 앞 사거리에 교통사고 문제 |
|---|---|
| 내용 ✔ | 학교 근처인 홈플러스 앞에 사거리에서 교통사고가 번번히 일어나 이 사거리에 과속 방지턱을 설치해 주었으면 합니다. 이 사거리는 상가쪽과 주거지를 가기위한 곳인데다가 사람들도 많이 다니고 차들도 많이 다닙니다. 그런데 이 사거리가 커서 신호를 지나기위해 차들이 빨리 다녀 번번히 교통사고가 일어납니다.<br>그래서 첫번째로 사거리에 과속 방지턱을 설치하여 차들에 속도를 늦추거나 두번째로 이 사거리가 사고가 번번한 지역이라는 표지판을 새우거나 새번째로 담배에 피해사진을 붙이는 것 처럼 아파트 알림판이나 사이트 길거리등등 사진을 두면 운전자들은 보행자들을 더욱 신경을써줄것입니다.<br>결론은 홈플러스 앞에 이러한 대책 방법들을 더욱 강화 해주시면 좋겠습니다.. |

# 조원들의 느낀 점

❖ 이○○

❖ 처음에 이 수행평가에 대해서 공지를 받았을 때에는 정말 아무렇지도 않게 생각하고 있었다. 하지만 시간이 지나고 중간 발표가 다가오자 허겁지겁 한 느낌이 있었다. 그래서 중간 발표 이후에 아침에 꾸준히 담배꽁초를 주우면서 학교를 등교할 때 당연히 귀찮고 힘들었지만 여태껏 해온 일들의 결과를 보았을 때 꾸준히 줍던 거리가 점점 깨끗해 지고 나중에는 기존의 담배꽁초의 반 이상이 줄어든 걸 보고 뿌듯함을 느꼈다. 또한 실천 과정 중에 어르신들께 격려를 받으므로 인해 부끄럽지만 글이 아닌 행동으로 실천해 본 것이 인상 깊게 남을 것 같다. 힘들었지만 기억에 남을 활동이었다.

사회문제 탐구 프로젝트 최종발표 내용 중 일부

평가 점수를 세분화하고 평가를 객관화함으로써 평가 신뢰도를 높이는 데 기여하였다.

학생들은 인천시 남동구 논현동 주변의 불법주차 문제, 쓰레기 무단투기 문제, 빌딩 엘리베이터 밀림 문제, 운동시설 부족 문제 등을 해결과제로 선정하고, 사전 설문조사를 통해 다른 학생들의 문제인식 정도를 파악하고 해결책을 모색하였다. 이 과정에서 모둠원이 함께 실천할 수 있는 방안을 찾아야 했기에 학생들은 활발한 토의를 거칠 수밖에 없었다. 학생들이 생각해낸 해결방안의 상당수는 시민의 의식개선과 구청·경찰서 등의 제도개선이 필요한 것들이었다. 이에 따라 학생들은 직접 논현동 일대에서 캠페인을 하거나, 쓰레기 줍기 봉사를 하였으며 구청 등에 민원을 넣기도 하였다. 학생들이 약 2달 동안 진행한 수행평가 프로젝트였는데, 가장 어려웠던 점은 방과후에 모둠원이 시간을 맞추는 일이었다고 한다. 학생들은 이 문제를 해결하기 위해서 역할을 분담하고 활동시간을 나누어 꼭 다 같이 모이지 않더라도 돌아가며 움직였다고 한다. 모둠별로 주제 선정, 해결방안 모색과 실천 과정에서 끊임없는 토의를 통해 의견을 조율하는 과정을 거치면서 의사소통능력과 배려심을 키울 수 있었다.

프로젝트가 끝난 후 학생들이 제출한 최종보고서의 소감 부분에서 학생들은 "평소 무관심했던 주변 사회에서 변화되어야 할 점을 스스로 고민해보았다", "사회변화의 주체가 꼭 어른이나 기관이 아닌, 우리 스스로가 될 수 있다는 점을 느꼈다", "앞으로 생활하면서 느끼는 불편한 점이나 고쳐야 할 점에 대해서 문제를 제기할 수 있는 용기를 얻었다"라고 이야기했다. 사회참여 주체가 시민 개개인이 될 수 있다는 점을 자각하게 했다는 점에서 사회참여 수업은 민주시민교육의 작은 디딤돌이 될 수 있으리라 생각한다.

## 토론으로 배우는 역사시간

가벼운 논제로 진행하는 한두 번의 토론 수업은 학생들에게 적은 부담으로 다른 사람의 의견을 들어볼 수 있다는 점에서 재미를 줄 수 있다. 하지만 그런 수업이 반복된다면 학생들 사이에서 "배운 것이 없다"라는 반응이 나온다. 특히 배워야 할 내용이 교과서에 잔뜩 적혀 있을수록 그런 불만은 커질 수밖에 없다. 토론 수업도 각 교과의 학습 내용을 충분히 반영해야 높은 만족도를 얻을 수 있다.

특히 고등학교의 각 교과에 토론 수업을 도입한다면 토론에 적절한 논제를 선정하기 위해서 반드시 교육과정과 학습요소, 성취기준 등의 분석이 선행되어야 한다. 학습 내용 중에서도 학생의 비판능력이나 정보활용력, 의사결정과 관련된 부분을 추출해서 토론 논제를 선정하고, 그 논제가 교과서의 어떤 부분에 해당하는지, 왜 토론 수업으로 이루어질 필요가 있는지에 관해서 설명을 하였다. 이렇게 하면, 토론 수업을 받아들이는 학생의 태도도 좀 더 적극적으로 바뀐다.

역사 수업에서 흔히 접할 수 있는 토론 주제는 '1880년대 서양 문물의 수용을 둘러싸고 온건개화파와 급진개화파, 위정척사파를 비교해보고 누구의 의견에 동의하는가?', '17세기 청의 군신관계 요구에 대한 주전파와 척화파의 의견 중 어느 쪽이 타당한가?' 등이다. 이런 토론은 역사 수업 내용 중에서 명확한 의견대립을 담고 있기 때문에 토론 논제로 적절해 보인다. 그러나 사실 이 논제는 당시 시대상에 대한 정확한 이해를 전제 조건으로 한다. 또한 이미 역사적 결과를 알고 있는 논제를 택할 경우, 토론의 중립성 유지가 쉽지 않다는 난점이 있다.

역사를 바탕으로 토론 수업을 할 때 상기할 점 중 하나는 현재 사회를 이루는 자본주의, 민주주의 등이 다양한 논의 과정을 거쳐 변화해온 역사의 산물이라는 것이다. 학생들이 역사 수업시간에 자본주의의 등장과 문제점, 보완 과정 등을 학습하거나 각종 시민혁명을 통해 민주주의의 발전 과정을 학습하는 것은 그 지식을 습득하는 것 이상으로, 그것을 통해 현대 사회를 폭넓게 이해하는 것이 중요하다. 이러한 이해는 교사의 지식전달보다는 토론 수업을 통해 더 잘 이루어질 수 있다.

2020년 고등학교 2학년 세계사시간은 온라인 수업으로 진행했는데, 그리스 아테네의 민주주의 발전 과정을 다루고, 아테네 주요 정치인의 정책이 무엇인지를 살펴본 후 심화학습으로 아테네 시민들에게 요구되었던 시민 덕성, 공공선 개념에 관해 설명하였다. 학생들에게 한국사회에서 필요한 공공선에는 어떤 것이 있을지, 코로나19 상황에서 개인의 자유와 공공선에 관한 의견을 구글 클래스에 올리게 하였다. 이 수업을 통해 그리스 아테네의 민주정치 발달 과정에서 등장하는 시민 덕성과 공공선을 학생들이 살아가는 현대 사회에 적용해 고민하게 함으로써 역사 수업에 현재성을 부여하고 싶었다.

학생들은 "당장은 밖에 나가 돌아다니는 것이 개인의 자유일 수 있지만 잘 생각해보면 공공의 이익을 위해 당분간 자제한다면 코로나사태가 끝나 다시 자유롭게 돌아다닐 수 있으니 공공선을 지키는 것이 개인의 자유도 함께 지키는 길이다", "마스크를 잘 쓰고 사회적 거리두기를 실천하고 외출 자제하기 등 무엇이 공공선인지에 관해서 개개인이 잘 알고 있을 것이다" 등등의 의견을 내었다. 헌법이나 우화, 뉴스 등을 인용하여 꽤 긴 글을 써서 제출한 학생도 있었다. 교실 수업 중에 당장 발표를 하거나 글을 쓰라고 했으면 나올 수 없던 내용이 오히려 인터넷 검색이 가능하고, 혼자 자신의 생각을 정리할 수 있는 온라인 수업에서 등장하였다.

이러한 수업을 통해 학생들은 고대그리스시대에 등장한 민주주의와 공공선이라는 개념이 여러 시대의 토론과 논쟁을 거쳐 지금까지 확장되어왔음을 배웠다. 또한 이 가치들을 자신의 삶과 연관 지어 고민해볼 수 있었다.

## 모든 것이 다 논쟁이 될 수는 없다

역사 수업 중에 학생들과 토론하다가 겪는 가장 큰 어려움은 어디까지가 논쟁의 대상이고, 표현의 자유 영역인가 하는 점이었다. 상당수의 학생은 나치의 홀로코스트에 대한 옹호조차 개인의 표현의 자유라고 주장한다. 이러한 학생들의 모습을 보면서 논쟁토론 수업 등 학생 의견을 발표하는 수업에서 전제되어야 할 것이 무엇인가 생각하게 되었다. 인간 존엄성에 위배되는 내용이 과연 개인의 표현의 자유가 될 수 있을까 하는 부분에 대해서 수업시간에 어떻게 다루어져야 할 것인가 고민하였다.

고등학교 2학년 세계사 시간에 'V-2. 차례의 세계대전' 단원을 통해 제1차, 제2차세계대전의 전개 과정과 결과, 영향을 살펴보고, "우리나라 헌법에 비춰봤을 때 학생이 수업시간에 히틀러를 옹호하는 것은 표현의 자유인가?"를 물었다. 우리나라 헌법이 적힌 책자를 모둠별로 배부하고 이를 바탕으로 모둠 토론을 통해 각 모둠 의견을 내도록 하였다.

학생들에게 주어진 논제는 사실 논제로서는 좋지 못하다. 너무 많은 조건이 따라붙었기 때문이다. 그러나 이러한 논제를 제시한 이유는 '우리나라 헌법' 속에 등장하는 여러 권리를 비교해보고 '학생이 수업시간에'라는 어느 정도의 공공성을 띤 장소에서의 의견 개진에 관해 생각해보기를 기대했기 때문이었다.

결론적으로 토론이 잘되었다고 이야기하기는 어려운데, 가장 큰 이유는 "표현의 자유인가"라는 질문에 답하기 위해 학생들이 헌법 내용 중 '자유'라는 표현이 들어간 부분만 집중적으로 찾아 근거로 제시했기 때문이었다. 우리나라 헌법 전문이나 헌법의 다른 부분에 표현된 다양한 가치에 대해서는 학생들이 잘 이해하지 못하였다. 헌법에 관한 기초 설명이 필요하다는 점을 교사가 충분히 인식하지 못한 것이다.

둘째로는 '수업시간의 학생'이라는 전제 조건도 토론에서 제 역할을 하지 못했다. 교사는 수업 중 일어나는 학생들의 의견 개진은 공적 영역의 활동이라고 생각하여 이 조건을 붙인 것이었으나, 별다른 설명이 없으니 학생들은 공적 영역에 대한 특별한 인식 없이 토론을 하였다. 이러한 토론의 실패는 논제를 한 문장으로 정돈할 필요가 있으며, 학생들이 토론의 배경 지식에 관해 충분히 이해할 수 있는 설명이 뒤따라야 한다는 것을 보여준다.

셋째로는 모둠활동의 실제 진행 과정에서 평소 공부를 잘하거나 말 잘하는 학생의 의견이 크게 반영되었다. 짧은 시간 내에 헌법에서 근거를 찾아야 했기 때문에, '자유'라는 표현이 들어간 부분을 빨리 찾아낸 학생의 주장을 그대로 따르는 경우가 발생하였다. 모둠에서 의견을 조율하기 위한 토론이 이루어지기 전에 모든 모둠원이 자신의 의견과 근거를 정리할 충분한 시간이 꼭 주어져야 한다.

상당수 모둠이 "우리나라 헌법에 비춰봤을 때 학생이 수업시간에

표현 자유 ○

① 헌법 20조 1항에 의해 모든 국민은 종교의 자유를 가지기 때문에 히틀러 찬양은 자유다.

반론: 침략적 전쟁을 부인하는 것과 표현의 자유는 다른 것이기 때문에 표현의 자유이다.

표현 자유 X

① 헌법 5조 1항에 의하여, 대한민국은 침략적 전쟁을 부인하기 때문에 표현의 자유가 아니다.

반론: 피해 당한 사람들에게 미안하기 때문에 표현하면 안된다……

결론: 히틀러는 찬양하면 안된다.

'히틀러 찬양과 표현의 자유'에 관한 모둠활동 결과

표현의 자유이다!!

근거! 헌법 제37조 1항에 따르면 국민의 자유다 권리는 헌법에 근거 타리 행사한 이유로 경시되지 아니한다.

이런 결론이 나온 이유는 학생이 수업 시간에 히틀러는 찬양하다 해도 헌법에 위배되지 않기 때문이다.

히틀러를 옹호하는 것은 표현의 자유이다"라는 결론을 내렸다. 이러한 충격적인 결과에 대해서 학생들 스스로도 히틀러의 행위나 홀로코스트에 대해 옹호하는 것은 아닌데, 막상 한 문장으로 써놓으니 히틀러를 옹호하는 것처럼 느껴진다는 당혹감을 드러내기도 하였다. 표현의 자유를 옹호하는 단선적인 과정에서 어떤 다른 가치와 역사적 맥락을 간과했는지 돌아보게 한 사례였다. 이 과정을 통해 학생들은 헌법에 근거한 논거라 하더라도 맥락 없이 필요한 부분만을 인용하였을 때 의도치 않은 결론이 나오기도 한다는 것을 보았다. 논쟁토론 수업이 민주시민을 양성하는 데 도움이 되려면 많은 시간과 정교한 설계가 필요함을 보여주는 반면교사의 지점이었다.

## 4. 학생, 충분한 판단력을 갖춘 독립된 존재

유치원부터 대학교까지 최대 15년 차이가 나는 학생들에게 민주시민교육을 한다고 했을 때, 연령별, 학교급별로 다른 교육이 이루어져야 하는 것은 당연한 일이다. 보이텔스바흐 합의 속에 등장하는 논쟁성에 대한 요청, 즉 학문과 정치에서 다투는 쟁점이 학교 수업에서도 논쟁적으로 재현되어야 한다는 것은 어떤 연령대의 학생을 대상으로 하고 있는지, 더욱 섬세하게 고민해야 할 일이다.

교사가 정치적으로 중립적이어야 하고 학생에게 교화를 해서는 안 된다는 주장 속에는 연령대를 막론하고 학생들을 스스로의 견해를 가질 수 없는 비독립적 존재로 보는 전제가 깔려 있다. 그러나 미성년인 학생이 교사의 의견에 큰 영향을 받아, 교사가 교화하는 대로 따를 것이라는 생각은 교육의 한 주체로서의 학생을 무시하는 편견이다. 특히 이미 선거권까지 갖고 있는 고등학교 3학년 학생들은 물론이고, 웬만한 중고등학교 학생은 교사의 말을 듣고 스스로 판단할 수 있는 독립된 주체임을 교육현장에서 잊지 말아야 한다. 학생의 주체성에 대한 믿음 없이는 보이텔스바흐 합의의 정신이 수업에 반영되기 쉽지 않다.

학교 수업에서 정치적이고 논쟁적인 이슈를 논쟁과 토론을 통해 다루자면 우선 특정 입장을 가진 세력으로부터 수업의 독립성이 보호되어야 한다. 현재 한국사회는 과연 이 같은 측면에서 충분히 안전한 수업 환경을 제공하고 있는가? 이에 대한 대답이 부정적이라면 교사들은 끊임없이 자기검열을 하게 된다. 학교현장에서 논쟁토론 수업이 원활히 이루어질 수 있는 환경 조성을 위해 다양한 교육주체의 논의가 필요할 것이다.

## ✏ 추천하는 책과 영화

■ **평화그림책 시리즈(사계절, 2010~2016)**
한·중·일 공동기획으로 세 나라의 작가들이 함께 만든 그림책 시리즈. 전쟁이
얼마나 잔인한지, 평화를 위해서 어떤 노력을 해야 할지 생각해보게 하는
동화이다.

■ **『대한민국은 왜?-1945~2015』(김동춘, 사계절, 2015)**
'식민지와 분단, 반공과 친미, 근대화의 그늘'로 크게 셋으로 나눠 구성된
장에서 한국사의 주요 분기점이 될 만한 사건들을 소개한다. 이를 바탕으로
한국 근현대사의 주류 세력이 형성되는 과정을 서술하였다. 현재의 한국사회를
이해하는 비판적인 시각을 보여준다.

■ **〈울지마 톤즈〉(구수환 감독, 2010)**
의사의 삶을 포기하고 신부가 되어 아프리카 수단 남쪽의 톤즈 마을에 학교와
병원을 세운 이태석 신부의 삶을 그린 영화. 아프리카의 전쟁과 가난에 관한
역사적인 고찰부터, 행복한 삶에 대한 개인의 선택 등 다양한 층위에서
토론해볼 수 있는 영화이다.

■ **〈호텔 르완다〉(테리 조지 감독, 2006)**
1994년 대통령이 암살되면서 격화된 후투족과 투치족의 대립 속에서,
후투족 자치군이 수많은 투치족과 온건한 후투족을 학살한 사건을 다룬 영화.
아프리카의 내전에 얽힌 제국주의 국가의 통치 정책, 이해관계의 대립 속에서
르완다의 상황을 외면한 국제사회, 자신의 목숨을 걸고 다른 사람들을 구하는
사람들의 모습 등을 통해 전쟁과 평화, 국제관계, 개인의 희생 등에 관해
토론해볼 수 있다.

# 3부

# 상상

우리 아이들이 나와 동등한
교실 속 주인이 된다면
우리는 어디까지 갈 수 있을까.
어떤 세상을 얼마나 품어볼 수 있을까.

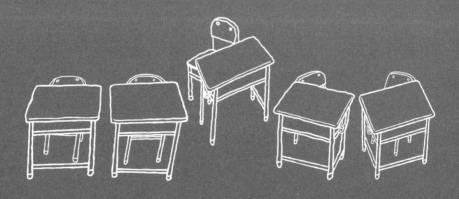

# 8장
## 문학적 상상력으로 세상을 읽는
## 슬로리딩 교육과정

**김원겸** 인천건지초등학교 교사

## 1. 학교에서 놀다 오겠습니다!

### 어떤 교육이든 재미있어야 한다

아이들이 내 수업에 재미를 느끼지 못한다고 생각할 즈음, 더 이상은 버티기 힘들다는 압박감으로 교육과정 재구성 공부를 하기 시작했다. 다양한 교육과정 재구성 방법을 따라다니며 공부하던 중 내 마음에 꽂힌 단어! 슬로리딩의 샛길활동이었다. 나 또한 학창시절 수업시간에 늘 졸다가 선생님이 샛길로 빠져 다른 이야기를 해주면 잠에서 깨어 즐겁게 들었던 기억이 떠올랐기 때문이다. 수업하는 것 자체가 이런 샛길활동이라면 아이들이 얼마나 수업을 재밌어 할까, 하는 생각을 해보게 되었다. 한 시간이 즐겁고 기다려진다면 하루가 즐겁고, 그렇게 매일 학교에 오는 것이 행복한 아이들로 만들 수 있다면 얼마나 좋을까. 이런 꿈을 가지고 슬로리딩 교육과정을 시작하였다.

실제로 책 한 권을 가지고 천천히 일 년 동안 읽어가면서 교육과정 성취기준을 연결하여 공부한 아이들은 매일 학교에 와서 놀다 간다고 생각한다. 간혹 "너네 선생님은 매일 공부는 안 하고 놀기만 하시니?" 하고 물으시는 학부모도 계시다. 실제로 이러한 오해를 풀기 위해 가정통신문으로 안내하기도 했다.

**학부모님께!**

5월은 가정의 달을 맞아 여러 샛길교육 행사를 통해 공부하느라 한 달이 너무 짧게 느껴질 정도로 시간이 지나가 버렸습니다. 6월도 학부모님들과 학생들이 찾아준 샛길교육이 많아 한 달간 아이들이 즐겁게 공부할 수 있을 것 같습니다. 아이들은 매일 노는 것처럼 생각하겠지만 그 속에서 배워야 할 핵심 성취기준을 공부하고 있다는 사실은 비밀입니다. 6월 주제는 '투명한 아이 눈'입니다. '눈'이라는 아이가 왜 투명한 아이인지, 아이들이 책 속의 이야기와 인물의 감정에 깊이 공감할 수 있는 내용입니다. 관심 있게 지켜봐주세요

6월 슬로리딩 샛길교육 안내장

어떤 교육이든 아이들이 즐거워야 의미가 있다. 교육과정 재구성도, 민주시민교육도 아이들이 즐겁지 않으면 무슨 교육적 의미가 있겠는가.

언론보도에 나온 공교육 붕괴, 고등학교 교실의 회복 방안을 다룬 뉴스들이 생각난다. 수업시간인데도 수많은 아이가 책상에 엎드려 있는 모습이 화면에 나온다. 초등학생을 가르치는 나에게는 익숙하

지 않은 장면이었지만, 내 수업이 재미없을 때 아이들의 반응은 엎드리지만 않았을 뿐 지루함을 이겨내느라 혼신의 힘을 다하고 있었던 것 같다.

아직도 많은 학부모가 일제 평가가 없어진 초등학교에서도 진단 평가, 단원 평가 등 각종 평가 점수를 더 궁금해하신다. 활동 위주의 재미있는 수업을 진행하면 중학교에 가서 학업성적이 떨어질까 두려워하는 어른들 때문에 아이들의 호기심 가득한 눈망울이 시들어 가고 있다. 세상을 온통 호기심으로 물들이며 책 속에서 여행하고 싶은 아이들을 경쟁이라는 절망 속으로 몰아가고 있다.

## 독서교육, 너마저도

"'읽다'라는 동사에는 명령법이 먹혀들지 않는다. 이를테면 '사랑하다'라든가 '꿈꾸다' 같은 동사들처럼 '읽다'는 명령문에 거부 반응을 일으키는 것이다."

다니엘 페나크는 그의 책 『소설처럼』에서 첫 문장을 이렇게 시작한다.

우리 교사들은 그동안 왜 학생들에게 책읽기를 명령하였을까. 한 권의 책 속에서 다양한 질문과 세상을 경험하는 즐거움을 주어야 할 독서교육조차도 다독왕, 독서퀴즈대회 등 경쟁으로 내몰고 있다. 많이 읽고 책의 줄거리를 잘 간추리고 핵심내용을 잘 파악하는 것이 독서교육이라고 말이다.

잘못된 독서교육 정책으로 인해 학생들에게 단순히 읽어내기만을 명령했다면, 그래서 다독과 속독의 시대로 아이들을 내몰았다면,

이제는 이야기의 사건 속에 호흡이 멈출 만큼의 긴장감을 느껴보고, 이야기 속 주인공의 삶으로 들어가 함께 웃고 울기도 해보며 때로는 한 문장에서 멈춰서서 깊은 사색에 잠겨보는 참된 읽기의 맛을 느끼게 해주어야 한다. 이를 통해 책을 좋아하는 법을 가르쳐주어야 할 것이다. 다독과 속독을 통한 효용성의 독서교육에서 벗어나, 아이들이 저마다 자신의 리듬에 따라 책을 읽어가는 과정을 인정해주면 어떨까?

## 소풍길 같은 슬로리딩

책을 읽어주다보면 아이들은 책 속에서 호기심이 생길 때마다 계속 질문을 던진다. 책의 흐름이 뚝 끊기는 느낌이지만 아이들의 호기심에 샛길로 빠져 한참을 대화하다가 다시 책 속으로 들어오는 경험을 해보았을 것이다. 아이들은 책과 대화를 하고 싶은 것이다. 책 속에서 오래, 깊이 머물며 작품 속의 인물과 함께 호흡하고, 사건을 헤쳐나가는 경험을 통해 작품이 주는 감동과 즐거움을 맛보는 것이다. 슬로리딩 교육과정은 이 맛을 천천히 느끼며 샛길로 빠져 성취기준을 연결하여 공부하면서, 내 생각과 경험을 책과 대화하고 친구들과 나누는 교육과정이다.

따라서 슬로리딩은 단순히 글을 천천히 읽어내려가는 것이 아니다. 슬로리딩의 핵심은 샛길로 빠지기이며, 책 한 권을 가지고 수많은 샛길로 빠져 단순히 성취기준과 연결된 공부에 그치는 것이 아니라 책을 통해 세상을 바라보는 데 있다. 이것이 슬로리딩의 진정한 가치이다.

슬로리딩 교육과정은 한마디로 '걸어서 가는 소풍'과 같다. 버스를 타고 목적지에 도착하여 정해진 활동과 체험을 끝내고 돌아오는 소풍이 아닌, 천천히 함께 걸어가다가 발견한 길가에 핀 꽃 앞에 멈춰서 향기를 맡아보고, 불어오는 바람에 두 팔을 벌려 몸을 맡겨보며, 흥겹게 콧노래를 흥얼거리며 가는 소풍이다.

단순히 책을 읽는 것에 그치지 않고, 책에 나오는 배경을 느껴보고 주인공들의 삶 속에서 함께 울고 웃어보는 책읽기이다. 책 속에서 다양한 질문과 체험을 만들어내고 샛길로 빠져 배움이 일어나고, 그 배움을 통해 세상을 읽는 힘을 가지게 하는 교육이다. 따라서 슬로리딩 교육과정은 모든 교과와 연결되는 진정한 온 작품 읽기 교육이다. 한 권의 책을 온전히 내 삶과 연결하여 읽으며 책 속에 나오는 다양한 인물과 사건, 시대적 배경을 문학적 상상력을 통해 이해하고 세상과 대화할 수 있다.

슬로리딩 속의 민주시민교육은 타자와의 만남 속에서 이루어지는 관계맺기라고 생각한다. 타자와의 관계 속에서 함께 토론하는 공동체를 만들어가며 세상을 바라보는 것이다. 이렇듯 슬로리딩은 즐겁게 떠나는 소풍 같은 길에서 민주시민교육을 총체적으로 만날 수 있는 효과적인 방법론이다. 민주시민교육 하면 그저 '딱딱한' 철학교육만을 떠올린 교사나 학생 입장에서는 상당히 파격적인 대안이기도 하다.

이토록 매력적인 슬로리딩의 소풍길로 함께 떠나보자.

## 2. 슬로리딩 교육과정의 매력

### 정약용도 인정한 슬로리딩

> "마구잡이로 읽어내리기만 한다면 하루에 백 번 천 번을 읽어도 읽지 않는
> 것과 다를 바가 없다. 무릇 독서하는 도중에 의미를 모르는 글자를 만나면
> 그때마다 널리 고찰하고 세밀하게 연구하여 그 근본 뿌리를 파헤쳐 글 전체
> 를 이해할 수 있어야 한다. 날마다 이런 식으로 책을 읽는다면 수백 가지의
> 책을 함께 보는 것과 같다." ―정약용, 『유배지에서 보낸 편지』

우리나라에서도 예로부터 천천히 깊이 읽기를 강조했다. 조선 후
기의 학자인 정약용은 독서에 관해 많은 이야기를 남겼는데, 모르
는 내용이 있으면 관련 자료를 찾아보고 철저하게 근본을 밝혀나가
는 독서법을 강조했다. 이러한 다산의 독서법은 유배지에서 자녀 정
학유에게 보낸 편지에 잘 드러나 있다. 정약용도 인정한 슬로리딩은
책을 천천히 깊게 읽으며 잠시 멈춰 생각하고 대화하는 과정에서 글
전체를 내 삶과 연결하는 책읽기이다.

하루에도 수백 권의 책이 출판되고 수만 가지의 정보가 쏟아지는
현대 사회에서 우리는 독서교육에서조차도 인공지능과 달리기 경주
를 시키고 있지 않은가. 책 속 필요한 지식을 검색해서 빠르게 정답
을 얻어내는 독서교육은 우리 아이들에게 정답 찾기와 속도만을 강
조하고 있지 않은가. 책 속의 아름다움과 감동을 함께 나누며, 그 속
에서 즐거움을 찾아주어야 하지 않을까?

## 앎과 삶이 하나 되는 교육과정

20년 넘는 교사로서의 삶에서 뒤늦게나마 만나게 된, 그 첫 만남부터 매력에 빠져 아직도 헤어나오지 못하게 하는 슬로리딩 교육과정이란 녀석은 대체 어떤 녀석일까?

슬로리딩은 단순히 책 한 권을 천천히 읽어나가는 것이 아니다. 학교 교육과정 속에서 수업은 따로 진행하면서 아침활동 시간에 잠깐씩 틈을 내어 책을 읽는 것도 아니다. 한 권의 책을 천천히 읽어나가며 다양한 샛길활동으로 빠져 배움이 일어나는 총체적 교육활동이다.

따라서 슬로리딩 교육과정에서는 슬로리딩을 삶의 전체적인 맥락으로 본다. 즉, 작품의 온전성이 전제되어야 한다는 것이다. 아이들의 인지, 실천 영역에서의 삶의 통합성을 바탕으로 한 개인과 공동체의 조화를 목적으로 한다. 또한 읽기란 단순한 읽어내기가 아닌, 삶으로 읽기, 실행으로 읽기, 감각통합적으로 읽기이다. 즉, 읽기는 해석하기, 토의하기의 활동으로 지식을 재구성하고, 쓰기, 음악, 미술, 연극 등 다양한 문화예술교육 활동으로 삶 속에서 실행되는 표현의 과정을 중요시하였다. 이러한 과정에서 아이들이 텍스트 선정, 교육과정 재구성 활동 전반에 걸쳐 참여자로서의 단계적 확대가 담보될 수 있도록 하고 있다.

이러한 슬로리딩을 통해 앎을 나 자신의 삶과 연결하는 질문을 만들고, 책으로 삶을 묻는 과정을 경험한다. 앎과 삶이 하나 되는 교육과정이 바로 슬로리딩이다.

무엇보다 슬로리딩의 가장 큰 매력은 아이들이 즐거워한다는 점이다. 심지어 슬로리딩 교육과정을 만드는 선생님도 즐거워한다. 아이들이 변화하는 모습에 아이들 스스로도, 가르치는 교사도, 바라보는 부모님도 모두가 즐거운 교육과정이다. 아이들은 한 권의 책을 함께 읽으면서 어디에서 멈춰서 샛길로 들어갈지 호기심이 가득하다. 성격 급한 아이는 책을 읽기도 전에 샛길활동이 무엇인지 물어본다. 아이들 스스로 오늘 공부할 내용이 무엇인지 먼저 궁금해하는 것에 더 이상의 동기유발은 필요 없으며, 교사로서도 힘이 나고 즐거운 일이다.

슬로리딩은 재미 속에 누스바움의 문학적 상상력과 프레이리의 세상읽기가 가진 깊은 의미와 정신을 담아낼 수 있는 큰 그릇이다. 슬로리딩 교육과정을 통한 누스바움의 문학적 상상력은 현대의 우리 아이들을 정의로운 민주시민으로 성장시킬 수 있는 좋은 교육적 방법이다. 타인의 삶을 산다는 것에 관한 상상에서 나를 찾아가는 것은 중요한 의미를 가진다. 한 권의 책을 통해 그 소설 속 인물, 타자의 삶을 샛길활동으로 경험하고 이를 통해 타자의 삶을 상상할 수 있는 능력을 키워주는 것, 이를 통해 비로소 나의 중심 주제를 바라보게 할 수 있다.

## 책을 읽을 것인가, 세상을 읽을 것인가

슬로리딩 교육과정은 아이들이 단순히 책을 읽는 것이 아니라 책을 통해 세상을 읽을 수 있기를 희망한다. 따라서 교사는 책 속의 다양한 인물을 이해하고, 이를 통해 인간을 이해할 수 있는, 철학과 인문학을 바탕으로 하는 슬로리딩 교육과정을 만들어야 한다. 인공지능 시대에 과학자들이 철학과 인문학적 소양을 갖추기 위해 노력하는 이유도 마찬가지이다. 즉, 인간을 이해해야 인간을 위한 과학 기술의 발전이 의미를 갖는다.

민주시민교육은 자기 목소리를 가지고 공동체에 참여하는 시민을 형성하는 것이다. 그렇다면 우리 아이들을 정의로운 민주시민으로 성장시키기 위해서는 세상을 올바르게 읽어나가는 힘을 가지게 해야 한다.

자, 그럼 이제 책 한 권을 통해 어떻게 아이들의 삶 속에서 민주시민의 가치가 살아 숨 쉬는지 슬로리딩 교육과정 속으로 들어가보자.

## 3. 슬로리딩에 민주시민교육 담기

### 책 한 권으로 만들어가는 교육과정 재구성 방법

슬로리딩 교육과정의 첫 번째 작업은 함께할 동료 교사들이 모여 학년 교육의 철학이 무엇인지, 무엇을 가르쳐야 하는지, 어떻게 가르쳐야 하는지 이 세 가지 부분을 확실하게 정하는 것이다. 무엇을 가르칠지가 결정나야만 어떻게 가르칠지에 관한 교육과정 재구성의 방법과 내용이 나오기 때문이다. 먼저 해당 학년의 교육과정 분석을 통해 핵심내용과 가치를 파악하고, 핵심가치의 재구조화를 통해 학년 교육과정의 철학을 만들어낸다. 이렇게 학급 교육과정까지 철학의 맥락이 이어진다면 단위 수업과도 유기적으로 맞물려갈 수 있다.

학년의 교육철학이 교육과정의 핵심가치 중심으로 만들어졌거나, 또는 학생들의 삶의 배경 속에서 만들어졌다면, 이제 그 학년의 철학을 품는 도서를 선정해야 한다. 하지만 슬로리딩 교육과정 수업에서 책을 선정하는 일은 교사에게 결코 쉬운 일이 아니다. 그렇다고 너무 많은 고민을 하거나 다른 사람들이 추천하는 책들만을 고집해 검토할 필요도 없다. 슬로리딩 교육과정은 모든 것이 갖춰져 있고 채워져 있는 보물상자가 아니라, 우리 자신의 삶을 통해 하나씩 가치 있는 경험과 이야기들을 채워나가야 하는 꿈을 담는 그릇이기 때문이다. 그 결과 『투명한 아이』라는 보물 같은 책을 발견했다.

　학년의 교육철학이 세워지고 그에 따른 도서가 선정되었다면 선정된 도서를 함께 읽어보면서 책을 분석한다. 일 년간의 긴 호흡으로, 책 속의 다양한 경험을 통한 이해를 위해, 그리고 아이들의 삶 속으로 이 책이 녹아들도록 하기 위한 작업이다. 이제 해당 학년의 교육철학과 책의 주제 등을 염두에 둔 가운데 동료 선생님들과 함께 책을 읽어나간다. 한 걸음 한 걸음씩 그 주제 속 가치를 탐독할 수 있는 월별 주제를 잡아나간다. 사건 전환, 등장인물의 감정 변화 등을 고려하면서 적당한 분량으로 읽을 부분을 나누어 그 속에서의 주제를 잡는다. 이번에는 일 년의 학년 철학과 가치를 '투명한 아이의 친구가 되어주세요'라는 책의 주제로, 아이들이 편견 없이 다양한 문화와 삶을 이해하고 존중하는 태도를 지닌 민주시민으로 자랄 수 있도록 정했다. 슬로리딩 교육과정 재구성의 월별 주제는 단순히 매달 정해진 진도만큼 읽어나가는 것이 아니라, 월별 주제를 통한 샛길활동으로 일 년의 철학과 목표에 한 걸음씩 다가서는 것이라고 이해해야 한다.

## 슬로리딩의 핵심, 샛길활동

'샛길로 빠지다'는 '엉뚱한 곳으로 가거나 정도에서 벗어난 일을 하다'라는 뜻의 관용구이다. 샛길은 무엇인가 어떠한 목표를 갖고 진행하면서 필요하지 않은 방향으로 빠진다는 느낌이 있다. 하지만 샛길활동이라는 것은 결국 세상을 새롭고 다양한 시각으로 바라볼 수 있는 기회를 제공해주는 것이다. 그리고 아이들은 그러한 기회 속에 빠져들어 새로운 경험을 하고 서로의 생각을 동등한 상황과 위치에서 확인하는 과정을 통해 삶의 이해 폭을 넓힐 수 있다. 이렇듯 샛길활동은 '작품의 아름다운 울림과 그 깊이에 빠질 수 있는 교육'이다. 획일적이고 수동적으로 정해진 길을 앞만 보고 걸어가 도착지에 도달하는 것이 아니라, 주변을 돌아보고 책 속의 이야기를 나의 삶과 연결해 새로운 경험으로 받아들이는 과정이다.

## 샛길활동과 교육과정 재구성 소개

『투명한 아이』라는 책으로 일 년 동안 천천히 책을 읽으며 월별 주제를 잡고 주제 샛길활동을 만들어낸 과정을 보면, 어떻게 아이들이 책 속에 흠뻑 빠져 일 년을 투명한 아이 '눈'과 함께 살아갔는지 이해할 수 있을 것이다. 매달 전한 가정통신문의 일부이다.

> **3월** 4학년은 슬로리딩 교육과정 재구성의 방법으로 한 권의 책을 통해 일 년간 천천히 깊이 읽어가며 다양한 샛길활동으로 교육과정 성취기준을 연결하여 공부하고 있습니다. 4학년 슬로리딩 책은 『투명한 아이』입니다. 3월은 우리가 배울 투명한 아이를 만나는 달입니다. 그리고 새로운 친구들과 선생님과 함께 나를 이해하고, 서로를 이해하는 주제로 진단활동 및 교육과정이 운영됩니다.

4월 '누구의 잘못도 아니야'라는 주제로 활동합니다. 장애에 관한 편견뿐 아니라 친구들이 생각하는 편견에 관해 다양한 샛길활동을 실천하려고 합니다. 관심 있게 지켜봐주세요

5월 즐겁고 다양한 샛길활동이 계속됩니다. 5월 주제는 '엄마가 저 빛을 보고 너에게 올거야'입니다. 가정의 달을 맞아 부모님의 사랑에 감사할 줄 아는 마음을 가질 수 있도록 공부할 예정입니다.

6월 6월은 학생들이 학부모님들과 함께 직접 샛길활동을 찾아주신 내용과, 4학년 선생님들이 작품 속에서 정한 샛길활동으로 교육과정과 연계한 공부를 할 예정입니다. 6월의 주제는 '투명한 아이 눈' 입니다. 작품 속 주인공 '눈'이 왜 투명한 아이가 되었는지 이해할 수 있는 내용입니다.

7월 1학기의 마지막 7월 주제는 '응답하라 흑설공주'입니다. 4학년 교육과정의 큰 주제인 장애, 다문화, 인권교육을 통한 민주시민교육의 목적 달성을 위해 『투명한 아이』와 함께 즐겁게 공부하고 있습니다.

9월 주제는 '눈은 나를 다르게 보지 않아'입니다. 여름계절학교 때 배운 장애이해교육을 바탕으로 다양성에 관한 공부를 할 예정입니다.

10월 '얼음바닥 아래 물고기'를 주제로 활동합니다. 스마트폰에 의존하는 우리 아이들의 모습을 돌아보고 개인정보에 관한 교육을 실시할 예정입니다.

11월 '엄마는 아무나 하나, 아버지의 나라'라는 주제로 『투명한 아이』 책 2장을 공부합니다. 가족의 소중함과 다양한 가족의 형태를 사회과와 연결하여 공부할 예정이며, 다문화 박물관 체험학습을 다녀올 예정입니다. 세계의 다양한 문화에 관한 이해를 통해 민주시민으로의 교육과정 철학을 실현하는 달입니다. 또한 샛길활동으로 사회과와 연결한 경제교육을 기획 중입니다.

12월 어느덧 책의 마지막 '우주시민증' 한 장만 남았습니다. 나와 너, 편가르기보다 지구촌이라는 커다란 울타리 안에 함께 사는 이웃, 인간으로서의 존엄권과 평등권을 가진 이웃으로 투명한 아이 눈을 보듬어 안아주는 아이들로 성장하였기를 기대합니다. 12월은 일 년 동안의 배움을 표현해내는 활동으로 4학년 졸업공연 및 졸업식을 준비하고 있습니다. 꼭 참석하셔서 아이들에게 격려와 응원 부탁드립니다.

이처럼 월별 주제를 가지고 책을 천천히 읽어가다보면, 아이들은 어느새 책 속의 인물들과 함께 호흡하고 살아가는 경험을 하게 된다. 주인공의 슬픔에 함께 울기도 하고, '눈'이 잃어버렸던 엄마를 다시 만나게 되었을 때는 함께 기뻐하기도 한다. 또한 왜 이런 문제가 생겼는지 우리 사회를 궁금해하기 시작한다.

이러한 주제 샛길활동 속에는 다양한 활동들이 존재한다. 그중 하나의 사례를 소개하고 싶다. 『투명한 아이』는 사회적 약자 혹은 사회적 소수자가 겪는 조금은 어둡고 무거운 현실을 한 어린이의 시선으로 쉽고 재미있게 풀어서 이야기하고 있다. 건이는 다리가 불편한 장애인 고모가 있고, 보람이는 부모님이 아닌 할머니와 같이 살고 있으며, 눈은 외국인 어머니와 함께 살고 있지만 출생신고를 하지 않아 국적을 갖지 못한 아이다. 또한 고모가 눈을 입양하려는 의지를 보이는 장면이 나오는 등 한부모 가족, 입양 가족, 조부모 가족, 외국인 가족의 모습을 살펴볼 수 있다.

엄마가 고모를 말렸다. 엄마는 조곤조곤 고모를 타이르듯이 말했다. "아가씨, 저도 아가씨 마음 모르는 거 아니에요. 눈이 아가씨를 잘 따르고 아가씨도 눈을 예뻐하긴 하죠. 하지만…….." "그러니까 제가 눈을 입양하면 만사 오케이라니까요. 눈의 엄마를 찾을 가망성은 거의 없잖아요."
ㅡ『투명한 아이』120쪽 중에서

"고모가 왜 삐쳤는데?" 나는 아빠처럼 한숨을 쉬었다. "눈의 엄마가 되고 싶대." 보람이는 나처럼 심각한 얼굴이 되었다. "아빠가 없잖아." 보람이 말로는 고모가 눈의 부모가 되면 자동으로 '한부모 가정'이 되는 거라고 했다.
ㅡ『투명한 아이』127쪽 중에서

『투명한 아이』를 함께 읽는 중에 다양한 가족의 모습을 그려낸 또 다른 그림책인『이웃집에는 어떤 가족이 살까?』를 발견했고, 주제를 더욱 풍부하게 이해하게 해줄 것으로 생각해 '책 속의 책' 샛길활동으로 선정했다. 이번 샛길활동은 사회교과의 성취기준 '[4사02-06] 현대의 여러 가지 가족 형태를 조사하여 가족의 다양한 삶의 모습을 존중하는 태도를 기른다'와 연계하였다. 다양한 가족의 모습을 찾아 삶의 모습을 이해하고 존중하는 태도를 기르는 것에 초점을 두었다.

### ■ 슬로리딩 샛길활동 주제 및 교과 성취기준

| 샛길 유형 | 독서 중 샛길활동, 교육과정연계 샛길활동 |
|---|---|
| 성취기준 | [4사02-06] 현대의 여러 가지 가족 형태를 조사하여 가족의 다양한 삶의 모습을 존중하는 태도를 기른다. |
| 샛길활동 주제 | 가족의 다양한 삶의 모습을 이해하고 존중하는 태도 기르기 |
| 내용 | • 『투명한 아이』이야기에 등장하는 다양한 가족의 모습 발견하기<br>• '책 속의 책'『이웃집에는 어떤 가족이 살까?』읽기<br>• 책 속에 등장하는 다양한 가족의 모습을 찾아보고 특징 이야기 나누기<br>• 책의 주인공 미오의 입장이 되어 어떤 가족과 함께 살고 싶은지 근거와 함께 이야기하기<br>• 우리집 가족의 형태를 정리하고 가족 구성원의 역할 정하기 |

이처럼 '책 속의 책' 샛길활동은『투명한 아이』책에서 샛길로 빠져 다른 책『이웃집에는 어떤 가족이 살까?』로 가는 여행이다. 이 여행은 시, 노래, 음악, 소설 등 다양한 장르와의 만남으로 이어지는 과정 중 하나이다. 아이들은 이 '책 속의 책' 샛길활동을 통해 스스로 책을 찾아 읽어보는 맛을 알아간다.

『이웃집에는 어떤 가족이 살까?』책의 주인공은 미오라는 고양이인데, 자신을 잘 돌봐줄 수 있고 편안하게 지낼 수 있는 가족을 찾아

마을로 내려간다. 미오가 마을의 다양한 형태의 가족 모습을 살펴보면서 가족 형태의 특징과 삶의 모습을 이야기하고 마지막에 자신에게 가장 잘 어울리는 가족을 선택하는 이야기다. 현대 사회에서 나타나는 다양한 가족의 형태와 삶의 모습을 흥미롭게 풀어서 설명하고 있어서 학생들의 이해를 도울 수 있었다.

모든 가족의 형태에 관해 모둠별로 읽어보고 정리하는 과정이 끝나면, 『이웃집에는 어떤 가족이 살까?』 주인공인 고양이 미오의 입장이 되어 어떤 가족과 함께 살면 좋을지 간단한 근거와 함께 자신의 생각을 나누었다. 아직 미오가 어떤 가족과 함께 살 것인지 결과를 모르는 상태여서인지 학생들은 각자 개인의 성향이 드러나게 판단하였고, 나름의 근거를 바탕으로 다양한 의견이 나왔다.

마지막으로 '책 속의 책' 샛길활동을 통해 살펴본 가족의 형태를 바탕으로, 학생 자신의 가족 형태를 확인하고 가족 구성원과 삶의 모습을 정리하는 활동을 하였다. 그리고 우리가 살아가는 세상에는 여러 가지 이유로 다양한 가족의 형태를 보이며 사람들이 살아가고 있지만, 결국 '가족은 모두 가족이다'라는 깨달음을 통해 가족 형태는 달라도 서로 아끼는 마음과 사랑하는 마음은 다르지 않다는 사실을 마음에 새기게 된 계기였다.


## 4. 실천으로 향하는 커다란 변화, 슬로리딩

한 권의 책은 한 사람의 인생을 바꿀 수 있을 만큼의 엄청난 힘을 가진다. 한 권의 책을 내 삶과 연결하여 읽는 슬로리딩은 책을 통해 세상을 보고 실천하는 변화로 이어질 것이다. 예를 들어 책 속에서의 감동과 문학적 상상력은 다른 사람을 대하는 이해와 배려가 될 수도 있고, 그것은 세상의 문제에 내 의견을 당당히 말할 수 있는 행동으로 표현되기도 할 것이다.

결국 한 권의 책을 내 삶과 연결하여 읽는 슬로리딩은 나를 변화시키고 세상을 변화시키는 마중물이다. 실제로 슬로리딩으로 공부한 아이들과 학부모, 교사 모두 엄청난 변화를 체험했다.

## 슬로리딩의 매력, 아이들을 물들이다!

다양한 샛길활동을 하면서 재미있고 흥미로운 것들을 많이 하고 일 년 동안 많은 체험을 할 수 있어서 좋았다. 한 가지 배운 것은 처음에는 장애인이나 다문화에 대해서 편견을 갖고 있었는데 『투명한 아이』로 샛길활동을 하면서 그런 편견이 사라진 것 같다. 장애인은 모두 우리와 같다는 것을 알게 되었고 스스로 반성도 했다. (조서경, 4학년)

일 년 동안 『투명한 아이』라는 책으로 공부하면서 직접 해볼 수 있는 것들이 많아서 좋았다. 교과서는 가끔 직접 해보기도 하지만 대부분 따로따로 공부해서 재미없었다. 그런데 『투명한 아이』를 통해 공부하면서 국어뿐 아니라 사회, 과학 등 다른 과목들과도 연관되어 훨씬 이해하기 수월했다. 예를 들어서 알뜰장터, 두부 만들기 등은 다 국어, 사회, 과학 등이 통합되어 있었는데, 이론이 아니라 직접 느끼니까 뇌리에 더 오래 남아 있어 좋았다. 1, 2, 3학년 때는 다 잊어버렸는데 4학년만은 『투명한 아이』로 배운 것들이 기억될 것 같다. 그리고 인성, 화합, 배려, 협동 등은 도덕 수업과도 연계되어 있어 다른 반, 다른 학교, 다른 나라에 추천하고 싶다. (성아정, 4학년)

## 걱정에서 응원으로

처음에 국어 교과서가 아닌 『투명한 아이』 책으로 수업을 한다고 했을 때, 조금 걱정되는 면도 있었습니다. 과연 다른 학교 아이들처럼 제대로 된 교육과정이 될지 하는 걱정이었습니다. 하지만 아이와 이야기를 나누며 대화 속에서 "엄마, 그건 편견이야" 때로는 "그건 다를 뿐이야"라는 말을 듣게 되었습니다. 그때 그래, 이것이 『투명한 아이』를 공부하는 우리 아이가 무엇인가를 깨달았구나, 그리고 평등이 무엇이며, 편견이 어떤 것인지 알고, 몸으로 행동으로도 변화를 보여주는구나, 느꼈습니다. 성적과 점수도 중요하지만 먼저 아이에게 사람이 되라고 가르치는 것이 어려운데 학교에서 사람이 되라고 방향을 제시해주고 끌어준다는 것에 감사함을 느낍니다. 생명존중, 편견, 평등, 인권 이 모든 것을 천천히 알아가는 슬로리딩, 정말 멋진 것 같습니다. 한 해 동안 수고해주신 선생님, 감사드립니다. (박지원 학부모님)

　　성재가 4학년이 되면서 처음 슬로리딩이라는 단어를 접하게 되었습니다. 일 년에 걸쳐 한 권의 책을 읽는다니, 막연하게 재밌어 보인다는 생각이 들면서 어떤 수업이 될지 기대했습니다. 이 고급스러운 수업은 일 년에 걸쳐 전 과목과 연계하여 진행되었습니다. 고구마도 직접 심어서 길러 수확하여 먹어보고, 두부도 직접 만들고(과학), 대본을 써서 역할을 정해 연극도 하고 시도 쓰고(국어), 알뜰장터로 수익을 낸 후 기부도 하고(도덕), 줄넘기 대회(체육), 외계인 그리기(미술) 등 다양한 내용의 수업을 하였습니다. 집에서 시시콜콜 이야기하지 않는 아들인지라 샛길 활동 제목으로 예상하는 수준이었지만, 수업은 아주 흥미로워 보였고 실제로 물어보면 오늘도 즐거웠다고 했습니다. 여러 활동 중 집에서 아르바이트를 하고 학교에서 발행한 돈을 받아 사용한 활동이 기억에 남습니다. 성재뿐 아니라 다른 친구들도 집에서 기를 쓰고 아르바이트를 하려고 한다고 들어서 많이 웃었습니다. 이 활동으로 성재는 처음으로 설거지를 해보았습니다. 매일 빨리빨리 하라고 외치며 아이들이 스스로 할 시간을 기다려주지 않는 요즘 시대에 천천히, 스스로라는 체험하기 힘든 귀중한 기회를 얻었다고 생각합니다. 이번 겨울엔 저도 『투명한 아이』 책을 천천히 읽어볼까 합니다. 정해진 교과과정이 아니어서 더 힘들었을 이 수업을 계획하고 준비해서 일 년이란 긴 호흡으로 끌어주신 선생님들께 감사의 마음을 전합니다. (윤성재 학부모님)

## 교사 스스로의 변화

슬로리딩 교육과정을 준비하고 운영하면서 아이들뿐 아니라 나에게도 특별한 변화가 일어났던 것 같다. 책 속에서 아이들의 삶과 연결된 샛길활동을 만들고 성취기준과 연결하여 마치 놀이처럼 교육과정을 만드는 일은 결코 쉬운 일은 아니다. 하지만 교사로서 교육과정을 준비하며 즐겁고 아이들을 맞이할 일이 설레는 경험은 내가 슬로리딩 교육과정을 만나기 전에는 분명 없었던 일이다. 또한 천천히 책을 음미하며 읽는 매력에 빠지게 되면서 책을 사랑하게 되었고, 늘 곁에 두고 함께 가는 동반자로 책을 가까이하게 되었다.

이러한 노력의 과정 덕분에 우리가 만들었던 슬로리딩 교육과정이 『슬로리딩, 교육과정을 품다』라는 책으로 출간되는 영광도 누릴 수 있었다.

앞으로도 교사로서 슬로리딩 교육과정을 계속해나가며, 진정한 독서교육을 하고 이 속에서 인문학과 철학을 연결하는 교육과정에 도전하면서 살고 싶다.

## 5. 슬로리딩, 민주시민교육의 마중물

### 슬로리딩의 추억, 그리고 코로나19

일 년 동안 우리 아이들이 어떤 아이들로 성장했으면 좋겠는지 철학을 세운다. 그리고 그 철학에 가장 어울리는 책을 찾아다니는 여행을 떠난다. 많은 책 중에 한 권의 책이 결정되고, 그 책을 일 년 동안 천천히 깊게 아이들과 함께 읽어나가며 책 속에서 즐거운 샛길로 빠져 다양한 교육활동이 이루어진다. 2017년 6학년을 대상으로는 『괭이부리말 아이들』 책을 가지고 '세상 모든 아이들이 동무가 되기를'이라는 주제로 슬로리딩을 시작했다. 2018년에는 4학년 아이들과 『투명한 아이』 책을 가지고 '눈의 친구가 되어주세요'라는 주제로, 2019년에는 2학년 아이들과 『철 따라 들려주는 옛이야기』 책으로 슬로리딩 교육을 하였다.

2020년에는 반갑게도 슬로리딩에서 인문학과 철학이 숨 쉬는 교육과정을 만들어갈 수 있는 『정의를 찾는 소녀』 책을 만나게 되었다. 아이들이 일 년 뒤 어떻게 자신만의 정의를 찾아 성장할지, 엄청난 기대 속에서 교육과정을 만들고 있다.

하지만 코로나19로 인해 아이들과의 만남은 계속해서 미뤄지고 있다. '너희가 와야 학교는 봄이다'라는 말로 아이들을 기다렸지만, 어느덧 한 해가 지나고 있다. 아이들이 각자의 정의를 찾고, 친구들의 정의를 궁금해하고, 우열이 아닌 차이를 드러내는 토론을 통해 이 사회의 공동체 속에서 민주시민으로서 진정한 정의를 찾아 떠나는 여행, 나는 안내자로 이 교육과정이 어떻게 실현되고 아이들의 가슴에 남을지 기대하며 아이들과의 만남을 다시 기다리고 있다.

## 민주시민교육의 즐거운 상상

우리 교육은 민주시민교육을 겉으로는 세계시민교육으로, 속으로는 인성교육과 동일시하여 가르쳐왔다. 그리고 여전히 민주시민교육을 도덕, 재량, 사회 등 특정 과목에 편성하여 운영하는 것은 또 다른 하나의 과목이 생긴 것에 불과하다. 아이들의 삶 속에서 체험을 통해 즐거움을 만끽하며 자연스럽게 민주시민의 역량을 만들어가는 방법은 교육과정 재구성을 통해 이루어져야 하는 건 아닐까?

슬로리딩은 민주시민교육을 교육과정 안에서 잘 풀어낼 수 있는 방법이라 생각한다. 아이들이 한 권의 책을 천천히 함께 읽어가면서 민주시민의 가치를 자연스럽게 체득할 수 있기 때문이다. 학생들의 발달단계를 고려하여 주제에 맞는 책을 잘 선정하고, 그 책을 가지고 다양한 샛길활동을 만들어내고, 교육과정의 성취기준을 잘 재구성한다면, 민주시민의식을 아이들이 즐겁게 놀면서 배우며 스스로의 삶 속에서 완성해갈 수 있지 않을까 생각한다. 한 권의 책은 아이들의 인생을 바꿔놓기에 충분하기 때문이다.

문학적 상상력으로 세상을 읽는 민주시민으로 우리 아이들을 가르치기 위해 슬로리딩이 민주시민교육 변화의 마중물이 되어 전국으로 확산되길 기대한다.

우리는 민주시민교육에 관한 다양한 방법들을 상상하고 있다. 어떻게 하면 민주시민교육을 아이들에게 즐겁게 가르칠 수 있을까? 이런 즐겁고도 의미 있는 상상의 내용은 무궁무진하게 다양하고 그 하나하나가 모두 귀한 상상이다. 지금까지 그 다양한 상상의 하나로, 문학적 상상력으로 세상을 읽는 힘을 키워주는 슬로리딩을 소개했고 마지막으로 주의점을 꼽아보았다.

**■ 슬로리딩 시 주의점 1. 책 선정은 신중히**

슬로리딩 교육과정에서 가장 중요한 점은 도서 선정이다. 일 년간 아이들과 함께 호흡하며 읽어가야 할 도서이기에 아이들의 삶과 연결된 도서 선택이 중요하다. 그 속에서 아이들이 타자를 만나고 상상하고 세상을 읽어가며 민주시민의 가치를 삶으로 배울 수 있는 책이어야 한다.

**■ 슬로리딩 시 주의점 2. 함께 만들어가는 교육과정**

슬로리딩 교육과정을 준비하는 기간에는 동료 교사들과 함께 주제를 정하고 다양한 샛길활동을 만들어내며, 그 속에 성취기준을 연결한 교육과정을 만들어간다. 하지만 아무리 수업이 재미있어도 아이들이 주체가 되지 못하면, 학습자가 주도하는 미래교육이라 할 수 없다. 함께 책을 읽다가 아이들 스스로 샛길을 발견하면 샛길활동을 해보자고 말한다. 심지어 학생과 학부모가 함께 책을 읽으며 샛길을 발견하기도 한다. 이렇게 발견된 샛길들을 교육과정과 연결하여 수정하는 작업이 꼭 필요하다. 학생, 학부모, 교사가 함께 교육과정의 주체가 될 수 있도록 교육과정은 항상 변화하는 유연성을 가져야 한다.

**■ 슬로리딩 시 주의점 3. 진정한 즐거움을 주는 슬로리딩!**

샛길활동을 구상할 때 기본적으로 염두에 두어야 하는 원칙이 있다. 학년 교육과정을 재구성하면서 세운 철학과 목적이 사라진, 단순히 아이들의 흥미와 재미를 위한 샛길활동은 과감히 배제해야 한다. 그렇지 않으면 일 년의 슬로리딩교육을 통해 아이들의 삶에 심어주려고 했던 학년 교육과정 철학의 뿌리가 흔들릴 수도 있기 때문이다. 교사는 왜 슬로리딩을 하는지, 왜 이 책을 선택했는지, 이 책은 어떤 아름다움과 깊이가 있는지, 아이들이 이 샛길을 통해 어떠한 가치를 발견할 수 있는지와 관련해 끊임없이 고민해야 한다.

샛길활동 자체가 아이들이 주체적으로 활동하는 즐거움을 몸소 체험하는 '놀이'가 되어야 한다. 아이들은 스스로 주체가 되어 책 속에서 타자를 만나고, 생각하고, 토론하며, 세상을 읽고 사회에 참여하는 활동을 통해 진정한 즐거움을 만날 수 있다.

## ✏ 추천하는 책과 TV 프로그램

■ 『투명한 아이』(안미란, 나무생각, 2015)
대한민국에서 태어났어도 대한민국 아이가 아닌, 어느 나라 아이도 아닌
투명한 아이 '눈'에게 가족을 찾아주세요! 라는 주제로, 우리 모두가 공유하고
당연히 누려야 하는 인권에 관해 어린이 눈높이에 맞춰 따뜻하게 풀어낸
작품이다. 『투명한 아이』라는 책으로 슬로리딩 교육과정을 운영한 사례는
『슬로리딩, 교육과정을 품다』(에듀니티)라는 책에 자세히 소개되고 있다.

■ 『이웃집에는 어떤 가족이 살까?』(유다정 글, 오윤화 그림, 위즈덤하우스, 2012)
주인공은 미오라는 고양이. 자신을 잘 돌봐줄 가족을 찾아 마을로 내려간다.
미오가 다양한 일곱 가족의 모습을 보면서 자신에게 잘 어울리는 가족을
선택하는 이야기로, 현대 사회의 다양한 가족 형태와 삶의 모습을 재미있게
풀어서 설명하고 있다.

■ 『정의를 찾는 소녀』(유범상, 마북, 2020)
다람쥐 소녀 '새미'가 누구나 만족할 수 있는 정의를 찾기 위해 열두 마을을
방문하는 여정을 담은 정치 우화이다. 유토피아, 윤리, 자유, 평등을 추구하는
마을들을 여행하며 각각의 정의를 눈으로 본 새미는 과연 진정한 정의를 찾게
될까? 새미가 도달하게 될 자신만의 정의는 과연 무엇일까? 어려운 철학자들의
이야기를 우화로 재미있게 소개하여 2020년 6학년 아이들과 함께 슬로리딩
교육과정으로 재구성한 책이다(이 책의 세상읽기를 위한 슬로리딩 교육과정 재구성
사례는 슬로리딩 교육과정 연구회 카페에 자료를 공유했다).

■ **EBS 〈다큐프라임 : 슬로리딩, 생각을 키우는 힘〉 3부작(2020)**

이 3부작은 1부 〈스스로 읽다〉, 2부 〈오감으로 읽다〉, 3부 〈생각의 문을 열다〉를 통해 용인 성서초등학교의 슬로리딩 실험을 카메라에 담았다. 박완서의 『그 많던 싱아는 누가 다 먹었을까』라는 책을 천천히 음미하듯 읽어서 이 한 권의 책을 자기 것으로 받아들일 때, 그것은 100권의 책을 다독한 것보다 더 깊고 넓은 성취를 이룬다는 것을 보여준다.

**김세왕** 인천예송초등학교 교사

## 1. 왜 교육연극인가

개인은 자기 나름의 입장을 갖는다. 교육은 한 개인이 공동체의 일원으로서 공공의 이익도 고려할 줄 아는, 더불어 사는 인간으로 성장하도록 이끈다. 나는 학생들이 남을 이해하고 배려할 줄 아는 개인으로 성장하기를, 그리하여 개인과 공동체 모두에게 좋은 선택을 할 수 있기를 희망한다. 그리고 가능하다면 수업에서 그러한 경험과 선택을 최대한 '연습'해볼 수 있기를 바란다.

### 왜 연극인가

왜 교육연극인가를 논하기 전에 왜 연극에 주목했는지부터 소개하겠다.

어느 날 골목길에서 싸우는 소리가 들렸다. 그 소리를 따라가다 공터에 있는 두 명을 보게 되었다. 서로 쳐다보지도 않고, 치고받는 움직임도 없었지만 오롯하게 그들의 감정이 전달되며 나를 사로잡았다. 알고 보니 연기 연습을 하는 배우 두 명이었다. 주변 사람을 의식하지 않고 주거니 받거니 대사를 이어가던 그들을 바라보던 나는 어느새 골목길이 아닌 대본 속 장면에 들어와 있었다.

당시 나도 모르게 장면에 빠져들게 한 놀라운 힘, 그것은 무엇이었을까. 학생들은 재미있는 수업, 흥미로운 전개를 좋아한다. 만일 수업에서 그러한 몰입이 가능하다면, 한번 시도해볼 만하지 않을까.

## 교육연극은 연극교육과 다르다

'교육연극'은 '교육'에 연극을 어떻게 활용할 수 있는지 연극의 교육적 활용을 공부하는 것이고, '연극교육'은 '연극'을 어떻게 할 수 있는지 공부하는 것이다. 연극이 무대, 조명, 발성, 희곡, 소품 등 다양한 분야가 결합한 종합예술이라면 교육연극은 '상상하기를 통해 접근하는 교육예술'이라고 할 수 있다.

교육연극은 연극적 상상의 장치를 통하여 교육 주제와 관련된 현실이 내 안에서 끊임없이 상호작용하는 배움의 시간을 만든다. '상상하기', '마치 무엇처럼(as if)', '되어보기(being others)', '바로, 지금 여기(now and here)'라는 마법의 언어로 삶을 간접 경험하여 배움의 주제를 남의 것이 아닌 나의 것으로 느끼는 기회를 준다. 연극적 상상의 장치를 이용하여 교육 주제와 관련된 인물이나 대상과 끊임없이 상호작용하게 한다.

교육과정을 목표가 달성된 정도에 따라 의도된 교육과정(intended curriculum), 실행된 교육과정(implemented curriculum), 성취된 교육과정(attained curriculum)으로 구분할 수 있다. 나는 이 가운데 교육자로서 학생의 삶에 영향을 줄 수 있는 '성취된 교육과정'을 실행하고자 한다. 고민의 지점은 어떤 방법으로 수업을 구성했을 때 그것이 가능한가인데 나는 교육연극에서 그 가능성을 보았다. 교육연극은 세상을 바라보는 다양한 시선과 만나고 사고를 확장하는 경험을 제공하기 때문이다.

## 누군가의 위치에 서본다는 것

(교실 앞에 빈 의자가 놓여 있다. 선생님이 보자기를 하나 가져와 덮는다.)

선생님: 여기 혜진이가 앉아 있네요. 혹시 혜진이한테 하고 싶은 질문 있어요?

(선생님과 학생들이 한동안 이런저런 대화를 나눈다.)

선생님: 우리, 진짜 혜진이를 만나볼까요? (갑자기 보자기를 걷고 의자에 앉는다) 안녕, 나 혜진이야. 어떻게 지냈니? 보고 싶었어.

교실에서 의자 하나로 간단히 연출한 연극적 상황이 학생들을 '혜진'이라는 가상의 인물과 만나게 한다. 생각하고 빠져들게 만든다.

교육연극에서는 학습목표와 관련하여 실제 일어난 일, 일어날 가능성이 있는 소재를 교육 재료로 사용하여 교실을 삶의 공간으로 변화시킨다. 그리고 그 상황 안에 존재하는 다양한 인물을 만난다. '무엇처럼 되어보기'라는 상상만으로 A가 되기도 하고 B도 된다. 그리고 때로는 C가 되어 그런 A와 B를 바라본다. 이러한 경험은 실제 삶으로 이어져 A, B, C의 관점으로 세상을 이해할 수도 있음을 알려주고, 나는 어떻게 살아가야 할지 지혜를 준다.

## 교육연극과 민주시민교육

교육연극에서는 학생을 무언가로 채워야 할 대상으로 보지 않는다. 대신 스스로 생각할 줄 아는 사람이자 '지식의 자기화'를 바탕으로 삶을 구성해나갈 줄 아는 주인공으로 여긴다.

교육연극은 끊임없이 상호작용을 한다. 이야기 속 사물이나 인물과 대화하고, 사건 속 사실을 확인하기 위해 분석하기도 하며, 누군가가 되어봄으로써 내 삶과 타인의 삶이 혼재되는 경험도 하게 된다. 이를 통해 단순한 개인이 아닌 관계 속에서 존재하는 개인일 수밖에 없음을 이해하게 된다. 관계 속의 존재는 차이를 존중하고 소통을 통해 다름을 알아간다. 이들은 사회에서 일어나는 다양한 문제 상황을 입체적으로 바라본다.

학교는 민주시민교육을 위한 공간이어야 하고 수업에서 다양한 '시민'을 만날 수 있는 기회를 제공해야 한다. 세상은 참 복잡하고 이해가 상충하는 가지각색의 개인이 서로 어울려 살아간다. 타인의 삶과 내가 이어져 있고, 각자의 선택이 서로에게 영향을 준다는 것을 깨닫게 된다면, 삶을 대하는 태도가 더욱 신중해지지 않을까. 수업 속 교육연극에서 이루어지는 사건에 하나둘 엮여 있는 실을 따라가다 보면 자신과 연결된 지점을 찾게 된다.

민주시민교육은 자신의 견해를 말하되, 해당 주제가 논쟁적일 수 있음을 인지하고 생각의 차이를 존중하는 것에서 출발한다. 누군가에게 생각을 주입당하지 않고 스스로 생각할 줄 아는 자립적 인간으로 공동체 속에서 성장하길 기대하는 것, 이것이 민주시민교육을 하는 이유이다. 교육연극 수업 중 '질문하기'를 통해 행동이나 상징(오브제) 안의 의미를 이해하고 '마치 ~인 것처럼 되어보기(being as if)' 활동으로 인간에 대한 이해를 높일 수 있다. 이같은 행함을 통한 배움(learning by doing)을 지향하는 교육연극의 특성은 민주시민교육과 연결된다. 맥락이 담긴 상황 속에서 어울리며 참여하는 흥미로운 학습경험은 참여자를 개성을 가진 한 개인이자 사회 구성원으로 성장시킬 수 있다.

## 2. 교실에서 유용한 교육연극 기법

교육연극에서는 학습자의 몰입과 상상력을 높이기 위해 다양한 드라마 관습을 활용한다. 학습 목표와 관련하여 실제 일어난 일, 일어날 가능성이 있는 소재를 교육의 재료로 사용하여 교실을 삶의 공간으로 변화시키는 데 매우 유용하다. 다양한 드라마 관습 중에서 응용과 적용이 쉬우면서 효과가 큰 몇 가지 방법을 소개한다.

### 의자를 이용한 기법

'빈 의자' 기법은 의자에 인물이 앉아 있다고 상상하고 교사의 질문과 수업 참여자의 대답으로 인물을 만들어가는 방법으로 수업 설계자의 의도된 질문이나 제시되는 약간의 정보들로 인물을 만든다. 의

자라는 오브제의 부피감 덕분에 수업 참여자들은 인물의 존재를 감각적으로 확인할 수 있다. 의자 위에 보자기를 씌우거나 관련된 물건을 앉는 곳에 올려놓아 인물의 존재를 부각시킬 수 있다.

'핫시팅(hot-sitting)'은 학생들이 특정 인물이 되어 의자에 앉는 기법이다. 내가 아닌 인물이 되어 다양한 질문에 대답하거나 주변을 바라볼 수 있다. 인물로서 의자에 앉는 행위, 인물로서 생각하고 대답해보기를 하다보면 자신도 모르게 감정이입의 순간을 경험할 수 있다.

'마음의 소리' 기법은 의자에 앉아 있는 인물을 대신하여 또는 그림 속 인물을 대신하여 수업 참여자가 질문한 내용을 대답할 수 있는 방법이다. 핫시팅은 인물로서 의자에 앉은 사람이 대답하지만, 마음의 소리 기법에서는 질문에 답하고 싶은 수업 참여자가 핫시팅 혹은 '정지 화면'(206쪽에서 설명되는 기법)을 하는 인물에 손을 짚고 말을 한다. 대답을 대신함으로써 장면 참가자의 부담을 줄일 수 있어 다양한 대답이 나올 수 있다.

## 그 밖의 소품을 이용한 기법

'롤 인 더 백(role in the bag)' 기법을 쓰기 위해서는 물건이 들어 있는 가방을 준비한다. '가방 속 물건' 또는 '가방' 그 자체는 인물을 알려주는 단서가 된다. 수업 설계자가 어떤 물건을 준비했는지에 따라 생성되는 인물이 다르다. 거꾸로 인물의 가방 안에는 어떤 물건들이 들어 있는지 상상해보는 방법을 쓰기도 한다.

편지글이나 전단지는 장면을 이동하는 소품으로 흔히 쓰인다. 수업이 이루어지는 현실의 공간을 순간적으로 상상의 장소로 이동시키며 아이들의 몰입을 끌어낼 수 있다. "잠깐, 편지를 한번 읽어볼까요?", "길에 이런 전단지가 떨어져 있군요. 도시 재개발이라 적혀 있네요?"와 같은 식으로 접근을 시작한다.

## 인물의 개입을 이용한 기법

'역할 내 교사(teacher in role)' 기법을 활용하면, 교사가 어떤 단독 인물이 되거나 학생들이 만든 장면 속에 인물로 참여하여 학생들의 몰입도를 높여줄 수 있다. 이 방법은 교사의 성향에 따라 접근 방법이 다를 수 있다. 만일 전래동화를 들려주었다면 선생님이 갑자기 도깨비가 되어 "뭔가 이상한 소리가 들렸는데, 어디서 개암나무 열매 깨무는 소리가 나지 않았니?"라고 학생들에게 말한다. 순간적으로 교사는 수업자에서 도깨비로 변신하고, 수업 참여자들은 같은 도깨비 또는 이야기 참여자가 된다. 역할을 입고 수업에 참여할 때 "지금부터 선생님이 도깨비가 되어볼게요"라는 설명을 하지 않고 바로 역할을 입은 교사로서 질문을 던질 때 보다 극적인 효과가 나온다.

'전문가의 망토' 기법은 상상으로 어떤 분야의 전문가 또는 이야기 속 인물(편지글이나 전단지, 장면에서 연관이 있는 인물)이 되어 수업에 참여하는 방법이다. 발생한 문제 상황을 인물(분야의 전문가 또는 관련자)로서 토의하거나 토론하여 해결하는 과정을 경험한다. "여기에 모이신 각 분야의 전문가를 소개해드립니다"라고 바로 접근하는 방식으로 수업 참여자를 '전문가'로 둔갑시킨다. 적극적인 참가자가 있다면 효과가 높지만, 참여자가 아직 마음의 준비가 되어 있지 않거나 발화가 소극적이면 고민이 필요하다. 역할을 씌운 후에 고민할 시간이나 자료를 찾아볼 시간을 극 안에서 추가로 제공해도 좋다. 이미 어떤 분야에 흥미를 갖고 있거나 관련 정보를 많이 알고 있을 경우에 사용하면 더 효과를 볼 수 있다.

## 타블로(정지 장면)

이야기가 이루어지는 공간의 모습이나 장면 속 인물을 수업 참여자가 직접 정지 장면(tableau)으로 나타내는 기법이다. 모둠별 활동이라면 눈 앞에 펼쳐진 다른 모둠의 정지장면을 보면서, 내용을 추측하고 떠오르는 생각이나 질문을 자유롭게 말하도록 안내하면서 장면에 더 깊게 접근시킨다. 덧붙여 교사가 정지 장면 속 인물의 어깨를 건드리면서 '인물로서 말하기' 또는 '속마음 말하기' 기법을 사용하거나 "액션!"이라는 소리에 정지 장면을 움직이는 장면으로 바꿔 표현해보기 등의 추가 기법을 사용할 수 있다.

---

**교육연극에서 필요한 몇 가지**

1. 환경: 신체 리듬, 주변 환경을 살펴서 수업을 진행해야 한다. 수업은 살아 있는 존재다.
2. 시간과 침묵 견디기: 생각에는 시간이 필요하고 때로는 말보다 침묵이 더 큰 힘을 갖는다.
3. 참여에 대한 관점의 변화: 꼭 장면을 만들지 않아도, 연기를 하지 않아도 된다. 교육연극에서는 배움의 과정을 중요하게 생각한다.
4. 실수도 배움의 과정: 우리는 누구나 실수의 과정을 겪고 그것을 통해 배움을 얻는다. 수업 안에서도 마찬가지이며 이 부분을 이해하고 존중하고 있을 때 자유로운 참여가 가능하다.

5. 질문과 대답: 어떤 질문으로 이어갈지, 어떻게 분위기를 바꾸고 주제에
    접근시킬지 등에 대한 고민이 필요하다. 또한 수업 참여자의 대답에 대한
    다양한 반응을 통해 수업의 흐름을 변화시키는 방법을 미리 익혀야 한다.

## 3. 교육연극 수업의 예

교육연극은 다양한 수업시간에 활용할 수 있다. 역사적 사실, 최근의
사회 이슈, 시, 그림 등이 매개가 된다. 실제 내가 혹은 동료 교사가
교실에서 했던 교육연극 수업의 예를 아래에 소개한다. 때로는 실패
한 수업에서 더 많이 배우기도 했다.

### 사회과와 국어과 연계수업

우리의 삶은 되돌리기가 없다. 어떤 상황을 만나게 될지 모른다. 제
각각의 개성을 지닌 수많은 사람들로 이뤄진 사회를 미리 체험해볼
수 있다면, 사는 데 조금이라도 도움이 되지 않을까. 삶을 연습하기,
가상 상황 경험하기가 갖는 장점은 실제가 아니라는 점이다. 역할을
입은 다양한 자아로서 도전하고 선택할 기회가 허용된다.

"큰일 났소. 적이 쳐들어왔소!"
"무슨 일이오?"
"거란족이 쳐들어왔단 말이오."

사회 시간에 고려시대 거란족의 1차 침입을 배운다. 아울러 국어

과는 토의 과정에서 의견을 조정하는 방법을 가르친다. 교육연극을 통해 두 교과목을 연계한 수업이 가능하다.

"무슨 방법이 없겠소?"
"도망가야 합니다."
"아닙니다. 싸워야 합니다."
"이럴 때 필요한 것이 협상입니다."

교사와 학생들은 왕과 신하로서 어떻게 하면 위기를 극복할 수 있을지 이야기를 나눈다. 세 가지 방법이 나왔다. 선택지에 따라 어떤 장단점이 있는지 역할을 입은 상태로 수업을 이어나간다.

"어디로 도망간단 말이오? 그럼 나머지 도망가지 못한 백성들은 어떻게 하란 말이오?"
"누가 싸우지? 당신이 싸우겠소? 좋소. 전장이란 앞을 내다보기 어려운 곳이오. 혹시 모르니 부모님과 작별인사를 하고 오시오."
"우리가 협상할 만한 것이 무엇이 있겠소? 아, 이제는 항복하란 말이오? 그것참."

하나로 결정을 내리기 쉽지 않은 상황이다. 각각 장단점이 있다. 학생들은 이와 같은 교육연극 활용 수업에 참여하며 구체적인 역사적 사실에 대해 몰입해 공부하고 의견 조정 경험을 하였다. 아울러 나랏일을 결정하기가 쉽지 않음을 체험하고 느꼈다고 한다.

## 사회 이슈 다루기

사회 이슈도 교육연극의 좋은 소재이다. 국가가 무엇인지부터 국가의 일원인 시민의 가치관을 돌아보는 내용까지 다양한 수업이 가능하다.

몇 년 전 한 택시기사의 죽음이 사회적으로 큰 이슈가 된 적이 있다. 승객이 가슴통증을 호소하는 택시기사를 두고 비행기 탑승을 위해 택시에서 내려버렸기 때문이다. 운전기사가 발견되었을 때에는 이미 응급처치를 할 수 있는 골든타임이 지난 후였고, 결국 기사는 사망하였다.

이 사건을 소재로 인천주안초등학교 유지훈 선생님은 다음과 같은 수업을 진행하였다(일부 내용을 수정 및 발췌했다).

"저는 잘못이 없습니다."
"이 사람은 왜 이 말을 했을까요? 한번 들어보지요."
"저는 비행기 시간이 급했어요. 물론 기사님이 돌아가신 것은 안타깝지만 그렇다고 제가 법적으로 잘못한 일은 없다고 생각합니다."

이 승객의 행위는 법적인 처벌이 가능할까? 아니면 도덕적인 판단에 맡겨야 하는 부분일까? 앞서 소개한 '전문가의 망토' 기법을 사용해 학생들이 국회의원이 되어 법을 만들어보았다. 어쩌면 인간으로서 저럴 수 있는가 분노한다 해도 법적 처벌은 그리 간단하지 않다. 속이 상해도 고려해야 할 것이 꽤 많다. 만약 승객에게도 비행기를 탈 수밖에 없는 필연적 이유가 있었다면 어떻게 할 것인가. 어디까지가 경계일까. 기준을 무엇으로 정할 것인가. 어떤 내용을 담아야 누구나 동의할 만한 법이 될 수 있을까. 실제로 이런 일이 생겼을 때 나는 누구나 생각하는 그러한 행동을 보일 수 있을까. 내가 만든 법이 나를 옭아매지는 않을까. 법을 새롭게 만든다는 것은 쉽지 않다.

위의 수업은 법과 도덕의 역할, 개인의 삶에 미치는 영향을 고민하는 시간이었다. 우리 사회의 슬픈 단면을 마주하는 가운데 세상의 약속 정하기가 절대로 쉽지 않음을 학생들이 체험하는 중요한 순간이기도 했다.

## 통일, 민감하지만 다뤄야 할 교육연극의 소재

통일 수업을 하면서 통일했을 때와 분단이 계속되었을 때의 장점과 아쉬운 점을 '정지 장면' 기법으로 만들어보았다. 아이들이 통일된 한반도의 장점과 필요성에 대해 공감하는 분위기여서, 다음 수업으로 '남북통일준비위원회' 프로젝트를 진행하려고 했다. 그런데 갑자기 북한 사람 역할을 맡은 학생들이 하나둘 소리를 내었다.

"선생님, 저 안 할래요."

"하기 싫어졌어요."

"제가 왜 북한이에요?"

수업을 잠깐 멈추고 이것은 단지 '상상'일 뿐, '실제'가 아니니 한 번 해보자고 설득했지만 한번 거부한 역할을 받아들이기는 어려워 보였다. 역할입기에 너무 몰입한 까닭일까. 내가 남이 되어보는 경험이 세상을 받아들이는 이해의 폭을 넓혀준다는 교육연극의 가치가 공염불이 되는 순간이었다. 시도조차 해볼 수 없다는 것에 아쉬워하다가 물어보았다.

"그런데 애들아, 왜 북한 입장이 되기 싫어?"

수업 방향이 달라졌다. 원래 의도한 것은 남북통일위원들이 만나 실제 통일이 되었다는 상상 속에서 통일된 나라에 필요한 정책을 만드는 활동이었다. 하지만 이제는 아이들의 감정이 궁금해졌다.

"아까 왜 북한 대표가 되기 싫었는지 이유를 알려줄래?"

"그냥 싫어요."

"지저분해요."

"너희들이 남한이랑 북한이랑 통일이 필요하다고 말했잖아. 그래서 선생님은 너희들이 통일에 대해 동의한 줄 알고 다음 활동으로 넘어간 거야. 맞지?"

"그건 맞는데⋯⋯, 어쨌든 안 했으면 좋겠어요."

아뿔싸, '머리에서 가슴까지 거리가 가장 멀다'라는 말처럼 느낌이나 감정이 배우고 생각한 대로 되지 않는다는 것을 새삼 깨달았다.

책 『헤이 오씨 안녕 베씨』에는 통일된 독일에서 기존의 동독과 서독 지역 학생들이 서로에 대해 실제로 어떻게 생각하는지 솔직하게 쓰여 있다. 책을 읽으며 '통일은 준비하기도 어렵지만 통일로 땅이 합쳐진 후에도 마음까지 더불어 살게 하기는 참 쉽지 않구나' 생각했다. 그런데 마치 수업에서 그 일기를 쓴 아이들을 눈앞에서 보고 있는 것 같은 기분이 들었다. 분단은 아이들 마음속에도 알게 모르게 흔적을 남겼음을 발견하고 고민하기 시작했다. 통일 수업에서 마주했던 학생의 반응, 솔직하게 드러낸 마음속 이야기는 내가 미처 예상치 못했던 상황이었다. 주제에 관해 머리(이성)로 소통했지만, 역할입기를 위한 마음의 준비과정과 몰입을 위한 환경을 어떻게 만들 수 있을지에 대한 고민이 부족했다. 학생들의 솔직한 반응이 나의 부족함을 깨우쳐주었다. 수업으로 교사 역시 배운다.

## 시를 활용한 수업

초등학생다운 접근으로 화제가 됐던 박성우 학생의 시 「삼학년」을 교육연극 수업에서 만났다. 화자가 왜 미숫가루를 우물에 넣었는지는 단순히 질문을 통해서도 확인이 가능하다. 그런데 만일 태어나서 처음 뺨을 맞은 그날이 삶에 어떻게 기억될지에 대한 질문을 받았을 때, 시 속의 '그 아이'가 되어본다면 좀 더 생생하게 알 수 있다. 이 시를 공부하면서 화자인 시인과 대화를 나누기로 했다. 시인을 불러본다.

> "성우를 불러볼게요. 성우야!"
> "여기 앉아 있는 성우에게 해주고 싶은 말이 있을까요?"
> "꼭 안아주고 싶어요. 나라도 그럴 수 있었을 거야, 말해주고 싶어요."
> "만일 많이 먹고 싶을 때는……뭔가 조언을 해주고 싶지만 차마 입 밖으로 나오지는 않아요. 지금은 성우가 너무 속상해하니까.'
> "혹시 여러분도 이런 경험이 있나요?"

처음에는 단순히 재미있게만 느껴지던 시였다. 그런데 '성우'의 입장에 서고 보니 배가 고파 우물에 사카린과 미숫가루를 몽땅 집어넣은, 그리고 뺨을 맞고 눈물을 흘리는 그 아이가 오롯이 보였다. 성우는 이제 단순히 재미있는 시를 쓴 귀여운 '대상'이 아니다. 시 속의 인물을 만나면서 시작된 수업은 각자의 실제 삶으로 연결되고 있었다. 수업을 통해 남을 이해하는 경험을 갖고, 사회를 좀 더 폭넓게 바라보는 시선이 생기기를 기대한다.

## 그림을 활용한 수업

반 고흐의 그림 〈울고 있는 노인〉을 활용한 수업이었다. 노인 역을 자원한 학생이 그림 속 노인과 비슷하게 의자에 웅크리고 앉는다. 나는 질문을 한다.

"이 사람은 누구일까?", "무슨 일이 있었던 것일까?", "우리 사회에서 이와 비슷한 감정을 겪는 사람들은 누구일까?", "혹시 나와 관련된 일은 없을까?"

그리고 기다린다. 빨리 대답하지 않아도 되고, 정답이 아닐 거라는 걱정을 하지 않아도 된다. 차근차근, 조금씩 조금씩 인물에 다가간 후 천천히 학생들과 생각을 나누었다. 내가 건넨 질문과 학생들의 대답을 주제와 연결 지으며 개방적인 분위기 속에서 수업을 진행했다. 생각나는 것을 종이에 적어 의자 주변에 내려놓거나 인물이 앉아 있는 의자 위에 손을 짚어 속마음을 말하기도 한다. 멈춰 있던 그림 속 인물이 어느새 다양한 사연을 가진 인물로서 수업 참여자와 함께 교실 의자에 앉아 있다.

〈울고 있는 노인〉을 소재로 학생들이 직접 연극을 만들어보는 수업도 시도했다. 그림을 보고 노인에게 어떤 일이 있었을지 각자 상상하여 글을 쓰고 이를 서로 나누었다. 우리 사회에서 노인에게 일어난 것과 같은 일이 일어나고 있는지, 내 주변에서 비슷한 일을 본 적이 있는지 대화를 나누었다. 모둠원 이야기 중 가장 인상 깊은 것 한 가지를 학생들이 직접 선택하도록 하여, 연극의 한 장면으로 표현해보기도 하였다.

## 4. 교육연극을 통한 상상에 희망을 걸다

만일 내가 교육연극과 민주시민교육을 만나지 못했다면 주어진 환경 속에서 노력하다가 지쳤을지 모른다. 거대한 통 속에 빠져버린 생쥐처럼 벗어나려고 발을 굴러도 결국 통 안의 쥐로 살 수밖에 없다며 한계 지어 버렸을 수 있다.

학교는 사회를 모르는 순진한 곳인가? 아니다. 오히려 학교는 '비록 사회가 그렇더라도 나는 이렇게 해보겠다'라는 도전을 할 수 있는 힘을 주는 공간이기를 희망한다. 민주시민교육이 추구하는 시민의 모습은 그렇게 조금씩 이상에 다가가는 사회를 만들기 위해 노력하는 데 있다고 본다.

"해봤는데 안 되더라고."

"애썼네."

뭔가 아쉽다. 한마디 덧붙였다.

"그래서 이렇게 해보려고."

조금 낫다. 나는 오늘도 상상을 실현하는 꿈을 꾼다.

"너도 해볼래?"

훨씬 좋다. 나는 당신의 상상이 기대된다.

# 추천하는 책과 영화

■ 『창조적인 언어 사용 능력을 위한 교육연극 방법』(낸시 킹, 평민사, 2006)
교육연극을 어떻게 적용하는지, 교사의 자세는 어때야 하는지, 수업 방식의
변화로 인한 학생들의 참여 태도는 어떻게 달라졌는지 등을 볼 수 있다.

■ 『헬로 바바리맨』(유영민, 자음과모음, 2017)
만일 바바리맨이 동네의 영웅이 된다면 어떤 일이 벌어질까. 바바리맨이 된
누군가의 속 이야기를 알게 되면 더 이상 그 동네의 바바리맨은 폭력의 주체가
아니다. 『난장이가 쏘아올린 작은 공』과 주제가 비슷하지만 좀 더 쉽게 접근한
느낌이다.

■ 『나의 아름다운 정원』(심윤경, 한겨레출판, 2013)
어렸을 적 당신은 어떤 삶을 살았나요? 부모님이 우리를 길러주던 시절의
모습과 1980년대 역사가 어우러져 있다. 중간중간 나오는 할머니의 거친
언어와 가족의 일상에 옛 기억을 떠올리며 입꼬리가 올라간다. 하지만 마냥
웃을 수만은 없는 결말이 담겨 있어 어두웠던 시대를 가늠하게 한다.

■ 〈대단한 유혹〉(장 프랑수아 폴리오 감독, 2004)
마을이 존폐기로에 섰다? 의사가 거주해야만 마을의 앞날이 보장된다면
당신은 무엇을 할 것인가. 착한 거짓말은 나쁜 것인가. 프랑스 영화답게 소소한
개그 코드가 있으며 약간의 성적 농담이 포함되어 있다. 혹시 크리켓이라는
스포츠 알고 있나요?

**백신종** 인천만수초등학교 교사

## 1. 학생의 선택은 일상화될 수 없는가?

2015년, 5학년 담임을 맡았을 때다. 여름방학을 코앞에 둔 7월, 난 호기를 부렸다.

"애들아! 이제 곧 여름방학인데, 너희들이 직접 방학숙제를 정해보는 건 어때?"

내가 말만 시작하면 마치 나와 경쟁이라도 하듯 낙서를 시작하던 윤지도, 수업이 시작되면 아이스크림처럼 녹아내려 곧 바닥에 닿을 듯한 민우도 놀란 눈으로 날 쳐다봤다. 호기는 효과를 발휘했다.

"매번 선생님이 숙제 내주는 것보다, 너희들이 할 일이니 너희들이 직접 정해보는 거지."

"진짜요?", "정말요?"

질문은 대답할 틈도 없이 날아들었다. 난 내 의지를 칠판에 굵은 글씨로 알렸다. '방학숙제 자유 선택. 단, 최소 3가지!' 개수 제한이 등장하자 여기저기 탄식이 흘러나왔지만, 이내 아이들은 다음 이야기를 기다리는 눈치였다.

"3가지는, 내가 방학 동안 꼭 하고 싶은 일 2가지, 내게 도움이 되는 일 1가지를 정하고, 그것을 방학 동안 어떻게 실천할지 선생님에게 알려주면 끝! 다만, 자신의 건강을 해치거나, 나쁜 습관이 생길 수 있는 것은 피하도록. 자, 그럼 나눠준 종이에 작성 시작!"

교실은 곧 종이 위를 내달리는 연필 소리로 가득 찼다. 심지어, 윤지도, 민우도 무언가 적어 내려가기 시작했다.


## 2. 삶이 있는 교실을 상상하다

### 우연히 알게 된 교실 속 마을활동

여름방학이 시작되고, 교육대학원 3학기 수강을 위해 청주에 내려 갔다. 여름방학 계획을 신나게 세우던 아이들 모습을 떠올리며, 교실에서 학생의 선택을 일상화할 수는 없을까, 고민하던 차에 대학교 동기를 만났다. 서로 안부를 묻고, 이런저런 이야기를 하다 누가 교사 아니랄까봐 학교 이야길 쏟아냈고, 자연스레 요즘 내 고민을 털어났다. 한데 친구가 귀에 솔깃한 이야기를 꺼냈다. 본인 학교의 선생님이 하시던 경제교육 이야기였다. 학급을 하나의 경제공동체로 만들어 사업도 하고, 세금도 내고, 임금도 받으며, 회사도 만들고, 그렇게 경제 개념을 익힌단다. 개인적으로 경제에 관심이 많던 내겐 꽤 구미 당기는 소재였다. 정신을 놓고 이야기를 듣던 중, 친구는 다음 강의가 있다며 황급히 자리를 떠났고, 난 한동안 친구의 이야기를 곱씹었다. 인천에 돌아온 날. "서점에 책이 있다던데?" 친구가 했던 이야기가 떠올라 서점을 찾았다. 마을활동이라는 키워드로 찾아낸 『교실 속 마을활동』. 교실 속 마을활동은 학생들을 선택의 장으로 초대할 수 있을까?

이 책은 경제교육을 위한 방법을 안내하는 책으로, 각각 2주 동안 자유경제(자유주의), 평등경제(사회주의), 공정경제(지공주의)를 경험하는 경제교육을 소개한다. 이를 위해 교실이 경제공동체로서의 마을이 되고, 학생들은 주민이 된다. 주민은 교사가 정한 마을법에 따라 임금이나 상금을 받고, 세금과 벌금도 내며 생활한다. 마을 운영은 주민들 중 교사의 승인을 받아 공무원이 된 학생들이 주축이 돼 운영한다. 임금 담당, 세금 담당, 벌금 담당, 상금 담당 등이 있다. 사업자도 있다. 사업자는 물건을 판매하거나, 서비스를 제공하며 소득을 얻는다. 나는 학생들이 2주 동안 3가지 경제기반 마을활동을 하는 이 경험이 다양한 선택의 기회를 통해 학생들의 자발성도 유도하고 아울러 경제교육 효과도 있으리라 생각했다. 자. 그럼 시작해보자!

2학기가 시작되고, 개학 첫날. 난 부푼 꿈을 안고 교실에 들어섰다. 뭔가 대단한 아이템을 장착한 게임 캐릭터가 된 기분이었다. 난 학생들에게 마을활동에 관해 일장 설파했다. 그런데 반응이 천차만별이다.

"아…, 네…", "갑자기 세금을 낸다고? 왜? 1학기에는 안 냈잖아! 나 용돈 다 썼단 말이야!", "돈을 벌 수 있다고? 진짜 돈이 생겨?",

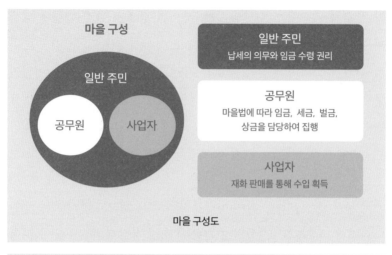

마을 구성

일반 주민

| 일반 주민 |
| --- |
| 납세의 의무와 임금 수령 권리 |

| 공무원 |
| --- |
| 마을법에 따라 임금, 세금, 벌금, 상금을 담당하여 집행 |

| 사업자 |
| --- |
| 재화 판매를 통해 수입 획득 |

공무원　사업자

마을 구성도

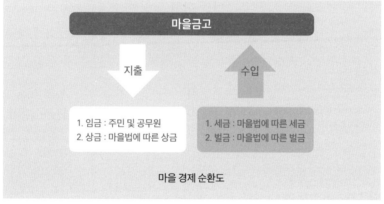

마을금고

지출　수입

1. 임금 : 주민 및 공무원
2. 상금 : 마을법에 따른 상금

1. 세금 : 마을법에 따른 세금
2. 벌금 : 마을법에 따른 벌금

마을 경제 순환도

"뭘 사서 먹을 수 있어? 오예!"

정말 동상이몽이라는 말이 딱 맞았다. 아이들은 저마다 상상을 시작했다. 난 그 상상을 바로잡아주기 바빴고, 일단 해보자는 결론에 다다랐다. 참고한 책에서는 3개의 경제 체제를 각각 2주간 실행하는 것으로 안내돼 있다. 하지만 초보인 난 그럴 여력이 없었다. 그래서 자유경제 체제 기반의 경제활동을 2주간 해보기로 했다. 먼저 마을법을 공지했다. 주민은 어떤 권리와 의무가 있는지, 공무원은 무엇을 하는지, 세금은 얼마 내고, 어떨 때 임금을 받으며, 공무원은 누가 있고, 사업자는 사업을 어떻게 하고, 통장은 어떻게 쓰는지. 도대체 성인이 된 나는 어떻게 이런 법을 어기지 않고 살아가는지 새삼 놀라움을 느끼며, 2주간의 마을활동은 시작됐다.

그렇게 시작한 첫 주. 첫날은 아이들보다 내가 더 바빴다.

"선생님! 통장 이렇게 쓰는 거 맞아요?", "선생님! 공무원이 누구예요?", "선생님 전 세금 담당인데, 뭐해요?", "선생님! 공무원이 일 안 해요", "선생님! 사업자는 뭐해요?"

처음은 다 그렇지, 하고 나를 다독이며, 하루를 보냈다. 그래도 평소 발표 한 번 않던 아이가 내게 와 질문할 정도면 반은 성공이지 않은가.

다음 날 아침, 어제를 생각하며 오늘을 예상했고 그 예상은 무서우리만치 적중했다. 그렇게 3일째 되는 날 아침. 별 기대 없이 들어선 교실은 날 놀라게 했다. 아이들이 세금 담당에게 가 세금 내려고 줄을 서 있는가 하면, 벌금 담당은 어제 세금 안 낸 아이를 불러 벌금을 걷고 있었다. 아이들은 저마다 자기 통장을 들고 이리저리 돌아다니고, 사업자 앞에도 줄을 서 물건을 사고 있었다. 드디어 마을이 됐다!

1주차 마지막 날에 접어든 마을활동은 활력을 보였다. 그리고 사업자는 그 활력의 중심에 서 있었다. 선생님께 허락을 받아야 겨우 먹을 수 있던 간식도 사서 먹고, 연필, 지우개를 집에 놓고 와도 선생님 눈치 볼 필요 없이 사업자에게서 바로 살 수 있으니, 주민들은 신나지 않을 수 없다. 이는 곧 사업자의 사업이 정말 잘되고 있음을, 그리고 그들의 소득이 무섭게 오르고 있음을 의미한다. 이는 또 다른

역할을 수행하고 있는 공무원들(위), 재화를 판매하고 있는 사업자들(아래)

직업군에게 불만을 가져왔다. 바로 공무원이다. 마을법상 직업은 1
가지만 가질 수 있었기 때문에, 사업자는 공무원을, 공무원은 사업자
를 할 수 없다. 한데, 1주일간 사업자가 벌어들인 수익이 공무원 임
금의 서너 배가 되자 공무원들도 사업을 할 수 있게 해달라는 요구
가 터져나온 것이다. 참고한 책에 안내된 대로 하자면, 마을법 수정
에 대한 권한은 교사가 갖고 있다. 하지만 공무원의 사업 요구에 대
한 전 주민적 관심이 집중된 상황에서 주민들이 모두 참여하는 마을
회의를 여는 것이 좋겠다는 생각이 들었다.

 최초 마을회의 개최. 그 과정은 뜨거웠다. 사업자 측에서는 "사업
자가 너무 많으면 장사가 안 된다", "공무원은 이미 직업에 대한 임

금을 받고 있으므로 안 된다", "공무원이 사업하면 바빠져서 사인(임금, 세금 등의 확인)을 제대로 못할 것이다"라고 주장했다.

공무원 측은 "일반 주민도 원하면 언제든지 사업을 하는데, 왜 우리는 안 되느냐?", "소득차이가 너무 난다. 우리도 잘할 수 있다.", "사업자가 늘면 주민들은 더 다양한 물품을 살 수 있다" 등의 주장을 폈다. 중립적 입장에 가까웠던 일반 주민들은 하나둘씩 이쪽저쪽에 설득되었고, 주민투표가 진행됐다. 결과는 공무원 사업 운영 허가!

2주차가 시작되자, 공무원 중 절반이 사업을 시작했다. 첫날은 공무원인 주민들이 상당히 만족했다. 사업을 시작하는 마음에 대폭 할인도 하고, 지난주 마을에서 판매하지 않던 물품도 가져와 판매했기 때문에 반응도 괜찮았다. 하지만 이틀째 기존 사업자도 대폭 할인을

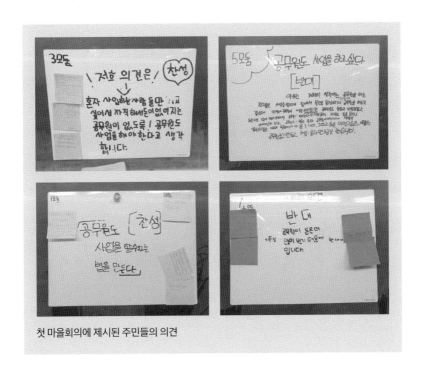

첫 마을회의에 제시된 주민들의 의견

시작했고, 출혈 경쟁이 시작됐다. 게다가 사업에 마음이 쏠린 공무원들은 시간에 쫓겨 임금, 세금 등의 확인을 버거워하기 시작했고, 결국 주민들의 불만이 커져 다시 마을회의를 열게 됐다. 결론은 공무원 사업 금지!

앞에 있는 선생님도 실제로는 공무원인 게 떠올랐는지, "선생님도 사업해도 되나요?" 하고 묻기도 했다. 자연스레 실제 세상에서도 공무원이 되면 다른 일을 동시에 할 수 없게 되어 있다는 겸직금지 원칙에 관해서도 이야기하며 2주차 첫 마을활동을 마무리했다. 아직도 한 학생이 회의 마지막에 무심히 했던 말이 생생하다.

"울 엄마가, 장사 아무나 하는 거 아니랬어."

## 첫 마을활동은 무엇을 남겼나

학생들의 반응은 대부분 "또 하고 싶다", "재밌다" "2주가 너무 짧다"였다. 반응 중에는 세금을 내고 임금을 받는 활동을 하며 부모님이 정말 고생하신다고 느꼈다는 학생도 있었다. 단순히 어른들의 삶이라고 생각했던 경제활동을 직접 체험하며, 실제 삶을 좀 더 가까이 경험한 것이다. 이에 난 이 활동을 1년 동안 해볼 수는 없을까 고민하기 시작했다. 경제를 넓혀 우리 삶을 배우는 교육이면 어떨까? 학급운영이 교육과정과 긴밀하게 연결된다면, 1년도 무리는 아니다.

공무원의 사업 요구에 따라 마을법 수정 과정을 경험하며, 애초 참고한 책에서 안내한 방법을 변형해야겠다는 생각이 들었다. 교사 중심의 마을법 집행을 학생중심의 마을법 집행으로 수정하는 것이다. 즉, 학생들에게 마을회의라는 공식적 절차를 통해 마을법을 수정하고 실행할 수 있는 권한을 부여하는 것이다. 학생들은 학급에서 발생하는 문제해결을 위해 다양한 방안을 자유롭게 논의하고 결정할 수 있으며, 해결방안의 실행결과도 직접 확인할 수 있게 된다.

앞서 살펴본 공무원 사업 요구는, 전 주민적 참여를 이끌었으며, 그 결과로 1차 공무원 사업 승인이, 2차는 공무원 사업 불가가 각각 결정됐다. 마을법이 1, 2차로 수정되는 과정에서 학생들은 애초 수정한 마을법이 어떤 결과를 낳는지 확인하고, 이를 바탕으로 또다시 마을법을 수정하는 경험을 했다. 학생들은 학급운영에 더욱 적극적으로 참여하게 됐고 자신이 학급의 주체임을 확인할 수 있었다. 학생중심의 학급자치를 경험한 것이다. 이러한 학급자치를 지속적으로 경험한 학생들이라면 분명 능동적 시민으로 성장할 수 있을 것이다. 그래, 시민을 길러보자!

첫 마을활동에서 학급 구성원 대다수가 학급의 문제를 자신의 문제로 인식할 때, 학생들의 의사결정 과정 참여도도 높아짐을 확인할 수 있었다. 이는 경제 기반의 교육활동이 주는 효과이기도 하다. 즉, 개개인의 학생은 나름의 소득활동과 지출활동을 통해 개인적 경제활동을 한다. 이는 곧 교실 속 삶에서 개인의 이해관계가 발생함을 의미하고. 이러한 이해관계는 때로 갈등을 유발한다. 이러한 갈등을 해결하는 과정을 마을회의와 연결한다면 학생의 욕구를 정치적 차원으로 접근하는 모양새가 갖춰진다.

참여를 통해 마을법을 구성하고 이를 실행하는 과정을 자연스럽게 모니터링하는 과정. 우리 삶의 정치 과정과 너무 닮았지 않은가! 정치하면 좌우, 진보와 보수 등 이념과 진영이 먼저 떠오를 테지만, 실상 정치는 삶이다. 자신의 삶을 위해 사회적 결정에 참여하고, 결정이 실행되는 과정을 모니터링하는 것이 바로 정치 아닌가. 그런 의미에서 마을회의에 참여하는 학생들은 이미 정치를 실행하고 있으며, 그 정치를 통해 세상을 이해하고 시민적 삶을 배울 수 있다.

## 마을활동 2.0, '교실 세상'을 구상하다

첫 마을활동을 통해 얻은 수확으로, 마을 경제를 넘어 세상을 품기로 했다. '교실 세상'이 그것이다. 마을활동은 특정 경제 체제를 경험하는 2주간의 이벤트에서 1년간의 학급생활을 통해 세상을 배우는 교실 세상이 됐다. 교사가 결정권을 갖던 마을법도, 마을 구성원 모두가 참여하여 제정한다. 마을에서 발생하는 문제는 2주일에 한 번 진행하는 정기 마을회의에서 다루고 이를 통해 문제 해결을 위한 마을법 수정, 삭제, 추가의 과정을 거치도록 했다. 교실 세상, 시작해보자!

교실 세상은 1년 동안 운영된다. 하지만 공무원, 사업자, 일반 주민 사이의 역학관계만으로 1년을 가기에는 다소 무리가 있다. 따라서 교육과정과 교실 세상 활동의 연계성은 반드시 확보되어야 한다. 이때 동료 선생님과 서로 마음이 맞는다면 학년운영 방식에 교실 세상 활동을 함께 녹여도 좋다. 백지장도 맞들면 낫다고, 혼자서 교육과정을 구성하는 것보다 같은 학년을 담당한 선생님들과 함께 교육과정을 분석하고 교실 세상과 연계한 시민교육의 주제로 적합한 것을 학습주제로 선정하면, 좀 더 다양한 교실 세상 활동을 구성할 수 있다. 또한 학생들의 입장에서는 옆 반은 또 다른 세상이기 때문에 교류도 가능하며, 교실 세상의 다양한 확장을 기대할 수 있다. 이렇게 되면,

학생을 둘러싼 교육 공간이 모두 교실 세상의 장이 되고, 좀 더 몰입감 있는 활동이 가능하다.

경제 기반의 교실 세상은 '냥'이라는 가상의 화폐가 순환하며 경제 활동이 시작된다. 냥은 마을금고를 통해 들고 나는데, 마을회의에서 임금, 벌금, 세금, 상금 등에 대한 세부 항목이 정해지면, 그에 따라 마을금고에서 지급되기도 하고, 마을금고로 입금되기도 한다. 따라서 마을금고가 바닥나면 마을 경제는 파산이다. 임금을 못 받는다니, 간식이고 뭐고 그림의 떡이다. 그나저나 처음 시작할 때 마을금고는 텅텅 비어 있을 텐데, 순환구조를 어떻게 만들어낼까? 가장 이상적인 것은 마을법상 마을금고에서 주민에게 지급되는 임금의 합과 마을금고로 입금되는 세금의 합이 균형을 이루면 된다. 하지만 이런 혜안이 최초 마을법을 만드는 과정에서 등장하기란 쉽지 않다. 그리고 등장해서도 안 된다! 학생들이 마을법을 정할 때, 마음 놓고 '욕망이라는 이름의 전차'에 올라타서 임금 항목 늘리기에 전념하도록 하라! 이 욕망은 추후 아주 중요한 역할을 하므로, 학생들이 마음껏 욕망을 부릴 수 있도록 최초의 마을금고에 잔액을 미리 만들어두는 편이 낫다. 방법은 간단하다.

"얘들아! 교장 선생님이 너희들 마을 입주를 축하한다고 무려 1만 냥을 마을에 기부하셨구나! 교장 선생님 뵈면 꼭 인사드리렴!"

한동안 교장 선생님은 영문도 모른 채 우리 반 아이들의 감사 인사를 받아야 했다. 먼발치에 교장 선생님이 보이기라도 하면 고래고래 소리를 지르는 아이들을 보며, 난 회심의 미소를 지었다. 그대여, 아무 걱정하지 말고, 상상하라.

## 3. '교실 세상', 여정을 시작하다

### 욕망이란 이름의 전차를 타고온 마을법

"선생님, 정말 우리가 정하면 법이 돼요?"

"응, 선생님은 모둠별로 나온 임금, 세금, 벌금, 상금 항목을 정리만 해줄게. 그래서 많은 사람이 좋다고 하는 항목을 우리 마을법으로 정하자! 선생님도 그 법에 따라 임금도 받고 세금도 내고 할 거야!"

학기초 마을법 제정 시간에 학생들은 내가 정말 이래도 되나 싶은 분위기에서 시작한다. 물론 물 만난 고기처럼 항목별로 들어갔으면 하는 법을 속사포처럼 쏟아내는 녀석도 있다.

"야. 숙제 다 하면 300냥 어때?"

"300냥이 뭐야! 500냥은 돼야지!"

"지각 안 하는 것도 좋은 일 아냐? 지각 안 하면 500냥 받자!"

학생들은 점점 탄력을 받는다. 과감하게 항목을 정하기도 하고, 때로는 실랑이를 벌이기도 한다. 그렇게 해서 모둠별 임금, 세금, 벌금, 상금에 대한 항목이 정리되면 돌아가며 발표하고, 다른 모둠은 발표에 관해 의문이 있으면 질문한다.

"수업 준비를 하면 500냥이라고 하셨는데, 그건 너무 과하지 않나요?"

"과하다니요! 작년에 전 수업 준비를 안 해서 매일 혼났습니다! 그건 그만큼 중요한 것 아닙니까!"

여기저기서 내 말이 그 말이다! 하며 "맞아, 맞아"를 연신 외쳐댄다. 아, 호랑이를 키우고 있나, 싶을 정도다. 모둠별 발표가 끝나면 나는 모둠별 제출 내용을 정리해 다시 학생들에게 배부한다. 임금, 세금, 벌금, 상금 영역에 따라 각 모둠이 제시한 마을법이 한데 정리된 자료다. 각 모둠에서는 해당 자료를 살펴보고, 최종적으로 항목별 마을법을 정한다. 모둠별로 정한 마을법을 슬쩍슬쩍 훔쳐보며 "정신 차려, 이 녀석들아! 이러다간 교장 선생님이 주신 1만 냥도 1주일이면 바닥이라고!" 외치고 싶지만, 회심의 일격을 위해 꾹꾹 누르며 법안 최종결정 단계로 간다. 그래, 세금 좀 덜 내고 임금 좀 많이 받으면 어떠냐. 선생님은 그 결과에 거는 기대가 크다.

"자, 세금의 경우, '2교시 쉬는 시간까지 300냥을 낸다'를 4개 모둠이 선택했습니다. 우리 마을 법안으로 정해도 되겠습니까?"

마을법 제정과정 1. 마을법 항목별 법안 제정(위), 2. 마을법 공표(아래)

이렇게 항목별 표결을 통해 최종적인 법안이 결정됐다. 그럼 시작해볼까?

## 어김없이 찾아온 그날, '국가 부도의 날'

인간은 욕망의 동물이라고 했던가. 앞서 살펴본 대로, 학생들은 최초 마을법을 제정할 때 상당히 고무된다. 소위 '냥'도 벌 수 있고, 이 냥으로 무엇인가를 살 수 있다고 하니 신이 난다. 이때 학생들은 공통의 경향성을 보인다. 주민의 수입은 높게 하고, 세금 등으로 발생하는 지출을 최소화하려는 것이다. 마을 경제는 마을금고에서 화폐가 들고 나는 순환형 시스템이기 때문에 주민의 소득이 과해지면, 즉, 마을금고의 지출이 과해지면 분명 탈이 나게 돼 있다. 한데 탈은, 문제이자 기회다. 일단 최초 마을법을 살펴보자.

옆의 표는 2019년 교실 세상 초기 마을법이다. 수당이라고 적힌 항목은 주민들이 얻을 수 있는 소득들이다. 숙제제출, 양치, 급식 다 먹기(반짝반짝 빛나는 식판), 지각하지 않음, 준비물 준비 완료 등 주민이 하루에 얻을 수 있는 소득 항목이다. 모두 더하면 550냥이다. 하지만 이게 끝이 아니다. 무시무시한 조항이 하나 더 있다. 바로 매시간 수업 준비에 대한 임금이다. 수업 준비(수업 전 교과서 꺼내놓기 등)를 하면 500냥을 준단다. 6교시면 하루 3,000냥을 받을 수 있다! 한 항목만으로 3,000냥을 받을 수 있는 것이다. 한데 주민이 내는 하루 세금은 얼마인가. 오른쪽 표처럼 300냥이다(2. 마을 세금 납입, 가 항목을 보라). 교장 선생님의 쾌척 덕에 찰랑찰랑하던 마을금고는 2주도 못 가 바닥났다. 마을 파산. 모든 경제활동 정지. 대재앙이 찾아왔다.

## 마을 경제시스템 안내

### 1. 수업수당 항목

| 수당 | 항목 | 벌금 |
|---|---|---|
| 100냥 | 숙제제출 | 없음 |
| 100냥 | 양치완료 | 없음 |
| 150냥 | 반짝반짝 빛나는 식판 | 없음 |
| 100냥 | 지각하지 않음 | 없음 |
| 150냥 | 준비물 준비 완료 | 없음 |
| 없음 | 세금 밀림 | 200냥 |
| 없음 | 싸움, 폭력, 놀림 | 200냥 |
| 없음 | 욕설 | 500냥 |
| 없음 | 지각 | 200냥 |
| 500냥 | 수업 미리 준비 | 없음 |
| 200냥 | 전담 선생님 칭찬 혹은 꾸중 | 200냥 |
| 600냥 | 양치 일주일 완료 | 없음 |
| 75냥 | 사물함 및 자리 정리 | 없음 |
| 100냥 | 시험점수 10점 이상 상승 | 없음 |
| 150냥 | 시험점수 90점 이상 | 없음 |
| 300냥 | 시험점수 100점 | 없음 |

### 2. 마을 세금 납입

가. 납부 방법
- 세금은 300냥으로 하며, 매일 납부한다.
- 세금은 2교시 쉬는 시간까지 세금 담당에게 납입한다.
- 정해진 시간에 납입하지 않으면 마을법에 따라 벌금을 내야 한다.

나. 세금 사용처
- 세금은 반드시 주민을 위해서 사용해야 한다.
- 세금을 사용해야 할 때는 반드시 주민회의를 통해 결정한다.

### 3. 직업 및 임금 지급표

| 임금 | 직업 | 역할 | 인원 | 소득세 |
|---|---|---|---|---|
| 1500냥 | 세금 담당 | 토지세 징수 및 장부 기록 | 2명 | 150냥 |
| 1500냥 | 임금 담당 | 임금 지급 및 장부 기록 | 2명 | 150냥 |
| 1500냥 | 상금 담당 | 상금 지급 및 장부 기록 | 2명 | 150냥 |
| 1500냥 | 벌금 담당 | 벌금 지급 및 장부 기록 | 2명 | 150냥 |
| 1500냥 | 환경정리 담당 | 청소도구함, 모둠 상자 정리 | 2명 | 150냥 |
| | 슈퍼마켓 | 간식 등 판매 | | 그날 소득의 10% |
| | 문구점 | 문구류 판매 | | 그날 소득의 10% |
| | 창업 | 본인의 특기를 살려 창업 | | 그날 소득의 10% |
| | 은행 | 최대 500냥 대출 | | 없음 |

"거봐! 임금이 너무 과하다고 했잖아!"

"그래도 우리가 다 좋다고 결정한 건데, 뭐!"

"빨리 저 법 없애자!"

기다렸던 바다. 주민들은 마을법 수정회의를 시작했고 관련 항목을 삭제했다(앞 페이지 표에서 배경이 짙게 표시된 항목이 바로 삭제된 마을법 항목이다).

최초 마을법은 사실 완벽할 수 없다. 물론 완벽함은 1년 내내 찾아오지 않는다. 심지어 마을회의를 통해 수정한 마을법도 완벽할 수 없다. 하지만 이는 교실 세상에 매우 중요한 기회다. 바로 학생들에게 공공의 문제를 경험하고 이를 해결하는 경험을 제공하기 때문이다. 해서 마을회의가 진행될 때, 교사는 최소한으로 개입하며 학생들의 결정을 살핀다. 동시에 그 결정에 따라 앞으로 발생할 수 있는 격론의 기회, 위기의 기회를 포착해야 한다. 그리고 예상된 문제가 발생할 때 그것이 무르익도록, 문제가 공론화되기를 기다린다. 몇몇 학생의 문제가 아니라 우리의 문제구나, 하고 절감할 수 있게 말이다. 이렇게 되면 학급의 문제가 모두의 문제가 되고, 반드시 해결해야 하는 우리의 문제가 되며, 이는 학생들이 마을회의에 적극적으로 참여하는 동력이 된다. 이 동력은 1년이라는 기간 동안 교실 속 삶이 유지될 수 있는 핵심적 역할을 하며, 나아가 학생들을 능동적 시민의 삶으로 안내한다.

## 소수의 권리는 다수의 바람과 같은 무게

"선생님, 저 노트북 좀 빌려주시면 안 돼요?"

"노트북? 어디 쓰려고?"

"사업으로 DJ 하려구요! 아이들 음악 듣는 거 좋아하니까, 1곡당 50냥씩 받고 노래 틀어주면 대박 날 것 같아요!"

교실에 자리만 차지하고 있던 오래된 노트북이 주인을 만났다. 좋아하는 가수의 노래나 뮤직 비디오를 즐겨듣는 아이들에게 꽤 인기가 있을 법한 사업이었다. 성주는 노트북을 얹은 책상을 교실 뒤편으로 힘차게 밀었다.

"자자, 비켜봐. 오늘부터 DJ 사업 시작할 거야. 여기 신청곡 종이에 듣고 싶은 노래 적으면 50냥씩 받고 노래 틀어줄게!"

반응은 뜨거웠다. 교실 밖이라면 노래 듣는 게 특별할 것 없지만, 교실에서는 핸드폰 사용이 학칙으로 금지되어 있어 노래를 듣는다는 건 굉장히 특별한 일이다. 삽시간에 아이들은 모여들었고 신청곡

DJ 주변에 모여 노래를 듣고 있는 주민들

이 날아들었다.

그런데 며칠이 지났을까. 묘한 상황이 벌어졌다.

"야. 뭔가 좀 이상하지 않냐? 내가 듣고 싶어서 50냥 내고 노래를 듣는데, 왜 쟤네들이 신났냐?"

상황인즉슨, 실컷 냥을 내고 음악을 신청한 사람뿐만 아니라, 그렇지 않은 사람도 노래를 다 듣고 있는 것이다. 그렇다. 성주는 스피커로 노래를 틀어주고 있었다. 덕분에 다른 아이들은 어부지리의 진수를 맛보며 노래를 흥얼거렸다. 저 귀를 막을 수도 없고, 귀를 막으라고 소리칠 수도 없는 진퇴양난의 상황.

"좋아, 지금부터 이어폰으로 듣자."

성주의 명쾌한 결정에 문제를 제기했던 친구는 납득했고, 음악을 신청한 학생은 이어폰으로 음악을 들었다. 한데 이번엔 의외의 문제 제기가 시작됐다.

"선생님! 음악 그냥 다 같이 들으면 안 돼요? 음악 들으니까 신나고 좋던데……."

"글쎄, 저건 어디까지나 사업이니까, 개인이 대가를 내고 혜택을 받는 거라 선생님이 이래라저래라하기 어려운 문제라서 말이야."

사실 나 역시도 교실에 음악이 차 있을 때와 그렇지 않을 때의 차이를 확연히 느낄 수 있었다. 게다가 나도 음악을 듣고 싶은 것은 매한가지다. 이때 한 학생이 갑자기 소리쳤다.

"공무원. 그래, 공무원! DJ를 공무원으로 하면 되잖아!"

모두가 성주의 눈치를 살폈다. 신청곡이 신나게 날아들며 소득을 올리고 있던 성주에게 정해진 임금만 받는 공무원이 되라는 건 달가울 리 없다. 아이들이 성주의 눈치를 살피는 것은 어쩌면 당연하다. 한데 성주가 의외의 답을 했다.

"좋아! 대신 공무원 임금은 2주에 1,500냥이니까, 난 그만큼만 틀래."

셈이 빠른 녀석이 단박에 계산해 외쳤다.

"50냥씩 2주 동안 30곡이니까 하루에 3곡밖에 안 되는데!"

아이들이 일제히 날 쳐다봤다. 무언의, 아니 대놓고 SOS다. 나보고 성주를 설득해보라는 이야기다. 하지만 어디 나 혼자 정할 수 있는 문제인가.

마을회의가 열렸고, 아이들은 방법을 고민하기 시작했다. 많은 이야기가 오가더니 결국, DJ 임금은 2,000냥이 되어, 사업자 셈으로는 하루 4곡 맞잡이가 됐다. "어차피 음악은 한 번에 3~4분 정도라 쉬는 시간 10분 동안 1곡이면 된다", "DJ도 좀 쉬어야 한다"는 등 나름의 계산과 공무원 복지까지 생각하며 일단락됐다. 사실 다른 공무원과의 형평성 문제도 있었는데 거의 매번 쉬는 시간에 노래를 틀어야 한다는 나름의 근무조건도 고려됐다.

해결 과정을 지켜보며, 어른보다 낫다 싶었다. 실제 우리의 삶은 어떠한가. 다수가 원하고 소수가 결단의 끝에 내몰린 상황에서 소수는 과연 자신의 주장을 어디까지 펼 수 있는가. 다수의 횡포가 다수결의 원칙으로 합리화되는 일이 종종 있지 않은가. 하지만 다수의 바람이 소수의 권리보다 더 중하다고 할 수 없다. 소수의 권리는 다수의 바람보다 가벼울 수 없다. 둘은 같은 무게를 갖는다. 시민적 삶에서 대화와 타협을 강조하는 이유가 바로 여기에 있다. 학생들은 기특하게도 그 무게가 같음을 찾아낸 것이다.

다수가 DJ라는 직업이 공공성을 띤다고 판단했지만, 사익을 위해 출발한 그것을 무조건 공공화하지 않았다. 성주의 의견을 들었고, 성주를 설득할 방법을 찾았다. 또한 성주 역시도 대화와 타협의 여지를 열어두었고, 실제로 타협점을 찾아 합의에 도달했다. 이것이 우리가 바라는 사회의 모습이 아니던가. 우리가 바라는 시민의 모습이 이렇지 않은가. 아이들은 어느새 능동적 시민이 되어, 어른이 돼버린 내게 이미 배움을 주고 있었다. 나도, 이런 세상에서 살고 싶다.


## 4. 상상의 여정, 시민에 닿다

교실 세상 여정을 시작한 지 6년이 지났다. 학생의 선택이 일상화된 교실, 학생의 자기 목소리가 실현되는 교실을 꿈꾸며 그렇게 교실 속 세상을 만들어왔다. 물론 문제가 없었던 것은 아니다. 학기초 사업자 중 한 학생이 자신의 용돈을 판매물품 구입으로 전부 써버려 학부모로부터 걱정스러운 전화를 받은 적도 있다.

"선생님, 교실 세상 활동은 정말 아이들에게 도움이 되는 건가요?"

문제를 그대로 두면 문제지만, 문제를 통해 학생이 성장할 수 있다면 그것은 기회다. 실제로 해당 학생과 용돈 사용과 교실 세상 활동 사이의 구분에 관해 대화를 나누며 규모 있는 용돈 사용의 필요성을 함께 공유했다. 다행히 학생은 잘 이해했고, 다른 사업자 학생들 역시도 공감하고 조심하기로 했다. 또 한 번의 성장 기회였다.

이렇듯 아이들과 다양한 일을 겪으며 1년 여정의 끝에 다다르면, 학생들과 소감을 나눈다. 그중 기억에 남는 소감이 있다.

"우리가 직접 마을법을 정하고, 문제가 있으면 마을법을 수정하는 것이 재미있고 신났다. 교실의 주인이 우리라는 것을 처음 알게 됐다. 우리의 문제를 우리가 해결하는 것이 1년 간 가장 재밌었던 일 같다."(2019 교실 세상 주민 김민아)

맞다. 이 여정의 목적은 교실을 학생들에게 돌려주기 위함이다. 종전 교사의 관점에서 운영되던 학급을 학생과 공유하는 것, 그래서 학생들과 교사가 동등하게 공존하는 곳이 교실이어야 한다. 역할에 대한 배리어 프리가 그것이다. 교실은 교사와 학생이 관습적 장벽을 허물고 함께 살아가는 공간이 되는 것이다. 그런 면에서 교실 세상 활동의 마을법은 교사나 학생 예외 없이 똑같이 적용된다. 교사도 똑같이 세금 내고, 항목에 따라 임금, 벌금, 상금을 받는다. 즉, 구성원 모두가 동등한 권리를 가지는 것으로, 설사 갈등이 생기더라도 건강한 토의토론이 가능하다. 이렇게 보장된 발언의 기회는 학생의 목소리가 더 크고 우렁차게 교실을 채우도록 한다. 마을회의는 바로 그러한 동등함의 정점, 역할에 대한 배리어 프리의 정점이라 하겠다. 이러한 교육환경을 우리 공교육이 보장할 수 있다면, 우리가 꿈꾸는 민주시민교육도 먼 나라 이야기가 아니다. 즉, 시민적 의무에 대한 존중에 기초하여 시민의 권리를 행사하고, 자신이 직면한 문제를 해결하기 위해 적극적으로 사회적 의사결정에 참여하는 시민을 기르는 교육, 바로 능동적 시민 양성이 가능한 것이다.

나는 종종 이 여정의 끝이 어떠할지 상상하곤 한다. 칼 세이건의 『코스모스』에는 별의 명멸에 관한 이야기가 등장한다. 별에도 생애가 있고, 삶과 죽음이 있다. 우주에는 수많은 별이 있고, 그것의 명멸은 지금도 계속되고 있다. 그 명멸과 함께하는 우리의 명멸은 어떠한가. 인류의 문명이 아무리 발전한들, 우리가 사는 별, 이 지구의 명멸을 넘어설 수는 없다. 아마 그것이 우리 문명의 한계가 될 것이다. 별 대부분의 생애주기가 비슷하기에, 혹시 모르는 또 다른 별에 존재하는 문명의 정점은 우리와 비슷할지 모른다. 아마 그 문명이 우리보다 조금 더 나아갔다면, 우리보다 소멸의 시기에 좀 더 가까워졌으리라.

뜬금없는 별타령은 사실 교실 세상의 여정과 맞닿아 있다. 교실 세상 활동의 명멸은 1년이다. 그리고 난 1년마다 새로운 세상을 만나고, 그것의 생멸을 함께한다. 그런 면에서 매년 교실 세상은 어디까지 다다를 수 있을지, 어떤 세상을 얼마만큼 품어 어떤 시민적 차원에 다다를지 궁금하다. 그리고 그것을 지켜보는 나의 멸이 찾아올 때, 과연 교실 세상은 여전히 새로운 생을 시작할지, 그렇지 않을지 궁금하다.

이러한 궁금증은 내게 큰 동력이 된다. 우리 아이들이 나와 동등한 교실 속 주인이 된다면 우리는 어디까지 갈 수 있을까, 어떤 세상을 얼마나 품어볼 수 있을까. 오늘도 설렘으로 아이들을 만나길 고대하며, 새로운 세상을 기다려본다.

## 🖋 추천하는 책과 영화

■『교실 속 마을활동』(문경민 외, 우리교육, 2012)
경제교육을 목표로 학급을 하나의 마을로 구성하여 3가지 경제 체제를
경험하도록 한다. 사회주의 기반의 평등경제, 자유주의 기반의 자유경제,
지공주의에 기반한 공정경제가 그것이다. 저자는 학생들이 3가지
경제시스템을 경험하게 하며, 공정경제에 방점을 찍고 있다. 2주의 기간 동안
학급에 다양한 역동을 부여하며, 실제적 경제교육을 안내하는 책이다.

■『교사와 학생 사이』(하임 G. 기너트, 양철북, 2003)
교사와 학생 사이의 갈등을 짤막하게 각색한 글이다. 문제상황에서 어떻게
학생을 이해하고 대화를 진행하는지, 교사 역시 어떻게 마음을 다치지 않고
문제를 해결할 수 있는지에 대한 좋은 길잡이가 된다. 학급 내 다양한 활동
속에는 언제든 갈등이 존재할 수 있다. 그러한 갈등을 원만히 해결하고
학생과의 관계를 돈독하게 유지하는 데 큰 도움이 되는 책이다.

■『토의토론 수업, 배움을 디자인하다』(김경훈, 행복한 미래, 2018)
토의토론 방법에 관한 소개가 자세히 되어 있다. '교실 세상' 활동을 하며
토의토론은 필수다. 자신의 학급에 적합한, 때론 문제에 적합한 토의토론
방법을 선택하고 실행하는 데 좋은 안내서다.

■〈나, 다니엘 블레이크〉(켄 로치 감독, 2016)
한평생 목수로 살아가던 다니엘은 지병인 심장병 악화로 목수일을 그만두게
된다. 담당 의사의 견해에 따라 질병수당을 신청했지만 그마저도 거절당한다.
대신 실업수당을 신청하려 했으나, 디지털 소외계층에 대한 배려 부족으로
결국 이마저도 무산된다. 사회적 소외계층이 겪는 여러 어려움을 다루며 이에
대한 관심을 환기하고, 현대 사회의 문제와 인간의 존엄성을 다루는 영화다.

■ 〈국가부도의 날〉(최국희 감독, 2018)

1997년 외환위기를 배경으로 한다. 외환위기 당시 상황의 이해와 함께 국가의 역할, 시민의 알 권리를 확인할 수 있다. 특히 마을활동 초반에 빈번히 발생하는 마을파산사태를 해결한 후 이 영화를 학생들과 함께 시청하면 금상첨화다. 국가의 투명하지 않은 결정, 시민의 소외 대목에서 학생들은 격분한다. 관람 후 시민의 역할, 국가의 역할 등을 주제로 토론하기 좋은 영화다.

# 11장
# 사람책을 만나다
### 물음표 배낭을 메고 떠나는 질문여행

조수진 영종중학교 교사

## 1. 사람은 책이다

"너 게이냐?"

"게이 ××!"

사람의 입에서 나온 말. 말에는 온도가 있다고 하는데 저 말의 온도는 어떻게 될까. 2011년 남학생들만 다니는 중학교로 신규 발령이 났다. 말꼬리 물며 장난치고 인신공격을 하던 학생들 틈에서 성소수자 혐오 표현이 아무렇지 않게 흘러나왔다. 보다못해 "게이가 어때서? 누구를 좋아하고 사랑할지는 스스로 정해야 하는 것 아닐까?" 하고 끼어들었다. 의아하다는 듯 나를 쳐다보긴 해도 "게이 ××"는 사라지지 않았다. 만약 학교 안의 누군가 성소수자였다면 그는 어떤 마음이었을까.

문득 친구의 얼굴이 스쳤다. 2002년 어느 날 친구가 애인을 소개해줬다. 예상치 못한 커밍아웃이었다. '어떻게 하지? 어떻게 이런 비극이 내 친구에게 생겼을까.' 충격과 걱정에 말문이 막혔다. 친구 부모님 얼굴이 스쳤다. 친구니까 따뜻한 말로 '위로'를 해야 한다고 생각했다. 생각이 마구 엉키는 바람에 겨우 말을 꺼냈다.

"괜찮아. 그래도 너는 남자처럼 생긴 여자를 좋아하잖아. 언젠가는 남자를 좋아하게 되지 않을까?"

침묵이 흘렀다. 수년이 흐른 뒤에야 그때 내가 했으면 좋았을 말이 생각났다. 타임머신을 타고 친구가 커밍아웃한 순간으로 되돌아갈 수 있다면, 친구에게 꼭 이렇게 말해주고 싶다. "고마워, 나를 믿고 이야기해줘서. 그리고 축하해! 사랑하는 사람을 만난 거."

'게이 ××' 사건 이후 성소수자 문제를 인권동아리 학생들과 다뤄보기로 했다. 그런데 무엇을 매개로 편견을 깨는 경험을 해야 할지 고민스러웠다. 책? 영화? 신문? 다름을 이유로 차별해서는 안 된다는 것을 학생들이 어떤 방식으로 배우는 게 효과적일까? 성소수자에 대한 편견과 고정관념을 깨는 질문을 누가 어떤 방식으로 시작해야 할까?

'나는 어쩌다 성소수자에 대한 편견에서 벗어날 수 있었지?' 친구의 얼굴이 다시 스쳤다. 친구의 커밍아웃 이후 내 머릿속에는 커다란 균열이 생기기 시작했다. 그녀를 만나 사랑 이야기를 들을 때면 신비한 연애소설'책'을 읽는 것 같았다. 호기심이 생겨 이것저것 물어보면 친구도 신이 나서 답을 했다. 그러는 동안 내 안의 어떤 견고한 성이 무너졌다. 마침내 산산조각이 나버렸을 때 친구의 삶과 사랑이 더는 연민의 대상으로 보이지 않았다.

"지금 우리에게는 편견과 고정관념을 깨는 질문이 필요합니다."
휴먼라이브러리 창립자 로니 에버겔의 말이다. 성소수자인 친구의
존재, 그리고 그 존재에게서 직접 듣는 이야기는 내 안의 편견과 고
정관념을 깨는 매우 강렬한 질문을 던졌다. 책을 읽거나 영화나 뉴스
를 볼 때와는 달랐다. 대학 신입생 때 사회과학동아리와 인권동아리
에서 성소수자 관련 책과 기사를 읽고 토론한 경험이 있었고, 덕분에
자본주의 사회가 심어둔 혐오와 편견에 때로 의문을 던질 수 있었다.
하지만 그로부터 온전히 자유롭게 되기까지는 훨씬 많은 과정이 필
요했다. 성소수자인 친구와의 만남은 지각변동을 일으켰다.

'그래, 사람을 직접 만나게 하자!' 전화를 걸었다. "저는 중학교에
서 인권동아리를 운영하는 교사입니다. 학생들이 성소수자분들을
직접 만나 이야기를 들어볼 수 있을까요?" 이렇게 물음표 배낭을 메
고 떠나는 질문여행이 시작됐다. 마주 앉아 눈빛과 온기를 나눌 수
있는 공간으로 학생들이 들어섰다. 아주 특별한 책, 사람을 만났다.
살아 있는 '사람책'은 모든 것을 활자로 미리 담아둔 종이책을 읽어
내려가는 것과 달랐다. 맞춤 질문에 대답을 듣고 표정, 목소리의 떨
림, 손짓이나 몸동작 하나하나에 담긴 감정과 메시지를 함께 읽을
수 있었다. TV나 영화에서 다루는 성소수자의 모습이나 어쩌다 뉴
스에 등장하는 이 4음절 단어가 담아내지 못하는 울림이 있었다.

학생들 스스로의 호기심과 능동성이 발휘되는 순간도 등장했다.
머릿속에 마구 떠다니는 물음표가 꼬리에 꼬리를 무는 질문으로 이
어졌다. 교과서에서 다루지 않고 뉴스나 신문기사만으로는 해소되
지 않던 것들이 풀려갔다. 상대의 이야기를 듣고 머릿속 모순이 파
괴되고 다시 세워지는 과정을 겪으며 학생들은 편견과 고정관념을

깨는 수준을 넘어서기도 했다. 생각과 인식의 틀이 넓어지는 지각변동은 물론, 자기 목소리를 만드는 여정에 들어선 학생이 생겼다. 동아리활동 몇 주 뒤 한 학생이 찾아와 무지개 저금통을 내밀었다. "이거, 그분들께 꼭 전달해주세요." 푼푼이 용돈을 모아 연대의 마음을 보낸 것이다.

당시에는 사람책이라는 개념을 몰랐지만, 돌이켜보니 인권동아리 학생들과 만난 이들 모두 사람책이었다. 동아리 이름을 새로 지었다. '학교 밖 세상체험 인권동아리 학교탈출+'. 우리는 학교 담장을 넘어 세상 곳곳으로 사람을 만나러 다녔다. 물음표 배낭을 메고 떠난 질문여행마다 사람책을 읽었다.

혁명가 카를 마르크스는 이렇게 말한다. "만약 사물의 현상과 본질이 같다면 과학이 더는 필요하지 않을 것이다." 눈앞에 보이는 것이 진실과 다를 수 있으니 겉만 보고 판단하면 큰코다친다. 학생들이 편견과 고정관념을 걷어내고 스스로 진실을 보는 눈을 갖게 하는 것, 현상 묘사를 넘어 과학적으로 사고하게 하는 것, 그것이 민주시민교육의 책무라고 굳게 믿는다. 이 질문여행에서 읽은 사람책은 학생들이 눈앞의 현상을 넘어 진실에 한 발짝 더 가까이 가도록 돕는 열쇠였다. 살아 있는 주체로 학생을 성장시키는 민주시민교육은 사람책과 만나야 한다.

## 2. 낯선 존재의 삶 속으로

### 사람을 빌려드립니다

사람책의 원래 명칭은 '휴먼북'이다. 휴먼북을 빌려볼 수 있는 곳이 휴먼라이브러리이다. 한국어로는 '사람책 도서관'이다. 살아 있는 사람이 책이 된다는 의미를 살려 '리빙라이브러리(Living Library)'라고도 부르는데 미국인이 저작권을 가지고 있어 주의해야 한다.

휴먼북이나 휴먼라이브러리는 외국어가 주는 특유의 세련된 느낌이 있지만, '사람'과 '책'이 지니는 우리말의 포근함과 정겨움이 좋아 가급적 '사람책' '사람책 도서관'이라는 표현을 쓰려 한다.

"어쩌다 사람이 책이 됐을까" "맨 처음 사람책은 어떤 내용이었을까."

이 물음에 대한 답은 덴마크에 있다. 사람책은 소위 '막 나가던' 덴마크 청소년의 시민적 각성에서 시작됐다. 반항심에 어린 시절을 함부로 보냈다는 로니 에버겔. 친구 중 하나가 배를 여섯 번이나 칼에 찔리는 일이 없었더라면 그와 친구들은 '스톱 더 바이올런스(Stop The Violence, 폭력을 멈춰라)'를 시작하지 않았을 것이다.

그는 편견이나 고정관념이 어떻게 폭력으로 이어지는가를 보며 충격을 받았지만 곧 대안을 찾아냈다. 2000년, 우연히 '청소년들의 시야를 넓히면서 서로 미워하던 사람들이 좋은 이웃으로 성장하게 하는 장'을 기획해달라는 요청을 받고 우선 그냥 대화를 해보자는 생각에 휴먼라이브러리를 기획한다. 덴마크의 최대 뮤직페스티벌인 〈로스킬레 페스티벌〉의 부대 행사였다.

다양한 사람들이 사람책으로, 독자로 참여했고 호응이 뜨거웠다.

이 행사가 전 세계 80여 개 국가로 퍼져 무슬림, 성소수자 등 편견의 피해자들이 사람책이 돼 자신의 이야기를 하며 잘못된 사회적 시각을 깨는 운동으로 발전했다. 편견과 고정관념을 줄이기 위한 '사람책 소통' 방법론은 지구 반대편 한국까지 건너와 주목을 받았다.

휴먼라이브러리의 핵심은 대화다. 사람책이 이야기를 들려줄 때 독자는 질문을 할 수 있다. 사람책 역시 독자에게 질문할 수 있다. 로니 에버겔은 이렇게 말한다. "코펜하겐에서 우리는 다양한 이민자들을 일상에서 만납니다. 채소가게의 아랍 상인, 피자가게의 터키 사람, 모로코 사람이 운전하는 택시 등등. 그렇지만 같은 곳에 살고 있다고 해서 공존한다고 말할 수는 없습니다. 이민자들과 한 번이라도 허심탄회한 대화를 해본 적이 있나요? 서로 다른 음식문화에 대해서, 이슬람교도라면 히잡과 같은 복장에 대해서, 궁금한 것들을 편하게 만나 얘기할 수 있어야 공존하는 것이고, 그래서 우리는 이런 기회와 경험을 넓힐 필요가 있습니다." 사람책 도서관의 중요한 규칙은 '겉표지로 책을 판단하지 마세요'다. 진실을 보는 눈을 가져야 하는 민주시민에게 꼭 필요한 말이다.

## 어떤 사람들이 사람책이 될까

사람책이 되는 기준은 '타인의 가치 때문에 편견을 경험한 사람'이다. 꾸며낸 이야기가 아닌, 자신의 이야기를 들려주는 사람들이 사람책 주인공이 된다. 유명인사일 필요는 없다. 학급 친구가 될 수도 있고 마을주민이 될 수도 있다.

다만, 조심해야 할 부분이 있다. 한국에서는 원래의 취지와는 다르게 운영되는 경우가 종종 있기 때문이다. 기업에서 유명한 인물들을 불러 초청강연을 할 때도 '휴먼라이브러리'라는 이름이 붙는다. 소위 성공한 사람의 인생 이야기를 들려주는 토크 행사 같은 느낌이 든다. 이런 행사들은 '괴물 행사'라고 로니 에버겔은 비판한다.

덴마크 휴먼라이브러리 본부에 따르면, 사람책은 인종, 성별, 나이, 장애, 성적 취향, 성 정체성, 계급, 종교, 라이프 스타일 등 자신의 정체성으로 인한 편견과 선입견으로 소외되고 차별받는 집단에 속한 사람들이다. 대화할 기회가 없었던 '낯선' 존재들을 만나 그들의 삶으로 들어가 '친구'처럼 깊이 대화를 나누는 것, 이것이 바로 휴먼라이브러리의 목적이다. 독자는 이 대화를 통해 자신의 편견과 고정관념을 만나게 된다.

누구나 독자가 될 수 있지만, 책을 읽는 독자들도 지켜야 할 규칙이 있다. 책을 소중하게 대하면서 책이 들려주는 이야기에 귀 기울여야 한다.


## 3. 우리가 만난 사람책

### 혐오와 차별을 넘어 눈과 귀로 만나는 난민 이야기

2018년 예멘 난민 500여 명이 내전을 피해 제주도에 들어와 한국정부에 난민 지위를 요청했다. 먼 나라 이야기인 것만 같던 난민 문제가 한국에서도 '뜨거운 감자'가 됐다. 날것의 기사를 출력해 동아리 시간에 나눠주고 이야기하도록 했다. 학생들의 입장은 분분했다.

"왜 하필이면 한국으로 왔어요? 다른 나라로 가도 되잖아요", "한국에 얼마나 있으려고 하는 거예요?", "경제가 힘든데 난민을 받아들이면 국민은 어떻게 하나요?", "그래도 같은 사람인데 받아들여야 하지 않을까요?", "모국이 얼마나 힘들었으면 왔을까요……", "누군들 난민이 되고 싶어서 됐겠어요?"

난민 찬성 집회와 반대 집회가 열리는 것과 꼭 마찬가지로 학생들의 생각도 나뉘어 있었다. 언론에서는 종종 난민 문제가 등장했고, 인천공항에 구금되어 있던 콩고 출신 앙골라 난민 루렌도 씨 가족 이야기도 들려왔다.

인권동아리 학생들과 난민 문제를 다루는 방법을 바꿔보기로 했다. 신문기사와 뉴스만으로는 다가가기 만만치 않은 문제였기 때문이다. 난민 당사자의 이야기를 직접 들어보면 좋겠단 생각을 하던 차에, 난민 친구를 지켜내려는 중학생들의 청와대 청원이 떠올랐다. 또래 난민이 들려주는 이야기라면 주제가 좀 낯설더라도 친구처럼 이야기를 들어볼 수 있을 것 같았다. 수소문 끝에 이란 난민 김민혁(한국 활동명) 군과 그를 돕는 오현록 선생님과 친구들의 만남이 성사됐다. 지금부터는 사람책 김민혁을 잠시 읽어보자.

"왜 난민이 됐어요?"

"굳이 한국에서 난민을 신청한 이유가 뭐예요?"

평소 궁금하던 것을 거침없이 풀어놓는 학생들. 혹여 '상처가 되지 않을까?' 지도교사인 나는 심장이 두근거렸다. 2019년 6월, 인권동아리 학생들과 국가인권위원회에 갔을 때 일이다.

"한국말을 잘하시네요?"

"한국에 온 지 10년이 됐으니까요. 제가 어릴 때 왔거든요."

2018년 10월 난민 지위를 인정받은 이란 청소년 김민혁 학생이 유창한 한국어로 대답했다. 이란에서 태어난 민혁 군은 2010년 아버지를 따라 낯선 한국으로 왔다. 함께 놀던 친구의 전도로 교회에 나가기 시작했고, 이후 아버지 지인과 성당에 다니면서 2013년 천주교로 개종했다. 본인의 자유의지에 따른 선택이었다. 그런데 그 선택이 '화근'이 됐다.

"종교를 바꿨는데, 왜 사형을 당해요?"

이슬람 국가인 이란에서 기독교로의 개종은 사형을 당할 수 있는 중죄에 속한다. 이란에 사는 민혁 군의 가족들은 종교를 바꿨으니 "사람도 아니다"라며 민혁 군과 아예 연을 끊어버렸다. 숫제 연락을 받지도, 하지도 않았다. 어린 민혁 군이 "교회에 나갔다"는 말을 한 뒤부터라고 한다.

민혁 군과 아버지는 난민 지위를 신청했지만 돌아온 건 불인정 처분이었다. 사연을 알게 된 학교 친구들과 교사들이 그의 난민 인정을 위해 발 벗고 나

국가인권위원회 방문을 마치고(왼쪽)
2019년 6월 이란 난민 청소년 김민혁과의 만남, 국가인권위원회 방문에서(오른쪽)
찾아오는 난민 토크 '우리 곁의 난민, 난민과 함께 손잡고' 활동 모습(아래)

선 덕분에 난민 지위 재신청을 했고, 민혁 군은 2018년 난민으로 인정받았다.

그런데 끝난 게 아니었다. 같은 해 11월 민혁 군의 아버지는 난민 불인정 판결을 받았다.

"개종한 걸 후회하진 않았나요?"

"개종하면 모국으로 돌아가지 못할 거라는 걸 알았을 거 아니에요?"

동아리 학생들의 아찔한 질문들이 쏟아졌다.

"저는 당시 어려서 이런 사실을 몰랐어요. 제가 교회 나간다는 사실을 알고 아버지는 많이 난감하셨죠. 이란으로 돌아갈 수 없으니까요. 원래 기독교인이면 차별받는 정도인데, 무슬림이었다가 다른 종교로 개종하면 사형까지 당할 수 있어요. 용납이 안 되는 거죠. 하지만 제 선택에 대해선 후회하지 않습니다."

민혁 군 부자를 돕고 있는 오현록 선생님은, 난민 신청의 어려움과 답답함, 출입국청의 '갑질'을 생생하게 폭로했다.

"난민 신청을 하면 심사 시간이 얼마나 걸릴지 모릅니다. 비자가 만료되면 연장해야 하는데, 출입국청에서는 연장 기간을 자의적으로 줍니다. 6개월, 3개월, 2개월. 신청인이 마음에 안 들면 1개월. 매달 한 번씩 출입국청에 오라는 거죠. 그날 하루는 일을 할 수도 없고, 연장 처리하는 데도 6~7시간 걸립니다. 왔다 갔다 하는 시간 빼고요. 보완 서류를 추가로 요구받으면, 이걸 준비하려고 동사무소, 보건소 등을 다녀야 하죠. 문의할 게 생겨 출입국청에 전화를 걸면 연결이 참 어렵습니다. 직통 번호도 안 알려주고요. 기껏 연결돼도 필요한 내용을 확인해주지 않고 다음 날로 미루기도 하죠. 그러고는 연락 안 오기 일쑤입니다. 수틀리면 본국 대사관에 갔다 오라고 합니다. 본국의 핍박을 피해 다른 나라로 피신 온 난민이, 어떻게 서류를 떼러 대사관에 갈 수 있겠어요? 갑질이죠."

이제 학생들의 물음은 본질적인 질문으로 나아갔다.

"정부는 왜 난민을 안 받으려고 하나요?"

이후 우리는 또 다른 사람책을 만났다. 헬프 시리아 사무국장 압둘 와합 씨와 난민들을 돕고 있는 한국디아코니아 홍주민 목사님은 우리 학교로 직접 찾아와, 한국에서 살아가는 난민의 삶을 들려줬다. 사람책 김민혁, 압둘 와합, 홍주민을 읽고 학생들은 어떤 변화를 겪었을까. 학교축제 동아리에서 학생들은 만장일치로 난민 부스를 차렸다. 난민에 대한 오해와 편견을 직접 조사해서 Q&A 홍보물을 만들어 설명했다. 홍주민 목사님과 난민들이 직접 만든 케밥을 간식으로 제공하자는 아이디어 덕에 동아리 부스가 더 풍성해졌다. 그리고 축제 당일, 난민 부스에는 100여 명의 학생이 다녀갔다.

## 세월호 유가족과 함께하는 북콘서트

4월이면 기억난다. 2014년 4월 16일 그날, 인천 신흥중학교에 근무하던 그때 내가 무엇을 하고 있었는지. 한 학부모에게서 온 '선생님 어떻게 해요'라는 문자를 뒤로하고, 수업과 업무에 치여 교실로 바삐 들어갔던 그날의 장면이 사진처럼 남아 있다. 4월이 되면 뒤집힌 배가 마지막 몸부림을 치며 가라앉던 그 모습이 떠오른다. 당신의 4월은 어떨까.

2019년 4월 2일 영종중학교에 귀한 손님 두 분이 찾아왔다. 단원고 2-3반 최윤민 학생의 언니 최윤아 씨와 어머님 박혜영 씨가 학생들을 만나기 위해 멀리 영종도까지 온 것이다. 가족을 잃은 슬픔 외에도 유가족다움을 강요받는 시선과 편견을 오랫동안 그리고 앞으로도 견뎌야 하는 이분들의 삶 속에는 무엇이 담겨 있을까.

해마다 4월이 되면 안산 기억교실에 다녀오던 것에서 한 걸음 더 앞으로 나간 것이 '세월호 유가족과 함께하는 북콘서트'였다. 상처 입은 치유자인 세월호 유가족을 직접 만난다는 것은 학생들에게 의미 있고 귀중한 경험이었다.

우리는 이 의미 있는 만남을 준비하기 위해 먼저 안산으로 갔다. 수학여행에서 돌아오지 못한 단원고 학생들과 선생님들이 머물렀던 기억교실에 다녀온 후, 학생들은 북콘서트 준비에 더욱 더 책임감을 느끼는 듯했다.

묵직한 주제인 만큼 희망을 이야기하고 싶어 『다시 봄이 올 거예요』를 골랐다. 책을 미리 사서 학생들에게 나눠주고 읽게 했다. 세월호 참사 희생 학생들의 부모 이야기가 실린 『금요일엔 돌아오렴』도, 희생자들의 형제자매 그리고 생존 학생들의 이야기가 담긴 기록집 『다시 봄이 올 거예요』도 그 자체로 사람책이다.

영종중학교는 월 1회 화요일 5교시부터 7교시까지 창의적 체험활동 동아리 시간인데 북콘서트를 운영하기에 딱 좋았다. 점심시간이나 방과후 시간을 할애하지 않고 정규 교육과정에 녹여낼 수 있기 때문이었다. 5주기 추모행사는 인권동아리 외에도 역사동아리, 환경미술동아리, 학생회 등과 함께 미리 상의하고 내부결재를 올려서 진행했다.

그 한 꼭지로 인권동아리는 북콘서트 〈다시 봄이 올 거예요〉를 맡았다. 그러나 세월호 유가족들의 이야기를 들을 수 있는 게 흔한 일이 아니어서, 인권동아리 18명 학생 외에 원하는 학생들에게도 신청을 받았다. 교내 10개 동아리 180여 명 학생과 교직원이 함께 마음을 모으는 큰 행사가 됐다. 인권동아리 학생들은 직접 행사를 기획해 공간을 꾸미고, 사회를 보았다. 책을 읽으며 인상 깊었던 구절을 낭

독하고 유가족에게 즉석질문도 하면서 학생들은 5년 전 세월호 참사에 한 발 한 발 조심스럽게 다가갔다.

"영종도까지는 어떻게 오셨나요?", "점심은 뭐 드시고 오셨어요?", "최윤민은 어떤 학생이었나요?", "양말 기부하셨다고 책에서 봤는데 현재까지 얼마만큼 기부하셨나요?"

유가족이라는 무게가 버거워 어찌할 바를 모르던 처음과 달리, 가족들과의 이야기가 깊어질수록 학생들은 점차 자기 이야기를 편하게 꺼내놓기 시작했다.

"세월호 참사 당일 동생분이 어떤 마음으로 수학여행을 가셨나요?", "사고 난 직후 어떻게 하셨는지……", "기자들이 우르르 몰려들었을 때 심정이 어떠셨나요?", "지금은 이야기를 할 수 없지만, 동생한테 꼭 하고 싶은 말이 있을까요?", "지난주 목요일쯤 뉴스를 보다가 알게 된 게 있는데 세월호 CCTV가 조작됐다고 하는데 어떠셨는지 궁금합니다.", "『다시 봄이 올 거예요』 책을 다섯 번 읽었어요. 읽을 때마다 몇 번을 울었는데 세월호 유가족들은 어떻게 견뎠을까요."

숨소리 고요해진 시청각실에서 윤민이 어머니와 언니는 그날의 기억을 꺼내 우리에게 들려줬다.

"예전의 내 인생은 기억이 안 나요. 나도 평범한 일상이 있었는데……그때로 돌아갈 수가 없어요. 일상이 깨졌어요. 친구가 그래요. 이제 정권도 바뀌고 세월이 지났으니까 너도 이제 일상으로 돌아오라고. 하지만 제 일상은 없어요. 세월호를 빼놓고는 저희의 삶을 얘기할 수 없게 됐거든요. 5년이 지나고 정권이 바뀌어서 분위기가 좋다고 말을 하지만 분위기만 좋을 뿐이에요. 세월호에 대해서는 아무것도 바뀐 것이 없어요. 5년 동안 거리에서 싸웠지만, 결과적으로 언

최윤민 학생 가족과의 만남 그리고 대화

어낸 것이 없어요. ……세월호는 현재까지도 진행 중이지, 매듭지어진 게 없어요. ……계속해서 이 나라의 안전을 바꾸고 교육을 바꿔가야 할 거 같아요. 저는 포부가 큰 사람이 아니었어요. 그런데 이 활동을 하다보니까 세월호라는 게 다 연결돼 있더라고요."

학생들이 유가족의 한 마디 한 마디를 귀 기울여 듣고 있었다. 스르르 눈이 감겨버린 학생도 있었지만, 수업 중에 흔히 옆자리 친구와 장난도 치고 낙서도 하던 학생들이 정지 화면처럼 고요했다. 사람책에 몰입하고 연결되는 순간이었다.

윤민이 어머니와 언니가 씩씩하고 밝아 보여 도리어 마음이 아팠다. 그리고 우리는 세월호 공소시효가 얼마 안 남았다는 것을 알게 됐다. 다 해결된 줄로만 알았는데 이 문제가 왜 아직도 해결되지 않았는지 학생들의 물음이 깊어졌다.

이 물음과 함께 또 다른 여행을 떠났다. 인권동아리 학생들은 『세월호 참사, 자본주의와 국가를 묻다』의 김승주 작가를 만나 여러 가지 질문을 던졌다.

"박근혜정부가 탄핵당하고 문재인정부가 들어섰는데 세월호는 왜 아직도 해결되지 않을까요? 왜 문재인 대통령도 해결을 안 할까요?"

"자본주의라는 틀 안에서 정부가 바뀌어도 비슷한 거 같아요. 박근혜정부 때보다 좀 나은 줄 알았는데. 돈의 논리라는 건 여전히 똑같은 거네요."

"헬조선이라는 말을 하잖아요. 더러운 세상이죠. 돈만 있으면 다 되는. 직장 얻어봐야 뭐하나 이런 생각이 들었어요. 어른들은 '니가 세상에 맞춰 살아야지'라고만 해요. 그런 얘기 진짜 많이 들었거든요. 이 책 읽고 작가님이랑 만나서 이야기도 하고 오늘 속이 시원했습니다. 다른 책들은 그냥 슬프고 공감하는 정도인데, 뭐랄까, 이 책은 현실적인 돌파구 같은 느낌이 들었고, 근본적인 방안이 담겨서 좋았습니다."

"세월호, 하면 몇 명이 죽고 수학여행 가다가 그랬다는 것만 알다

추모를 넘어 물음을 던지다.
영종중학교 세월호 5주기 추모공간

가 더 자세히 알게 돼서 좋았어요. 세월호 참사를 접할 때마다 답답하고 안 풀려왔던 게 풀린다는 생각이 들었어요. 다들 추모하자, 기억하자, 그러는데 이 책은 근본적 원인을 건드려서 도움이 됐습니다. 뭐가 문제인지 알았어요. 어떻게 해결해야 하는지도요. 모르는 부분을 찾아보게 되었고요."

작가는 대뜸 학생들에게 궁금한 것을 물었다.

"그건 그렇고, 갑자기 궁금해요. 세월호 참사와 인권을 어떻게 연결하게 되었나요?"

"세월호를 보면 인간으로 대우하지 않은 게 보여요. 생명의 가치를 낮게 보니까요. 그래서 참사가 더 커졌고요. 책임자 처벌이 제대로 안 되면 인권이 지켜지는 게 아니잖아요."

"지금은 중3이지만 세월호 참사 당시 저는 초등학교 4학년이었거든요. 사실 내용은 잘 모르고 추모해야 한다는 것만 생각했어요. 그런데 세월호 참사가 어떻게 발생했는지 원인을 깨달았어요. 나중에 어른이 돼서 이런 구조를 바꾸고 싶다는 생각이 들었습니다."

질문여행을 마칠 무렵, 학생들이 저마다의 속도와 깊이로 민주시민에 다가가고 있음을 확인할 수 있었다.

## 성소수자와 함께하는 무지개 인권 감수성

2019년 10월. 학교축제에 운영할 동아리 부스 논의가 한창일 때, 그동안 동아리활동에서 다룬 주제들이 다시 등장했다. 세월호, 성평등, 성소수자, 난민, 청소년 노동인권까지.

부스 운영에 적합한 주제를 고르는데, 난민 주제는 만장일치로 부스 운영을 하기로 했다. 어떤 주제는 필요하지만 부스 운영까지는 아니라고 여겨 관련 자료를 전시하는 것으로 대체했다. 세월호도 그 가운데 하나였다.

성소수자는 반반으로 의견이 갈렸다. 팽팽한 논쟁이 시작됐다. 동아리를 나가겠다는 학생들이 생겼다.

"우리 동아리를 이상하게 생각할 것 같아요."

"성소수자 부스는, 지금은 안 했으면 좋겠어요."

"그러면 저는 동아리를 나갈래요."

"아직은 불편해요……."

광장이 열리고 자기 목소리가 등장했다. 학생의 입장이 절대적으로 중요했다. 한 명 한 명이 자기 목소리를 온전히 낼 수 있어야 하는 주제였기 때문이다. 지도교사인 나는 의사결정 밖으로 나가 학생들이 스스로 마무리하도록 지켜봤다.

"불편하다고 언제까지 미뤄둘 수는 없잖아요."

"우리 학교에도 성소수자 학생이 있을 수 있잖아요. 그 학생들에게 따뜻한 공간이 있다는 걸 알려주고 힘을 주면 좋겠어요."

이 논쟁의 결말을 보기 전에 잠시 2019년 여름으로 거슬러 올라가야 한다. 그때 인권동아리 학생들은 아주 특별한 사람책을 만나기 위해 바다를 건너 영종도를 탈출했다. 비가 추적추적 내리던 날, 알록달록 무지개 깃발이 반겨주는 곳에서 우리는 두 사람을 만났다.

"혹시 이거 물어봐도 돼요? 선생님들도 성소수자인가요?"

"본인의 정체성을 언제 처음 알게 되셨나요?"

"외국에 가서 동성결혼하고 올 수 있나요?"

"게이나 레즈비언 중에도 남자 역할, 여자 역할이 있나요?"

'행동하는성소수자인권연대'
방문 프로그램

"성소수자 인권단체에서 일하게 된 계기가 뭐예요?"

쭈뼛쭈뼛 조심스러우면서도 학생들은 자신이 궁금한 것을 꺼내놓고 물어보기 시작했다. 학생들 물음에 따라 사람책이 펼치는 책장이 달라졌다.

"커밍아웃했을 때 반응이 어땠어요?"

"음, 그래서 네가 요즘 행복해 보였구나 하면서 평소처럼 대해주던걸요."

이 특별한 사람책을 읽으면서 학생들은 어떤 생각을 했을까. 영종도로 돌아오는 길에 학생들에게 느낌을 물었다. 혹시 달라진 점이 있는지도 궁금했다.

"저요? 별생각 안 들었어요", "글쎄요. 만나고 나서 딱히 달라진 건 없어요", "그냥 똑같은 사람이던데요?", "성소수자에 대한 생각을 바꾸게 됐어요", "역할극을 해보니 상처받은 느낌을 좀 알 것 같아요",

"편견을 가진 선생님이 학교에 있으면 항의해야겠다는 생각이 들었어요."

다시 2019년 10월로 돌아가자. 영종도 탈출로 아주 특별한 사람책을 읽었던 학생들은 각자의 목소리가 묻히지 않게 할 방법을 찾아냈다.

"원치 않는 학생은 다른 부스를 차리게 해요."

학생들은 성소수자 부스 운영은 하되, 원치 않는 친구에게는 거부권을 주도록 묘안을 냈다. 축제 당일, 학생들이 운영한 인권 카페에는 '당신의 친구가 커밍아웃한다면?'이라는 제목의 부스가 등장했다. '당신이 해주고 싶은 말', '당신이 할 것 같은 말'을 포스트잇에 적어서 붙여보고 서로의 생각을 들여다보도록 설계된 활동이었다.

포스트잇을 붙이고나면 덮개를 열어 '말하기 조심스러울 당신을 위한 가이드라인'을 읽게 되고, 자연스럽게 '성소수자', '커밍아웃', '아웃팅', '성 정체성', '성적 지향' 등 익숙하지 않은 용어를 풀어 설명하는 게시물로 시선이 옮겨졌다.

지난여름의 만남은 우리 곁 어디에나 있지만 유령처럼 감춰진 성소수자들에게 가졌던 편견을 걷어내는 계기였다. 학생들은 거기서 한 발 더 나갔다. 커밍아웃과 아웃팅의 차이를 알리고, 커밍아웃을 받았을 때 상황을 던지고 어떻게 하면 좋을지 축제 때 알리기로 한 것이다. 인권동아리를 이상하게 볼까 걱정하고, 아직은 불편한 마음이 들어 동아리를 나갈까 고민하던 학생들도 다른 친구들의 생각을 존중해주었다. 아주 민감한 주제였지만 서로 다른 생각을 솔직히 꺼내놓고 자기 목소리를 내는 광장이 열렸다. 사람책과의 만남이 그 광장으로 들어설 용기를 준 것이다. 학생들이 민주시민으로 진화해

가는 순간이었다.

"당신이 누구이며, 당신이 누구를 사랑하는지에 대해 마음을 여십시오. 편견과 추측을 쫓아버리십시오. 증오를 이해와 공감과 수용으로 바꾸기 위한 지속적인 노력을 지지해주십시오." 1998년, 미국에서 성소수자 혐오로 잔인하게 살해된 20살 아들을 기리며 한 어머니가 남긴 말을 곱씹는다.

성소수자 인권 문제는 교육의 장에서 반드시 다뤄져야 한다고 믿는다. 그러나 보수적인 성 관념과 편견에서 한국사회도 자유롭지 않다. 논쟁적인 사안이라 성소수자 인권 문제를 다루는 교사에게 민원이 제기될 수도 있다. 나 역시 2013년에 민원에 대응한 경험이 있다. 성소수자 인권 문제에 관심을 가진 교사들이 한발 더 내딛는 데 도움이 되길 바라며 당시 기록과 대응방법이 실린 인터넷 사이트 주소를 공유한다(전교조 인천지부 홈페이지 게시글 https://url.kr/gneFpV).

## 4. 다시 떠나는 질문여행

"휴먼라이브러리는 사람들의 편견과 고정관념에 도전하기 위한 행사여야만 한다"라고 창립자 로니 에버겔은 강조한다. 우리 인권동아리 '학교탈출+'로 초대한 사람책 모두, 우리 머릿속에 있는 편견과 고정관념에 도전하는 존재였다. 덴마크에서 시작한 휴먼라이브러리의 철학을 온전히 담은 휴먼북 프로그램은 아니었지만 말이다.

내가 추구하는 사람책은 덴마크 휴먼라이브러리와 한 가지 차이가 있다. 편견과 고정관념을 가진 개인 내면을 들여다보고 자각하는 것, 그 이상으로 나아간다는 점이다. 로니 에버겔은 편견과 고정관념이 인간의 본성이라 여기지만 내 생각은 다르다. 사람들의 편견과 고정관념은 인간이 태어날 때부터 내재한 본성이라기보다는, 인간이 발 딛고 살아온 사회가 투영된 것이다. 사람보다 이윤이 먼저인 자본주의는 사람들이 연대하지 못하게 체계적으로 차별하고 분열을 조장한다. 우리 삶에 스며든 편견과 고정관념이 대체 어디에서, 무엇때문에 생겨났는지 물음을 던지고 답을 찾아가는 여행이 민주시민교육이 해야 할 일이라고 생각한다. 개인 내면에 자란 편견과 고정관념에 도전하는 과정이, 그것의 근본 원인에 대한 도전으로 나아가는 것을 멈춰야 할까? 둘 사이의 연결고리가 되는 것이 내가 추구하는 민주시민교육의 목표다.

처음부터 사람책을 생각하고 시작한 것은 아니었다. 인권, 질문이 있는 수업, 논쟁 토론, 보이텔스바흐 합의, 민주시민교육을 따라가다 운명처럼 사람책을 만났다. 서점에서 우연히 집은 책 한 권과 민주시민교육 연수, 교직에 들어선 후 줄곧 운영해온 인권동아리가 절묘하게 버무려진 만남이다. 다음엔 또 어떤 사람책을 만날 수 있을까. 다시, 학생들과 질문여행을 떠난다.

## ✏️ 추천하는 책과 영화

■ 『나는 런던에서 사람책을 읽는다』(김수정, 달, 2009)
PD였던 저자가 영국에서 만난 '사람책'을 빌려볼 수 있다. 무신론자
휴머니스트, 사회적 편견과는 전혀 다른 모습을 한 레즈비언, 가장 엄격한
채식주의자 비건, 80살에 시인이 된 할머니 등 다양한 인간군상을 읽을 수
있다. 국내 사람책 관련 도서로는 현재 이 책이 유일하다. 쉽고 편하게 읽히는
장점이 있는 입문서다.

■ 『세계시민수업 1: 난민』(박진숙 글, 소복이 그림, 풀빛, 2016)
시리아, 티베트, 미얀마 난민 어린이가 지내는 난민캠프의 생활을 쉽게
알려준다. 『세상에 대하여 우리가 더 잘 알아야 할 교양 4: 이주, 왜 고국을
떠날까?』(내인생의책, 2010)와 배우 정우성이 쓴 『내가 본 것을 당신도 볼 수
있다면』(원더박스, 2019)으로 이어가도 좋을 듯하다.

■ 『작은 무지개들의 비밀일기』(성소수자 20명, 동성애자인권연대, 2011)
청소년 성소수자 20명의 이야기가 담긴 인터뷰북이다. 어디에나 있으면서도
드러나지 않은 존재들의 슬픔, 기쁨, 분노, 사랑 등 진솔한 이야기가 담겨 있다.
또 다른 인터뷰북 『후천성 인권 결핍 사회를 아웃팅하다』(시대의창, 2017),
『선생님! 저 동성애자인 거 같아요!』(동성애자인권연대, 2010), 『홈, 프라이드
홈』(아모르문디, 2020)도 함께 보자.

■ 『무지개 속 적색』(해나 디, 책갈피, 2014)
모두가 더 자유롭고 평등한 사회를 꿈꾸는 사람들이라면 꼭 한 번 읽어볼 만한
책이다. 저자는 성소수자를 연민과 동정의 대상으로 그리지 않고 동성애를
성적 '일탈'로 여기지도 않는다. 저자는 성소수자들이 스스로 투쟁하고
연대할 수 있는 존재임을 보여준다. 1969년 스톤월항쟁, 그리고 1980년대
영국의 대처정권 당시 광산 노동자들과 성소수자들의 아름다운 연대를

소개한다. 성소수자를 상징적으로 표현하는 무지개, 그 속에 들어 있는 빨강은 마르크스의 계급 문제가 성소수자 해방투쟁에서도 중요하고 핵심적임을 의미심장하게 드러낸다.

■ 『세월호 참사, 자본주의와 국가를 묻다』(김승주, 책갈피, 2018)
안타깝고 슬픈 이야기 속에 세월호가 묻히지 않길 원한다면 이 책을 읽고 토론해보면 어떨까? '수학여행 가던 배 안에서 몇 명이 죽었다'는 것 외에는 세월호 참사가 왜 일어났고, 왜 해결이 안 됐는지 알지 못해 답답했던 사람들의 머릿속을 시원히 뚫어주는 '사이다' 같은 책이다. '추모하고 기억하자'를 넘어 원인과 대안을 이야기하는 논쟁의 장으로 학생들을 초대하고 싶은 교사와 모든 분에게 이 책을 추천한다.

■ 〈당신의 사월〉(주현숙 감독, 2019)
세월호 참사로 트라우마를 경험한 모두를 따뜻하게 위로하는 영화. 주현숙 감독의 시선은 생존자나 유가족이 아닌, 그날 배가 가라앉는 모습을 함께 본 사람들에 머문다. 영종중학교 인권동아리의 세월호 유가족과 함께하는 북콘서트가 영화에도 담겼다. 〈생일〉(이종언 감독, 2019), 〈부재의 기억〉(이승준 감독, 2018)과 함께 보아도 좋다.

■ 〈가버나움〉(나딘 라바키 감독, 2018)
영화 제목 가버나움(Capernaum)은 '신이 버린 땅'이란 뜻이다. 감독은 시리아 출신 난민 아동을 캐스팅해 주인공으로 등장시킨다. 주인공 자인이 보여주는 난민의 삶을 다큐보다 더 다큐 같은 영화로 승화시켰다. 칸영화제 심사위원상 수상작으로 15분간 관객의 기립박수를 받은 수작이다.

# 포스트코로나시대에도 민주시민교육은 계속된다

이 좌담회는 2020년 7월 25일 인천시 복합문화서점 마샘에서
진행되었다. 『민주주의자들의 교실』에 참여한 저자들이
'나에게 민주시민교육이란', '민주시민교육의 실천',
'포스트코로나시대의 민주시민교육' 등의 주제를 놓고
세 시간의 토론을 벌였다. 김향미 마중물 간사가
기록했고, 유범상 교수가 전체 내용을 정리했다.

## 1. 쉼, 발견 그리고 성찰의 100시간

### 나를 찾는 100시간의 여행

**사회(유범상)** 반갑습니다. 100시간 교사아카데미의 긴 여정이 이제
『민주주의자들의 교실』 1권 민주시민교육의 철학, 2권 민주시민교육
의 실천, 이 두 권의 책으로 마무리되고 있습니다. 놀라운 일입니다.
오늘도 따뜻하면서도 깊이 있는 토론나눔을 기대합니다. 우선 가벼
운 이야기부터 시작해봅시다. 100시간의 교육은 어떤 의미였습니까?

**최현주** 내년이면 오십입니다. 그전에는 불끈한 감정만 있었는데, 교
사아카데미를 통해서 나를 탄탄하고 촘촘하고 단단하게 만든 시간
이었던 것 같아요. 그전에는 사람이 철학과 가치보다 중요했습니다.

매뉴얼만 잘 만들어놓으면 가치가 없어도 가르치지 않을까 했는데, 제가 겪어보니 아니었습니다. 저는 선순위를 따진다면 가치와 철학이 중요하다고 생각하게 되었습니다.

**김원겸** 저는 자기 목소리로 당당하게 말할 수 있는 사람으로 살고자 했습니다. 문제는 사회, 학교, 내가 속해 있는 조직의 문화가 그런 사람을 받아들여줄 수 있을 만큼 성숙해 있지 않아 상처만 받았던 것 같습니다. 그러다가 민주시민교육이 뭔지 궁금해서 여기까지 오게 되었습니다. 이곳에서의 100시간 동안 저는 함께 목소리를 낼 수 있는 사람들을 만날 수 있었습니다. 이제 함께 토론하는 문화를 학교에서도 만들어야겠다는 생각을 하고 있습니다.

**현경희** 저도 김원겸 선생님과 같은 맥락입니다. 학교는 아직 비민주적인 문화로 인해 교사와 교사 사이, 교사와 학생 사이에서 갈등과 상처를 겪는 일이 많습니다. 그 갈등과 상처의 원인이 무엇일까, 해결방안은 무엇일까 고민해왔는데 이곳에 와서 그 원인과 해결방안을 배우고 성찰하는 기회가 되었습니다.

**장서정** 저도 지난 100시간 동안 올 때는 매번 학교 일에 지쳐서 왔는데, 돌아갈 때는 항상 좋은 기운을 얻어갔습니다. 나를 발견하는 시간이었고, 나 자신이 민주시민이 되어가는 과정이었습니다. 세상을 바로 보고, 거짓된 프레임을 과감하게 깰 수 있는 시선을 갖는 시간이었어요. 나의 시선으로 삶을 살 수 있는 원동력을 얻은 것 같아서 행복했습니다. 지금껏 살아오며 자주 들었던 말 중의 하나가 "넌 너무 이상적이야"라는 말이었는데, 나의 이상이 민주시민교육 교사아카데미에서는 일상이 되었습니다. '이상이 일상'이 되는 것을 직접 경험했다는 생각이 듭니다. 100시간이 너무 편안했고, 앞으로도 선생님들과 계속 만남이 이어졌으면 좋겠습니다.

**이태용** 100시간의 민주시민교육 참여를 통해 무엇을 얻을 수 있을까? 시작할 때 모호했습니다. 끝난 지금도 여전히 모호합니다, 하하. 그런데 이제 이 모호함은 조금 다른 색깔입니다. 제가 분명한 가치관을 가져야 한다는 것을 알았기 때문입니다. 스스로 달라지기 위해 이런 공간이 많아져야 한다고 생각했습니다.

**김민정** 교사아카데미를 통해 학생들을 대하는 제 마음이 달라졌습니다. 가르쳐야 하고 이끌어야 하는 대상이 아니라, 이야기를 듣고, 함께 의견을 모으고, 연대할 파트너로 보이기 시작했습니다. 마음이 달라졌을 뿐인데 교실문을 열면 늘 반복되던 일상이 변했습니다. 잘 가르쳐야 한다는 부담에서 벗어나 좀 더 잘 듣고자 하고, 각자의 의견을 편안히 말할 수 있도록 환경을 조성하는 역할에 방점을 두게 되었습니다. 이상이 점점 일상이 되고, 제가 들어가는 수업이, 근무하는 학교가 정말 광장이 되었으면 좋겠다는 생각을 합니다.

**이옥경** 저는 100시간 연수를 받고 진실, 직면 이런 키워드가 와닿았습니다. 특히 유범상 교수님의 책『필링의 인문학』이 기억에 남습니다. 단순히 힐링이 아니라 내 인생에서 불편한 것을 직면하고 해결하며, 어려움에 처한 사람을 봤을 때 다가갈 수 있고, 공동의 문제가 있을 때 회피하지 않고 더 나은 것을 상상하며 그것이 일상이 되도록 공적인 토론이 필요하다는 것이 와닿았습니다. 나 자신의 본성을 회복하면서도 공공의 문제를 직면하고 살아갈 수 있는 힘이 바로 민주시민교육이지 않을까 생각합니다.

**엄라미** 저는 발목이 잡힌 느낌입니다. 민주시민교육 연수에 오게 된 것은, 제가 민주시민이 되고 싶어서입니다. 100시간을 통해 저는 이제야 뿌리를 내리기 시작한 것 같습니다. 여기까진 좋았는데, 글을 쓰면서 내 발목을 잡았다고 생각했습니다. (일동 웃음)

**장서정** 방금 엄라미 선생님이 글을 쓰면서 발목을 잡았다고 하셨는데, 그 말을 들으니 저도 얼마 전 있었던 일이 떠오르네요. 글을 쓰고 있으니까 초등학교 3학년인 제 아이가 엄마는 뭐하고 있냐고 물었습니다. 민주시민교육을 주제로 한 글을 쓰고 있고 책으로 출판될 것이라 하니, 아이가 책이 완성되면 엄마가 쓴 글을 읽어봐도 되느냐고 물었어요. '과연 나는 아들에게 내 글을 보여주었을 때, 그러한 삶을 살고 있다고 인정받을 수 있을 만큼 실천하는 삶을 살고 있을까?' 하는 의문이 들었습니다. 교사아카데미 100시간을 통해서 개인적으로 많이 성장하였고 글까지 쓰게 되었는데, 실천하고 있느냐는 물음에는 자신이 없었습니다. 책의 출판을 계기로 앞으로는 더욱 실천하는 삶을 살아야겠다는 생각을 하게 되었습니다.

## 토론하는 동료와 함께한 광장

**김은신** 100시간 교육에 참여하면서 제 생각이 인정받는 느낌도 들고, 소속감도 생겨 편안한 시간이었습니다. 나아가 저부터 민주시민으로 살아갈 수 있는 이론적 근거가 생겨 당당해졌습니다. 제가 사는 마을에서도 민주적인 절차가 무시될 때, 제 목소리를 자유롭게 내게 되었습니다. 저 스스로 한 인간으로서 여러 장소에서 저를 표현하고 제 목소리를 낼 수 있구나, 깨달았습니다.

**김위선** 저도 김은신 선생님과 비슷한 생각을 했습니다. 100시간 교사아카데미에 참여하면서 아주 든든한 지원군을 두게 되었습니다. 여기에 와서 이론적인 지지, 배움을 얻게 되어 굉장히 든든하다는 말씀을 드리고 싶습니다. 진심으로 감사한 마음입니다.

**박대훈** 저는 젓가락 쓰는 법을 배운 것 같습니다. 민주주의는 누구나 알지만 쓰기는 너무 어렵다, 젓가락이 있으면 뭐하는가, 쓰는 방법을 모르면……. 100시간 연수에서 만난 선생님들을 보면서 민주주의를 함께 실천해나갈 동료를 만났다고 생각했습니다.

**엄라미** 저도 비슷한 생각을 했습니다. 동료들이 자랑스럽습니다. 민주시민교육 교사아카데미에서 배운 것은 함께 현장에서 활동하는 교사들의 고민과 실천의 모습이었습니다. 학교에서 학생들을 기다리며 계속 머릿속에서 학생들과 만나는 모든 장면, 장면을 민주시민교육의 활동으로 시뮬레이션해보게 됩니다. 민주시민교육은 그렇게 저에게 스며들었습니다.

**이은영** 100시간 동안 선생님들의 실천을 보면서 '나도 해봐야지' 하는 의욕이 생겼습니다. 우리가 철학을 공유하는 것이 중요하다고 오늘 말씀하셨는데, 여러 선생님의 의견, 열정을 배우고 가는구나, 하는 생각을 새삼 하게 되었습니다.

**조수진** 저도 민주시민교육을 고민하시는 선생님들을 만나 좋았습니다. 10년 전의 일이 떠오릅니다. 인권동아리를 운영했는데 당시에 제가 하고 싶었던 활동과 학교 현실 사이에 큰 괴리가 있어 쉽지 않았습니다. 성소수자, 청소년노동 문제를 같이 고민하고 싶었는데 같이 이야기할 수 있는 동료 교사가 없었습니다. 논쟁이 생겼을 때 사람들의 대처는 보통 침묵과 회피였습니다. 민주시민교육을 받고 자란 학생들은 논쟁을 외면하지 않고 참여해서 성장하길 바랍니다. 그들이 성장하는 만큼 이 사회도 바뀌었으면 좋겠습니다. 그것이 내가 바라는 민주시민교육입니다. 제가 『100°C』라는 만화를 좋아하는데, 민주시민교육 교사아카데미 100시간으로, 민주시민교육이 끓어오르는 100°C 어느 지점에 와 있다고 생각합니다.

**구소희** '함께'의 힘을 느꼈습니다. 늘 이상을 실현하는 삶을 꿈꾸며 살고 있지만, 현실과의 괴리로 어려움이 있었습니다. 교사아카데미에서 '이상이 일상이 되는 즐거운 상상'이라는 문장과 만나 신선한 충격을 받았습니다. 같은 꿈을 꾸고 실천하는 동료들과의 만남은 그 자체로 큰 감동이었습니다. 여기서 배우고 실천한 것을 출판으로 이어가는 것 자체가 교사들이 함께 만들고 성장해가는 민주시민교육의 과정이었습니다. 편히 숨 쉴 수 있는 자유로운 공간에서 함께 성장할 수 있어 감사합니다.

**김세왕** 모르는 것을 채우고 싶어 교사아카데미에 왔고, 선생님들의 이야기를 들으면서 많이 배웠고 감동도 받았습니다. 그래서 고맙다는 말씀을 꼭 드리고 싶습니다. 동료가 생겼고 저에게도 광장이 생겼구나 하는 생각이 듭니다. 많이 놀랐습니다. '어떻게 저런 생각을 하고 말을 하지?' 하고요. 노래 〈교실 이데아〉의 '바꾸지 않고 남이 바꾸길 바라고만 있을까'라는 가사가 여전히 와닿습니다. 제가 밀알이 되어서 제 아들도 그렇고, 제가 만났던 학생들이 맞이할 세상이 더 멋있어지면 좋겠고, 제가 조금이라도 도움이 될 수 있으면 하는 바람으로 살고 있습니다. 선생님들을 만나서 기쁘고 좋습니다.

**한은경** 저도 충격받은 이야기 하나 할까요. 이 연수에서 정말 처음부터 끝까지 이해가 안 되는 것 중 하나는 모든 사람이 다 이야기하는 것이었습니다. 저는 100시간 연수가 진행되는 동안에도 이렇게 많은 사람들이 끝까지 남고, 책을 낼 수 있으리라 생각하지 않았습니다. 존경스러워요. 교사아카데미는 '흔들림'이라는 키워드로 말하고 싶어요. 이유는 답이 없던 시절이지만 계속 모여서 책을 읽고 토론하던 대학생 시절의 공간을 만난 것 같은 기분이었습니다. 계속적으로 고민하게 하고 우리를 성장시키는 공간이라는 점에서 감동입니다.

**김용진** 2018년 12월 '학교민주시민교육 교사아카데미'를 반신반의하면서 기획했습니다. 함께 민주시민교육을 고민할 수 있는 동료가 있었으면 좋겠다는 생각과, 더 깊이 공부한 후 학교에서 실천하는 사례를 통해 우리만의 민주시민교육 과정을 만들고 싶었습니다. 그렇게 같이 1년 동안 100시간을 함께하고 다시 1년 동안 책쓰기를 같이하면서 민주시민교육을 넘어 제 교육관을 함께 나눌 수 있는 24명의 멘토를 만나게 됐습니다. 이 점이 제게 가장 큰 기쁨입니다. 특히, 함께 기획해주신 사단법인 마중물과 유범상 교수님께 감사의 인사를 드립니다. 우리가 걸어가면 민주시민교육의 길이 됩니다.

## 2. 민주시민교육의 새로움

### 내게 민주시민교육이란?

**사회** 하하. 감동하고 감사하는 말들로 넘쳐나는군요. 제가 감을 사났어야 하나 하는 후회를 합니다. 한마디로 요약하면, 힐링, 성찰, 토론하는 동료와 나의 발견이라고 규정하고 싶습니다. 지금 2기의 100시간이 진행되고 있는데, 내년에도 이런 자리가 마련되기를 기대해봅니다. 이제 본격적인 이야기로 들어가보겠습니다. 우리의 주제였던, 민주시민교육에 관해 이야기해볼까요? 우선 민주시민에 관해 말씀을 듣고 싶습니다.

**김민정** 1년 동안 교사아카데미에 참여하면서 제 마음에 남은 키워드는 공동체를 위해서 각자가 목소리를 내는 것. 즉 민주시민교육이란 자기 목소리를 내고, 자기 목소리를 내는 아이들을 길러내는 것이라고 생각하게 되었습니다.

**백신종** 저는 민주시민교육을 대상을 만드는 교육이라 착각했던 것 같습니다. 하지만 100시간의 여정을 통해 여러 선생님을 뵙고, 대화를 나누며, 시민은 만드는 것이 아니라 성장하는 것이라는 생각이 들었습니다. 학생들이 자신의 의견과 생각을 자유롭게 펼칠 수 있는 자율성을 경험하는 것, 우리의 문제에 공감하고 그 해결의 필요성을 절감하도록 하는 것, 그리고 서로의 연결을 이해하고 존중하는 것. 이 세 가지가 학생들이 민주시민으로 성장하는 데 있어 가장 중요한 요소라는 것을 이해하게 되었습니다. 교사로서 학생들이 민주시민의 삶을 나의 삶으로 경험할 수 있도록 더 노력해야겠다는 생각이 듭니다.

**조교금** 자기 목소리를 내는 시민들이 모여서 토론하는 모습을 상상해봅니다. 이런 점에서 저는 민주시민교육이 차이를 드러나게 하는 힘이라고 생각합니다. 더 나아가 차이를 드러내게끔 용기를 북돋아 주는 것이라고 생각합니다. 누군가의 이야기는 또 다른 누군가를 불편하게 할 수 있습니다. 하지만 이 때문에 침묵을 강요해서는 안 된다고 봅니다. 가장 낮은 곳의 언어에 귀 기울이는 노력부터 해야 합니다. 그들의 언어를 함께 듣고 읽고 나누고 느낀 것을 내 삶 속에서 실천하는 과정, 그것이 바로 민주시민교육이라고 생각합니다.

**현경희** TV를 볼 때 외국, 특히 서양 사람이 말하는 태도를 가끔 눈여겨보게 됩니다. 상대방 지위 고하나 자본 유무에 크게 구애받지 않고 당당하게 자신의 의사나 감정을 드러내는 모습이 인상적으로 보였습니다. 이런 태도는 언어예절의 차원을 넘어서서 상대방과 내가 동등한 인간으로 만났다는 비굴하지 않은 마음과 그것을 당연하게 받아들이는 마음이 만났을 때 가능한 일입니다. 민주시민교육은 교육과정 속에서 이루어지는 민주시민교육과 학교의 민주주의 문화를 통해 함께 이루어진다고 생각합니다. 수업활동을 하거나 학교문화를 만드는 바탕에는 사람과 사람이 동등하게 만난 자리라는 인식, 시민과 시민으로서 이 자리에서 의미 있는 배움과 가르침의 활동을 하겠다는 인식이 바탕에 깔려 있어야 갈등과 마음의 부대낌을 최소화할 수 있습니다. 그런 점에서 학교문화에 아직 깊이 박혀 있는 위계질서에 대한 압박감이나 권위적인 문화는 민주시민교육을 하는 데 있어 큰 장애물이죠.

**한학범** 저는 교육 자체가 민주시민교육이라고 생각해요. 그래서 민주시민교육의 민주라는 말을 떼고 쓰면 좋겠다, 그냥 시민교육이라고 하면 좋겠다고 생각합니다. 시민교육이라는 말로 짧게 하고, 지향점은 일상적으로 이뤄지는 시민교육으로 가면 좋겠다는 바람을 갖고 있습니다.

**김성희** 선생님들의 말씀을 듣다보니, 민주시민교육의 가장 큰 적은 저 자신이라는 생각이 듭니다. 굳이 아이들한테 묻지 않아도 되고, 빨리 해결해도 되는데 시간 들여 돌아가야 하느냐고 생각하는 경향이 아직 제 안에 있습니다. 가장 힘든 건 이처럼 민주도, 시민도, 교육도 모르는 척하며 빨리 답만 찾으면 된다고 속으로 이야기하는 저 자신을 이기는 것입니다. 그래서 민주시민교육을 실천할 때 가장 큰 적은 저 자신이라고 고백하고 싶네요.

**황연희** 저도 동의합니다. 스스로가 먼저 민주시민이 되어야 한다고 생각하게 되었습니다. 제 생각과 의견을 당당히 표현하고 다른 사람의 의견에 귀 기울이는 것을 실천하려고 합니다.

**이은영** 저는 민주시민교육의 지향이 의문, 의심, 질문에 있다고 봐요. 학교현장에서 민주시민교육은 이미 정해진 일들의 틈새를 비집고 들어가 의문을 제기하는 일에서부터 시작됩니다. 국가에서, 교육부에서 이미 내려온 관례대로 정해진 수많은 규정을 정신없이 따르다 보면 굳이 의견을 수렴하지 않아도 학교는 적당히 굴러가기 때문입니다. 그러나 교사가 "의문을 제기하면 골치만 아파. 결국 아무것도 바뀌지 않더라"라며 자신의 경험을 학생들에게 토로하는 순간, 민주시민교육은 시작조차 할 수 없게 됩니다. 이미 정해진 사회의 틀에 대해서 의문을 제기하는 학생을 만났을 때, 반갑게 맞아주고 들어주는 것에서부터 민주시민교육을 실천하려고 노력하고 있습니다.

**한은경** 이은영 선생님 말씀이 옳습니다. 민주시민교육은 아이들에게도 의심과 질문을 통해 흔들림의 기회를 주는 것에서 시작한다고 생각합니다. 교실이건 학급이건 광장을 오픈해서 만들어야 하는 이유는 우리가 그간 '답'만 찾으려 했기 때문입니다. 답이 아니라 흔들어놓는 것, 뭔지 모르지만 흔들어놓는 공간을 만드는 교사가 되어야 한다는 답을 저는 교사아카데미에서 찾았습니다. 많은 사람이 이야기하지만 자신과 다른 생각을 하는 사람들의 이야기를 깊이 있게 들어주자, 그걸 할 줄 아는 시민이 되도록 아이들을 만들고 스스로도 성장하자는 다짐을 했습니다.

**구소희** 말씀을 들으면서 민주시민교육을 위해서는 자립적인 견해를 갖고 비판적으로 사고할 수 있는 시민상을 기반으로 대화와 토론을 해나가야 한다는 생각을 했습니다. 논쟁 수업을 하면서 토의토론 기법을 배우는 것도 중요하지만, 그에 앞서 상대에 대한 존중과 배려, 공감하는 태도가 내면화되어야 한다는 것을 깨달았습니다. 이것이 기반이 되어야 논쟁이 비난과 갈등이 아니라 다름을 받아들일 수 있는 장이 될 수 있습니다. 서로의 다름을 존중할 때 비로소 더 다양하고 다채로운 모습을 만들어낼 수 있습니다. 수업이 '차이가 편안하게 드러나는 광장'이 되기 위해서는 학급 구성원의 관계가 중요합니다. 제 경험에서는 민주시민교육의 시작은 학급이 서로 돕는 공동체가 되는 관계 형성에 있다는 것을 알 수 있었습니다.

## 민주시민교육과 학교현장

**사회** 모두의 이야기가 멋진 연결고리를 가지면서 민주시민과 민주시민교육에 대한 상을 그리고 있네요. 이런 내용을 갖고 학교현장으로 들어가봅시다. 학교현장에 민주시민교육의 아이디어를 적용한다면요?

**박대훈** 저는 절대 '꼰대'가 되지 말자고 생각했습니다. 그런데 저도 여전히 계몽주의로 아이들을, 사람들을 가르쳤던 것 같습니다. 이렇게 쭉 저의 삶을 반추하는 가운데 선생님들이 올린 글을 읽으면서 사람들이 이렇게 뜨거운 심장을 가지고 살 수 있다는 것이 신기했습니다. 이 사람들을 엮으면 좋겠다는 생각을 했습니다. 저도 제가 가르치는 아이들과 시민으로 연대할 수 있어야 한다는 생각을 했습니다. 선생님들과 함께한 교사아카데미 과정을 학교에서 학생들과 평등하게 연대하는 밑천으로 삼을까 합니다.

**황연희** 이 말씀에 전적으로 동의합니다. 저도 학생을 동등한 시민으로 대하고 싶으나, 오랜 시간 권위주의에 익숙했기에 쉽지 않았습니다. 이제 다음과 같이 실천하려고 합니다. 교실에서 학생들의 거침없는 발언을 진지하게 들어주겠습니다. 학생자치활동을 지원하겠습니다. 학생의 자율성을 존중하겠습니다. 학급에서 발생하는 문제에 대해 교사로서 먼저 해결방법을 제시하지 않겠습니다. 학생들 스스로 해결해나가도록 기다리고 일원으로서 해결 과정에 참여하겠습니다. 이 모든 것이 교육현장에서 자연스럽게 실천되기를 기대합니다.

**한은경** 저도 민주시민교육이 선생님들 말씀처럼 자신의 소리를 자신

있게 낼 수 있는 시민을 키우는 것이라 믿습니다. 그런데 실제로 수업을 하면서보니 나를 드러내거나 자신의 목소리를 내는 것 이상으로 중요한 것은 '남의 이야기 듣는 연습'이었습니다. 물론 우리 학교가 소위 영재들이 모이는 곳이어서 유난히 그랬는지도 모릅니다. 남이 나와 존중받을 만한 동등한 존재임을 인정한다면 자신의 목소리만큼이나 남의 목소리에 귀를 기울여야 합니다. 목소리를 내는 것과 듣는 것, 이 두 가지가 적절하게 조화될 수 있는 교육현장을 만들기 위해 더 노력해야겠습니다.

**김위선** 고무적인 현상은 학교가 변화하고 있다는 사실입니다. 정확히는 학교의 문화가 바뀌고 있습니다. 과거 학교는 소수에 의한 논의에 그치고 대부분 결정권을 관리자가 가지고 있었습니다. 이제는 논의의 구조가 최소한 기획회의에서 학교공동체회의 등으로 점차 넓어지고 있습니다. 제가 근무하고 있는 학교도 많은 변화를 겪고 있습니다. 2019년부터 민주시민교육이라는 이름으로 세 주체의 학교협의회를 구성했고, 이것이 학교민주주의워킹그룹으로 발전해 함께 강의도 들었습니다. 올해는 공간혁신사업을 시작하여 교육 세 주체가 한자리에 모이는 횟수가 늘었습니다. 이제 변화가 시작된 수준이지만 이것이 자리를 잡으면 주체로서 학교 일에 목소리를 낼 것이라 기대합니다. 이렇게 민주시민교육은 학교 내 민주적 의사소통의 구조를 만드는 데 긍정적인 영향을 미치고 있습니다. 생각의 공유만이 아닌, 학교현장의 문제를 함께 해결하는 과정에서 함께 민주시민이 되어갈 수 있습니다. 저는 이런 소통의 구조를 계속 만들어갈 것입니다.

**최현주** 김위선 선생님의 말씀을 들으니 희망이 보입니다. 헌법 1조 1항에 '대한민국은 민주공화국이다'라고 명시되어 있습니다. 그동안 학교는 정치적 중립성이라는 명목하에 민주성을 공론화하는 것이 매우 조심스러웠던 것은 사실입니다. 민주시민성은 일상의 삶터에서 자연스럽게 체화되고 내재화되어야 하나, 우리의 일상이 그리 녹록지만은 않았습니다. 시민은 태어나는 것이 아니라 길러지는 것이라면 이제는 학교 곳곳에서 시민교육이 체계적으로 일상적으로 자연스럽게 이루어져야 합니다. 전 그런 방법을 모색하고 싶습니다.

**김세왕** 저는 시작부터 지쳐버리게 하는 '업무'로 민주시민교육을 소개한 건 아닌지 반성하고 있습니다. 학교현장에서 요구하는 자료, 어떤 주제와 관련된 교육을 하려는 누군가에게 징검다리 역할을 해줄 책이나 수업 예시가 있으면 좋겠다고 요청을 받을 때 어려움을 느낍니다. 함께 고민하고 참여하는 동료의 힘이 필요합니다. 그래서 저는 시민으로 더불어 살아가는 환경을 만들기 위해 공부모임을 만들어야겠다, 무지에서 깨어나 삶에서 실천하는 교사시민이 되고 싶다는 생각을 하고 있습니다.

**박정미** 저도 김세왕 선생님 이야기에 자극을 받았습니다. 단위학교에서 민주시민교육, 그리고 학생자치가 자리 잡기 위해서는 교사의 자발성이 무엇보다도 중요하다고 생각합니다. 이러한 교사의 자발성은 교사의 가치관에서 나올 것이고, 그 가치관은 배움에서 나옵니다. 저는 민주시민교육에 대한 철학이나 가치관이 정립되지 않았던 시절에는 학생들이 서로 갈등 없이 행복하기만을 바랐습니다. 하지만 이제 와 생각해보니, 그 행복은 교사인 제 주도권과 권한이 막강

했기 때문에 가능한 것이었습니다. 그런데 학생들은 자기 목소리를 낼 수 있는 유연한 공간에서 연대함으로써 행복감을 더 많이 느낀다는 사실을 교사아카데미에서 접한 프레이리의 책을 통해 알게 되었습니다. 저는 이제 그 실천의 길을 가려고 노력 중입니다. 하지만 민주시민교육은 절대 혼자 할 수 없기 때문에 민주시민교육의 가치를 공유할 수 있는 동료 교사와의 연대가 매우 중요합니다. 그래서 우리 100시간 참여 선생님들의 모임에서부터 김세왕 선생님이 말씀하신 동아리를 해보면 어떨까 합니다. 더 나아가 행복하고 건강한 민주시민을 키워내기 위해 더 많은 교사들이 민주시민교육에 관해 자발적으로 배우고 실천하는 광장으로 갈 수 있도록 제도적인 지원도 어느 정도는 필요하지 않을까 생각합니다. 최소한의 관심도 가지지 않았던 교사들이 관심을 갖고 배울 수 있도록 말입니다.

## 3. 포스트코로나시대의 민주시민교육

### 포스트코로나시대의 도전과 민주시민교육이 필요한 이유

사회 사단법인 마중물의 구호가 '이상이 일상이 되도록 상상하라', 즉 상상상입니다. 그런데 상상을 했으면 구호는 다음과 같이 바뀌어야 합니다. '상상이 일상(현실)이 되도록 실천하라', 즉 상상천입니다. 선생님들의 말씀을 들어보니 향후 상상천이 기대됩니다. 그런데 우리는 큰 위험을 만났습니다. 코로나19입니다. 이제 코로나시대, 더 나아가 포스트코로나시대의 교실을 전제로 놓고 이야기를 진행하려고 합니다. 코로나19는 학교에 어떤 위험인가요? 민주시민교육은 여전히 교실에서 유효할까요?

**백신종**  저는 코로나19를 근심스러운 눈으로 바라보고 있습니다. 소위 '비대면시대'에 비대면으로도 할 수 있는 새로운 방법이 물리적 거리를 메워주고 있으며 그러한 영역은 점점 확대되고 있습니다. 하지만 거꾸로, 그러한 방법에 쉽게 접근할 수 없는 시민이 있다면, 비대면은 고립을 의미합니다. 이러한 고립은 시민사회에 굉장히 위협적입니다. 고립된 이들의 목소리가 닿아야 할 곳에 닿지 못할 수 있기 때문입니다. 이렇게 되면 시민사회는 다양한 목소리가 울리는 광장이 되기보다는 비슷한 사람들, 비대면에 적응하는 사람들의 함성으로 채워질 것입니다.

**박정미**  백신종 선생님이 고립이라고 말씀하셨는데, 고립은 외로움을 만듭니다. 비대면시대에 가장 큰 문제점은 아마 외로움과의 싸움이 아닐까요? 일반 대면 수업에서는 사이버폭력 예방교육을 간단한 몇 마디 설명으로 끝내는 경향이 있었습니다. 이제 카톡과 e학습터 플랫폼을 이용한 온라인 수업은 실제 학생들의 삶이 되어버렸습니다. 외로움은 혐오로 연결될 위험이 있습니다. 건강한 민주시민을 키우기 위해 어릴 때부터 사이버예절교육이 더할 수 없이 중요해졌습니다. 형식적인 사이버폭력 예방교육에서 벗어날 때입니다.

**조교금**  저는 코로나19가 닥친 지금 이 시기가 막막했고, 아이들에게 미안했습니다. 우리 아이들이 어린 시절 무엇을 추억하며 지낼 수 있을까 생각하니 마음이 아팠습니다. 2020년 3월 새 학기 첫 시작은 막막함과 제가 있는 교육현장의 상황을 항상 언론을 통해서만 듣게 되는 좌절감이 들었던 한 달이었습니다. 시간이 지나면서, 우리가 할 수 없는 것이 아닌, 그 안에서 희망을 찾고 할 수 있는 것에 대해 동료 선생님들과 이야기를 나누었습니다. 포스트코로나시대에 접촉과 비접촉, 대면과 비대면을 나누며 우리는 역설적이게도 연결의 힘과 만남의 소중함을 깨닫게 되었습니다.

**황연희** 저는 지금이야말로 오히려 민주시민교육이 필요한 시기라고 생각합니다. 우리가 움직이지 않는 이유로, 코로나 바이러스의 충격과 영향력이 컸기에 "코로나 때문에", "거리두기를 해야 해서"라는 이유를 많이 들었습니다. 저는 김성천 교수님의 '혁신' 강연에서 'because of', 'in spite of'가 기억에 남습니다. 민주시민교육과도 결을 같이한다고 봅니다. '~때문에'라는 이유로 교육의 본질을 가르치는 것에 공백을 두어서는 안 될 것입니다. 코로나 때문에 할 수 없음이 아니라, 코로나 상황임에도 불구하고, 라는 마음으로 협력과 연대를 경험하고 실천하는 교육이 더욱 강조되어야 할 것입니다.

**김성희** 지난 3월부터 오늘까지 온라인으로 아이들을 만나면서 한계와 답답함도 있지만 그래도 실낱같은 소통의 끈이 있다는 게 소중했습니다. 아이들도 그 끈이 끊어지지 않게 잘 잡아주었던 것 같습니다. 포스트코로나시대에는 소통이 더 절실하고 소중해질 텐데, 나의 목소리와 너의 목소리를 담는 소통의 공간을 잘 마련하고 가꿔야겠다고 생각했습니다. 그게 학급단톡이든, 온라인 공부방이든 나와 너의 목소리를 담아낼 수 있게 만들어야겠습니다.

**한학범** 포스트코로나의 'post'에서 'post with'로 코로나 앞에 새 접두

사가 생겼습니다. 코로나와 함께 사는 시대에 사람들은 생존 키워드를 중시여길 것입니다. 좀비 영화 속의 수많은 좀비가 어쩌면 현실에 나타날지도 모릅니다. 생물학적이라기보다 정치적·사회적·계급적 간극이 바이러스가 될지도 모르겠습니다. 그렇다면 우리와 다음 세대에 필요한 백신은 민주주의라고 할 수 있습니다. 저는 이 상황에서 다음과 같이 외치고 싶습니다. "잘 살아갈 수 있도록 힘과 용기를 주라. 그러기 위해서는 숨 쉴 때마다 마시고 내뱉을 공기를 제공해야 한다. 언어를 주라. 신선함이 계속 유지되도록 스스로 업그레이드하도록 메타포를 주라. 민주시민으로 자라도록 물을 주고, 햇빛을 가리지 마라. 성장할 그들에게 그늘을 드리우지 마라. 그것이 당신이 어른으로서 학생시민에게 줄 수 있는 것이다." 후배 시민들에게 필요한 것은 바로 이것입니다.

**최현주** 한학범 선생님의 말씀에 전적으로 동의합니다. 포스트코로나시대를 살아갈 안전망의 하나로서 민주시민교육은 더 중추적 역할을 해나가야 합니다. 코로나19를 겪어내며 우리는 어느 때보다 소통, 협력, 연대 그리고 자치의 중요성을 경험했습니다. 시민으로서의 주체적 사고와 자율성과 함께 타인과 더불어 잘 살아가기 위한 존중과 배려가 절실히 필요합니다. 민주시민교육은 포스트코로나를 살아갈 우리에게 필수 영양소입니다.

## 포스트코로나시대의 학교와 교사

**김성희** 저는 근본적인 문제를 생각해봤습니다. 아이들은 코로나 시기에 학교에 오며 불안하면서도 행복해 했습니다. 아이들에게 학교란 무엇인지, 학력이란 무엇인지 다시 질문하게 됩니다.

**이은영** 저도 그런 고민을 했습니다. 코로나19가 장기화되면서 과연 학교가 학생들에게, 나아가 우리 사회에 어떤 존재였는가 다시 생각하게 되었습니다.

**장서정** 저는 학교가 더 중요해졌다고 생각합니다. 우리 학교의 경우, 얼마 전 등교 수업을 원하는지, 원격 수업을 원하는지 설문했을 때 등교 수업을 원한다고 답한 학생의 수가 월등히 많았습니다. 혼자서 집에서 공부하기가 힘들고, 선생님의 설명을 직접 듣는 것이 좋다고 답한 학생들이 많은 것으로 보아 생각보다 학생들이 이 상황을 힘들어 하고 있다는 것을 알 수 있었습니다. 코로나19 상황이 계속되면 장기적인 고립에 따른 후유증이 매우 클 것이라는 생각이 들고, 앞으로 이를 대비할 수 있는 담론을 학교에서 만들어내야 하지 않을까 하는 생각이 들었습니다.

**이은영** 돌이켜보면 저는 학교는 학업을 넘어서서 돌봄의 공간이고 공동체였다는 생각을 했습니다. 공부를 잘하기만을 위해서 학교에 다닌 것이 아니었다면, 학교는 학생들에게 어떤 경험을 줄 수 있는 공간인지 고민이 더욱 필요해진 것 같습니다. 나와 다른 사람의 차이를 인식하고, 배려와 공존, 연대를 경험할 수 있는 공동체로서 학교가 존재해야 한다고 생각합니다. 그렇다면 학교교육에서 민주시민교육은 더욱 절실하게 필요할 것입니다.

**한은경** 코로나19 확산 초기에 등교·개학이 미뤄지고, 원격 수업을 진행하면서 '학교가 없어지는 건 아닐까?' 불안감을 가졌습니다. 그러나 시간이 갈수록 학교는 꼭 필요하구나 하는 생각이 강해졌습니다. 온라인이건 오프라인이건 배움에 대한 열망이 존재하는 한, 좀 더 깊은 공감과 대화를 필요로 하는 소통이 요구되는 한, 학교는 계속될 것입니다. 인간이 사회적 동물, 정치적 동물인 이상 자신의 목소리를 내고, 토론할 수 있는 광장은 필요합니다. 이제 학교는 온라인을 아우르는 민주시민교육을 고민하여야 합니다. 민주시민교육은 생활교육으로서 삶 구석구석에 자리매김하게 될 것입니다.

**김민정** 저는 다른 맥락에서 학교와 민주시민교육의 필요성을 말하고 싶습니다. 코로나로 인해 무너진 일상 속에서 학생들의 차이가 더 드러나기 시작했습니다. 자기주도적 학습을 하는 학생들은 열의를 가지고 온라인 학습 콘텐츠를 반복 학습하여 더 좋은 성과를 거두기도 했습니다. 반면 가정에서 건강한 돌봄이 이루어지지 않는 학생들의 경우, 우울감이 더 깊어지기도 했습니다. 일상이 무너진 가운데 드러나는 차이. 그 속에서 학교의 역할은 무엇일까요? 온라인으로 학습지도, 지식 전달이 가능하다면, 오히려 학교 공간은 함께 모여 의견을 나누고, 더 나은 삶을 꿈꾸는 공간이 되어야 하지 않을까? 그렇다면 민주시민교육이야말로 포스트코로나시대를 대비하는 미래교육의 모습일 것입니다.

**이태용** 저도 코로나시대의 도래로 학교의 소중함을 절감하게 되었습니다. 학교는 살아 있습니다. 그리고 학교가 살아 있어야만 공동체가 살아날 수 있습니다. 학교가 살아 있으려면 역시 교사가 필요합니다. 단, 지금의 교사로는 안 된다고 생각합니다. 교사가 살아 있는 능동적 존재가 되려면, 미래에는 학급당 학생 수를 줄이고 교사 수도 늘려서, 소규모 학급에서 교사의 역량을 높일 수 있도록 해야 할 것입니다.

**조수진** 이태용 선생님 말씀처럼 교사 수를 늘리는 것뿐 아니라 평가 문제를 해결하는 것도 민주시민교육을 위한 중요한 전제조건입니다. 경쟁을 위한 평가 체제는 학생의 배움과 발달을 돕는 교사의 고유 역할을 포기하게 만들었습니다. 진도에 맞춰 원격 수업을 던져놓고는 며칠 만에 겨우 등교한 학생들을 평가에 욱여넣습니다. 입시와 경쟁을 위한 평가가 아니라, 발달과 협력을 돕는 비경쟁 평가여야 하고, 입시를 포함해 초중고 평가 전반이 재편될 필요가 있습니다. 민주시민교육은 시험 성적을 잘 내기 위해서가 아니라, 학생 스스로 자신의 이해관계에 맞게 사회에 참여하는 능동적 구성원이 되기 위한 교육이어야 합니다. 교사에게 교육과정 구성의 자율권이 주어져야 함은 물론입니다.

**김원겸** 저는 코로나시대에 블렌디드 러닝(혼합형 학습)과 교사의 역할에 주목하고 있습니다. 블렌디드는 학습 형태와 시공간 파괴를 통해 학생의 자기주도적 학습 형태로 발전하는 것을 말합니다. 하지만 아직 학교는 이러한 생소한 문화에 적응하기를 어려워하고 있습니다. 온라인 학습으로 아침조회와 출결을 체크하고, 등교 수업 시간처럼 시간에 맞춰 온라인 학습을 열기도 합니다. 학교, 학년, 교사 간에 장기자랑식 교육문화가 생겨나고 있습니다. 심지어 무조건 쌍방향 원격 수업이 최고라며 특정 교육 방식을 강요하는 학교도 있습니다. 마치 교사를 온라인 학습 콘텐츠를 잘 만들고, 쌍방향 원격 수업을 잘해야 인정받는 기술자로 몰아가는 분위기입니다. 이제 코로나

이전의 시대로 돌아가지 못한다는 말이 있습니다. 그렇다면 우리 교사들 또한 기술자가 아닌 교사로서 학습공동체 안에서 함께 변화되어야 합니다.

민주시민교육도 이러한 맥락에서 생각해봅시다. 민주시민교육이 중요시되고 있는 이 시대의 변화에 우리 교사들은 또다시 적응하기를 거부해서는 안 됩니다. 심지어 민주시민교육을 위해 새로운 과목으로 신설하려는 법 개정 움직임을 생각해본다면, 아무런 준비 없이 있다가 민주시민 과목을 가르칠 위험마저 존재합니다. 민주시민교육마저 지식을 가르치고 평가에 그치는 교육이 되어서는 안 될 것입니다. 아이들이 함께 토론하고 성찰하며 실천까지 할 수 있도록 이끄는 일련의 교육과정을 만들 준비를 해야 합니다. 우리는 민주시민을 가르치는 기술자가 아닌 교육자이니까요.

## 포스트코로나시대의 민주시민교육의 방향

**사회** 잘 들었습니다. 포스트코로나시대에 학교가 더욱 필수적이고, 이에 따른 교사의 적극적인 역할에 대해 동의합니다. 그렇다면 포스트코로나시대의 교육 방향과 방법에 관해 논의해보았으면 합니다.

**백신종** 포스트코로나시대의 민주시민교육은 비대면 현상을 이해하고 적용해 사회 구성원의 참여 확대와 사회적 약자에 대한 이해, 누구나 사회에 참여할 수 있는 언택트 위드 콘택트(Untact with Contact) 사회로서 시민교육을 추진해야 합니다. 고립될 수 있는 계층을 인식할 수 있는 교육, 그러한 고립의 문제를 해결하기 위한 모든 구성원의 동등한 사회참여를 목표하는 교육, 결국 모두를 시민으로 존중하고 인정하는 교육으로 민주시민교육이 나아가야 할 것입니다.

**이옥경** 제 생각도 비슷합니다. 교사도 학생이 주체적인 민주시민으로 살아갈 수 있도록 블렌디드 러닝에 대한 전문성을 길러야 합니다. 이를 통해 삶과 연결된 학습자중심 교육과정 재구성과 개인별 맞춤형 수업, 성장중심 평가를 구현할 수 있는 방향으로 가야 하지 않을까요?

**김위선** 동의합니다. 대면과 비대면은 어우러져야 합니다. 그리고 교육의 본질이 바뀌어서는 안 되지만 주제나 참여의 방식에는 변화가 있어야 합니다. 비대면시대에도 자율성, 공공성, 연대성을 키워나갈 수 있도록 학교, 사회, 세계의 문제에 관심을 가지고 참여하게 다양한 형태의 사회참여 방식을 고민해야 한다고 생각합니다.

**엄라미** 코로나시대에 학생들을 만나며 뜻밖의 깨달음이 있었습니다. 학생들과 엄청난 양의 전화상담을 하였는데 대면보다 훨씬 편하게 이야기하는 학생들을 보며 세대변화를 실감합니다. 대면 수업에서 자기 의견을 못 밝히던 학생들이 온라인 학습 상황에서는 발표도 잘하고 질문도 더 편하게 하는 모습을 볼 수 있었습니다. 코로나시대를 겪으면서 새롭게 알게 된 긍정적 면을 잘 담아내어 직접 소통이 어려운 학생들과의 소통의 방법과 방향을 찾아가야겠습니다.

**김은신** 저도 포스트코로나시대가 교육 격차를 가져오기도 하지만 긍정적인 측면도 있다고 생각합니다. 제이슨 셍커가 쓴 『코로나 이후의 세계』에 따르면, 교육의 미래는 오프라인교육보다 온라인교육에 기반하며, 대학의 경우 명문대학 중심의 길드 시스템이 해체된다고 말하고 있습니다. 그렇게 된다면 중고등학교에서도 명문대를 가려는 치열한 경쟁이 사라질 것입니다. 이런 외부적 요인에 의해서도 민주시민교육에 대한 수요는 늘어날 것이며 적극적인 시민의 참여로 민주시민교육은 더욱 활성화될 것이라고 전망합니다.

**이옥경** 물론 긍정적인 측면이 있다고 봅니다. 하지만 주의할 점도 놓쳐서는 안 됩니다. 새로운 교육의 길에서 학생들이 배움에서 소외되거나 빈부격차로 인해 교육불평등이 심화될 수 있다는 점입니다.

**엄라미** 네. 그래서 저는 연대성에 주목합니다. 코로나를 겪으며 환경파괴에 대해 반성을 하게 됐습니다. 또 팬더믹을 극복하는 데 있어 연대가 이뤄지지 않는다면 생존조차 힘들 것입니다. 코로나로 인해 혐오와 불평등도 더욱 도드라지고 있습니다. 세계 어디서나 코로나에 가장 취약한 사람들은 가난하고 사회적 안전망 밖에 있는 사람들입니다. 코로나로 인한 사회적 불평등이 교육의 불평등으로 이어지고 있음이 확인되고 있습니다. 교육불평등을 극복할 수 있는 곳은 학교뿐이라는 결론입니다. 그래서 학교는 포스트코로나시대에 민주시민교육의 가치 아래 교육불평등을 해소하는 장으로 자리매김하기 위해 목소리를 내야 합니다. 아울러 학교는 기후변화 등 새로운 위기에 대응하는 준비를 하는 곳이 되어야 합니다.

**장서정** 저도 전적으로 동의합니다. 코로나19 같은 신종 감염병은 앞으로도 계속 생겨날 것이고, 우리는 이러한 일이 왜 일어나게 되었는지 근본적인 성찰을 해야 합니다. 학교현장에서 손씻기, 마스크 착용 등 코로나19 예방캠페인을 하는 것도 좋지만, 인간의 과욕으로 인한 무분별한 생태계 파괴, 인간의 자연침범이 신종 감염병 발생의 원인임을 알려내고, 이를 환경생태교육으로까지 연결해 지속 가능한 발전에 대한 담론을 학교교육에서 담아내야 합니다.

**김찬** 이번에 글을 쓰게 되면서 과학 과목이 민주시민교육을 하는 데 매우 중요한 과목이구나 하는 생각이 들었습니다. 교과서 곳곳에 인류의 삶과 관련된 많은 주제가 들어가 있는 것을 다시 보게 되었습니다. 코로나19가 인류에게 준 큰 교훈은 생태와 공존하는 지속 가능한 삶이라고 생각합니다. 유난히 길었던 장마를 이제는 기후위기라고 불러야 한다는 의견이 힘을 얻고 있습니다. 연일 보도되고 있는 재난, 이상기후를 이제는 학교현장에서 심각하게 다루어야 합니다. 수업을 넘어서 생태의 교육과정으로 시급히 전환되지 않으면, 2050년 지구는 더 이상 인간이 거주불능한 곳이 될지 모릅니다. 그때 아이들이 묻겠지요. 이렇게 중요한 문제를 학교에서는 왜 안 가르쳐 주었냐고요. 쓸데없는 것만 잔뜩 배웠다고 할 것 같습니다. "우리에게 미래가 없는데 왜 미래를 위해 공부해야 하나요?"라고 묻는 아이들의 목소리에 귀를 기울여야 합니다. 그렇지 않으면 미래에 우리는 "국가에서 시키는 대로 가르쳤을 뿐이었다"라는 대답을 하게 될 것이고, 선배시민으로서 그렇게 된다면 매우 부끄러울 것 같습니다.

**구소희** 코로나 시기의 학교는 학생의 심리적 연결망의 구심점이 되며, 연대를 배울 수 있는 공간이 될 수 있어야 합니다. 학생들이 가정에서 고립되지 않도록 안부를 묻고 서로를 연결할 수 있는 심리적 돌봄과 연결망을 제공할 수 있어야 할 것입니다. 교육의 내용과 방법에 '무엇을, 어떻게 연대할 것인가?'를 다루는 것도 중요해 보입니다. 학교가 공동체가 되어 다양한 매체와 방법을 통해 지금 할 수 있는 일들을 함께 찾고 실천해가야 할 때입니다.

**김세왕** 코로나 이전에도 이후에도 민주시민교육은 삶의 방향이자 방법의 역할을 하고 있습니다. 대신 달라진 환경에 따라 '어떻게'라는 부분에서 맞춤형 연구가 필요합니다. 이런 맥락에서 온라인에 주목해야 합니다. 그런데 주의할 점이 있어요. 요새는 온라인과 오프라인에 따라 다른 두 가지 인격을 사람마다 갖고 있다고 합니다. 그래서 저는 온라인 민주시민성, 디지털시대의 시민성에 대한 분석이 필요하다고 생각합니다. 댓글이나 온라인 속 허위사실로 고통받다가 삶을 마감하는 누군가가 있습니다. 더 이상 온라인 모임이 오프라인 모임의 대체재가 아닙니다. 온라인에서 생성된 관계가 오프라인으로 확장되는 역방향의 변화가 시작되었고, e스포츠나 애플리케이션 사용이 여가활동의 많은 부분을 차지하고 있습니다. 이제 '현실'이라는 말보다 '오프라인'이라는 말이 더 익숙할 만큼, 우리의 현실은 '라인' 안에 존재합니다. 끝없이 연결된 사회, 조지 오웰이 말한 '빅브라더'가 도처에 있고, 온라인 게시물이 현실의 말보다 더 많은 흔적을 남겨 잊힐 권리가 사라져버린 세상입니다. 온라인 시민성과 정보통신기술 사용능력에 관해 더 고민해야 합니다.

**박정미** 저도 고민해보았습니다. 사이버 언어습관 점검이 서로 존중하는 시민적 덕성을 배우는 포스트코로나시대 민주시민교육의 첫걸음이라는 생각을 했습니다. 거창한 사회참여만이 민주시민적인 연대는 아닐 것입니다. 학생들의 눈높이에서 삶과 연계한 다양한 교육적 소재를 발굴할 때, 학생들이 연대하는 힘을 자연스럽게 키울 수 있도록 한다고 봅니다.

**김은신** 포스트코로나시대에 독서·학습동아리를 대안으로 생각해볼 수 있습니다. 저는 독서토론과 책모임, 독서 관련 행사를 통해서 민주시민교육을 진행해왔습니다. 독서토론이나 독서모임 등에서 민주시민의식 관련 책을 통해 관점을 열어줄 수 있습니다. 본인이 읽은 책 소감을 나누면서 나의 이야기를 하고 다른 사람의 이야기를 듣고 고민을 나누는 경험도 소중합니다. 서로의 이야기와 경험을 나누면서 문제의 원인을 파악하고 세상의 구조도 바라보게 되며 정치참여로까지 이어갈 수 있습니다. 책을 매개로 한 다양한 독서·학습동아리활동을 통해, 내가 살고 있는 현실을 볼 수 있고 해결방안도 함께 찾아나갈 수 있으리라 기대합니다. 그 실천으로 올해 우리 학교에서는 학생, 교직원, 학부모들이 독서동아리를 운영하고 있습니다. 우리 학교는 국립어린이청소년도서관의 '1318책벌레들의 도서관 점령기' 운영학교이고, 한국출판문화산업진흥원이 주관하는 '와글와글 청소년 독서토론 한마당' 사업에도 참여하고 있습니다. 학생들은 미추홀도서관과 연계해서 한 도시 한 책 읽기를 하고 있습니다. 학부모 독서동아리 '만마미아'는 비대면으로 독서토론을 활발히 하고 있습니다.

**이태용** 저는 교육이 사회구조와 연결되어 있다고 봅니다. 비대면시대가 온다고 하면, 인간의 독립성이 보장된 사회를 만들면 됩니다. 다양성이 포용되는 사회를 만들어가면 됩니다. AI와 로봇이 인간의 일자리를 위협한다고 하면, 기본소득을 공동체가 보장하여 인간이 인간적인 삶을 살 수 있도록 하면 됩니다. 전체주의가 위협한다면 인간의 중요한 가치인 연대의 강화를 통해 해결하면 됩니다. 저는 다음과 같이 이야기를 마무리하고 싶습니다. 코로나 바이러스는 인류에게 시험이 되고 있습니다. 시험 문제를 창의적으로 풀어갑시다. 위기는 기회이기도 합니다. 위기를 극복하고 더 나은 삶을 이룰 수 있다는 확신을 가집시다. 코로나는 인간을 괴롭혔던 수많은 질병 중 하나가 될 것이고, 인간은 질병을 극복하면서 이 자리에 있을 것입니다.

**사회자** 말씀 잘 들었습니다. 선생님들과 토론하다보면 늘 시간의 부족을 느낍니다. 많은 분과 대화를 나누며 살아오고 있지만, 이렇게 다양한 의견을 한자리에서 듣는 경험은 흔치 않습니다. 오늘의 대화를 통해 저는 '광장'을 경험합니다. 민주시민교육은 자기 목소리들의 광장을 지향하는데 우리 자체가 이미 그 광장을 함께 경험했습니다. 저는 이 광장으로 또 다른 광장을 매개하고 상상하는 토론들이 지속되길 기대합니다. 이미 우리는 이 책 『민주주의자들의 교실』로 첫발을 내디뎠습니다. 오늘의 이 광장이 한국사회의 먼저 온 미래가 될 것을 확신합니다. 오늘 수고하셨습니다. 토론하는 동료들인 서로에게 감사와 응원의 박수를 보냅시다.

# 참고문헌

**1장 이상이 일상이 되도록 상상하라**

유범상, '새로운 상상: 인공지능로봇은 불평등을 해소할까, 심화시킬까?',
  〈사회복지역사〉 15강 자료, 한국방송통신대학교, 2020a

유범상, 「불평등에 대한 대응과 사회복지: 코로나19와 재난기본소득을 통해 본
  복지정치의 방향」 『생명연구』, 2020b.

유범상, 『사회복지발달사』, 한국방송통신대학교출판문화원, 2019.

유범상·유해숙, 『사회복지정의론』, 한국방송통신대학교출판문화원, 2019.

**2장 민주주의, 시민, 그리고 교육을 위하여**

마이클 샌델, 『정의란 무엇인가?』, 김명철 역, 와이즈베리, 2014.

마이클 영, 『능력주의』, 유강은 역, 이매진, 2020.

막스 베버, 『프로테스탄티즘 윤리와 자본주의 정신』, 김현욱 역, 동서문화사, 2009.

베른하르트 슐링크, 『더 리더: 책 읽어주는 남자』, 김재혁 역, 이레, 2004.

역사비평 편집위원회, 『정조와 정조 이후: 정조 시대와 19세기의 연속과 단절』,
  역사비평사, 2017.

장은주, 『시민교육이 희망이다: 한국 민주시민교육의 철학과 실천모델』, 피어나, 2017.

장은주·홍석노·김상무·이경옥·정경수, 「왜 그리고 어떤 민주시민교육인가?: 한국형
  학교민주시민교육의 이론적 기초에 대한 연구」, 경기도 교육연구원, 2014.

정약용, 『여유당전서』 1권, 사암, 2013.

## 3장 자발적 복종을 넘어 비판적 성찰로

강남순, 『배움에 관하여』, 동녘, 2017.

거트 비에스타, 「민주주의, 시민 그리고 교육: 의제에서 원칙으로」, 『학교민주시민교육 국제포럼 자료집』, 2019.

교육부, 「민주시민교육 종합계획」, 2018.11.

교육부 전국시도교육감협의회, 「학교민주주의 실현을 위한 학교자치 로드맵」, 2017.12.

노기호, 「교원의 교육권으로서의 교육과정편성권의 쟁점과 보장」, 『한양법학』, 30(1), 2019.

노암 촘스키, 『실패한 교육과 거짓말』, 강주헌 역, 아침이슬, 2001.

에티엔 드 라 보에시, 『자발적 복종』, 심영길·목수정 역, 생각정원, 2015.

인천시교육청, 「학생 시민을 위한 학생자치 안내서」, 2020.

이쌍철·김미숙·김태준·이호준·김정아·강구섭·설규주·임희진, 「초중등학교 민주시민교육 활성화를 위한 방향과 과제」, 『연구보고 RR 2019-04』, 한국교육개발원, 2019.

장은주, 『시민교육이 희망이다: 한국 민주시민교육의 철학과 실천모델』, 피어나, 2017.

파울로 프레이리, 『페다고지』, 남경태·허진 역, 그린비, 2018.

한나 아렌트, 『예루살렘의 아이히만』, 김선욱 역, 한길사, 2006.

## 4장 회복적 생활교육으로 민주주의를 꿈꾸다

김훈태, 『교실 갈등 대화로 풀다』, 교육공동체 벗, 2017.

김현수, 『요즘 아이들 마음 고생의 비밀』, 해냄, 2019.

네이서 메이너드·브래드 와인스타인, 『오늘부터 시작하는 회복적 생활교육』, 홍수연 역, 우리학교, 2020.

다니카와 순타로, 『구덩이』, 김숙 역, 북뱅크, 2017.

마거릿 소스본·페타 블러드, 『회복적 생활교육 어떻게 실천할 것인가』, 권현미·조일현 역, 에듀니티, 2017.

박성용, 『갈등전환과 공동체 구축을 위한 회복적 서클 가이드북』, 대장간, 2018.

비폭력 평화물결·서울 통합형 회복적생활교육 연구회, 『회복적 서클 현장 이야기』, 대장간, 2019.

수잔 카이저 그린랜드, 『마음챙김 놀이』, 이재석 역, 불광출판사, 2018.

신영복, 『감옥으로부터의 사색: 신영복 옥중서간』, 돌베개, 1998.

에릭 리우·닉 하나우어, 『민주주의의 정원』, 김문주 역, 웅진지식하우스, 2017.

정진, 『회복적 생활교육 학급운영 가이드북』, 피스빌딩, 2016.

존 듀이, 『민주주의와 교육』, 이홍우 역, 교육과학사, 2010.

케롤린 보이스-왓슨·케이 프라니스, 『서클로 나아가기: 교육공동체를 회복하는 서클』, 이병주·안은경 역, 대장간, 2018.

캐서린 에반스·도로시 반더링, 『회복적 교육』, 안은경 역, 대장간, 2020.

트리나 폴러스, 『꽃들에게 희망을』, 김석희 역, 시공주니어, 2017.

파울로 프레이리, 『페다고지』, 남경태·허진 역, 그린비, 2019.

편해문, 『아이들은 놀이가 밥이다』, 소나무, 2012.

피에르 부르디외, 『구별짓기 상, 하』, 최종철 역, 새물결, 2005.

한나 아렌트, 『인간의 조건』, 이진우 역, 한길사, 2019.

## 5장 같이가치를 세우는 행복한 학생자치

거트 비에스타, 「민주주의, 시민 그리고 교육: 의제에서 원칙으로」, 『학교민주시민교육 국제포럼 자료집』, 2019.

정진, 『회복적 생활교육 가이드북』, 피스빌딩, 2017.

제시카 조엘 알렉산더, 『행복을 배우는 덴마크 학교 이야기』, 고병헌 역, 생각정원, 2019.

파울로 프레이리, 『페다고지』, 남경태·허진 역, 그린비, 2019.

황여정, 「학생자치활동이 중고생의 학교교육 효과 인식에 미치는 영향」, 한국청소년정책연구원, 2018.

## 6장 퍼실리테이터로서의 교사

정강욱, 『러닝 퍼실리테이션: 가르치지 말고 배우게 하라』, 플랜비디자인, 2019.

채홍미·주현희, 『소통을 디자인하는 리더, 퍼실리테이터』, 아이앤유, 2014.

## 7장 다양한 목소리를 드러내는 논쟁토론 수업

김한종, 『민주사회와 시민을 위한 역사교육』, 서울대학교출판문화원, 2017.

넬 나딩스·로리 브룩스, 『논쟁 수업으로 시작하는 민주시민교육』, 정창우·김윤경 역, 풀빛, 2018.

김일방, 「디베이트식 수업이 학생들의 토론능력에 미치는 효과」, 『교육과학연구』, 21, 2019.

김진아, 「미국에서 논쟁 수업을 둘러싼 논의」, 『역사교육연구』, 34, 2019.

방지원, 「최근 논쟁 중심 역사수업 논의와 교사전문성, 교사교육」, 『역사교육』, 149, 2019.

손석영, 「논쟁적 역사수업, 민족과 국가를 넘어선 역사를 상상하다」, 『역사와교육』, 18,

2019.

심성보·이동기·장은주·케르스틴 폴, 『보이텔스바흐 합의와 민주시민교육』, 북멘토, 2018.

윤종배·남한호·손석영, 「역사과 토론식 수업과 평가」, 『역사와교육』, 15, 2017.

이동욱, 「논쟁성에 기초한 근현대사 수업 사례」, 『역사교육』, 141, 2017.

이영호, 「학생 참여 중심 독서 토론 수업 사례 연구」, 『작문연구』, 39, 2018.


**8장 문학적 상상력으로 세상을 읽는 슬로리딩 교육과정**

김원겸·이형석, 『슬로리딩 교육과정을 품다』, 에듀니티, 2019.

다니엘 페나크, 『소설처럼』, 이정임 역, 문학과지성사, 2004.

마사 누스바움, 『시적 정의』, 박용준 역, 궁리, 2013.

안미란, 『투명한 아이』, 나무생각, 2015.

유다정, 『이웃집에는 어떤 가족이 살까?』, 위즈덤하우스, 2012.

유범상, 『정의를 찾는 소녀』, 마북, 2020.

정약용, 『유배지에서 보낸 편지』, 박석무 역, 창비, 2019.

파울로 프레이리, 『페다고지』, 남경태·허진 역, 그린비, 2018.


**9장 교육연극으로 만나는 세상**

김성천·김형태·서지연·윤상준·임재일, 『학교, 민주시민교육을 만나다!』, 맘에드림, 2019.

위르겐 뵘, 『헤이 오씨 안녕 베씨』, 이학로 역, 푸른나무, 1994.

정성희, 『교육연극의 이해』, 연극과인간, 2006.

조나단 닐랜즈, 『스트럭처링 드라마』, 이시원 역, 달라진책, 2011.

Boal, A., 『Theater of the Oppressed』, London: Pluto Press, 2000.

McCaslin, N., 『Creative Drama in the Classroom and Beyond』, 7th ed., London: Addison Wesley Longman, 2000.

Jackson, T., 『Learning through Theatre: New Perspective on Theatre in Education』 2nd ed., London: Routledge, 1993.

St. Clair, J. P., 『Dorothy Heathcote as Philosopher, Educator and Dramatist』 Unpublished Ph.D. Dissertation, University of North Carolina, Greensboro, 1991.


**10장 교실, 세상을 품다**

문경민·김혜영·김자윤·김희선, 『교실 속 마을활동』, 우리교육, 2012.

**11장 사람책을 만나다**

'아시아 평화를 향한 이주 사람책 도서관', http://mapcast.org/humanbook/

'저는 열일곱 살 된 이란에서 온 난민 학생 김민혁입니다', https://youtu.be/
    d3SygwrG-sA

'전교조 교사의 연대 호소: 이란 난민 소년 김민혁 군 부자를 지킵시다', https://
    wspaper.org/article/22280

'휴먼라이브러리', https://humanlibrary.org

'휴먼라이브러리: 갈등을 줄이는 일상의 혁신', https://www.youtube.com/watch?
    v=LCFaq8l1bFw&feature=youtu.be

'휴먼라이브러리, 무엇이든 물어보세요', 희망제작소, https://url.kr/oIOHwP

'휴먼라이브러리 컨퍼런스 서울 자료집', https://url.kr/gZPRy9

'휴먼라이브러리 한눈에 보기', https://url.kr/OEsgtZ

'희망제작소 휴먼라이브러리 컨퍼런스', https://url.kr/Gid2r3

'Creating the Human Library: Fighting taboos & stigma through dialogue',
    로니 에버겔 TED 강연, https://www.youtube.com/watch?v=6ZmEqksaEV
    U&feature=youtu.be

EBS 다큐프라임, '당신은 누구세요?', <시민의 탄생> 4부, https://url.kr/f6CN87

EBS 지식채널e, <도서관이 살아 있다>, https//www.youtube.com/watch₩?v=t
    IDJezy7sr0&feature=youtu.be"https://www.youtube.com/watch?v=tIDJe
    zy7sr0&feature=youtu.be

# 민주주의자들의 교실

## 민주시민교육의 철학

**초판 1쇄 발행** 2020년 10월 30일
**지은이** 인천광역시교육청 학교민주시민교육 교사아카데미
**펴낸이** 김민하 **펴낸곳** (주)마북 **등록** 제353-2019-000023호 (2019년 10월 24일)
인천시 남동구 소래역남로 16번길 75 에코메트로3차 더타워상가 B103-5호
전화 070-8744-6203 팩스 032-232-6640 이메일 mabook365@gmail.com
blog.naver.com/mabook365, facebook.com/mabook365

**편집** 이선희 **디자인** 공미경 **인쇄·제책** 한영문화사

ISBN 979-11-969348-2-8 04370
ISBN 979-11-969348-1-1 (세트)

이 책은 저작권법에 따라 보호를 받는 저작물이므로 무단 전재와 무단 복제를 금하며,
이 책의 전부 혹은 일부를 사용하려면 반드시 (주)마북의 허락을 받아야 합니다.